뒤틀린 해방체제 그 너머
— 통일맞이 역사학

뒤틀린 해방체제 그 너머

— 통일맞이 역사학

2019년 7월 17일 초판 1쇄 인쇄
2019년 7월 24일 초판 1쇄 발행

지은이 박정신
기 획 정신을 기억하는 모임
펴낸이 김영호
펴낸곳 도서출판 동연
등 록 제1-1383호(1992. 6. 12)
주 소 서울시 마포구 월드컵로 163-3
전 화 (02)335-2630
전 송 (02)335-2640
이메일 h-4321@daum.net
블로그 https://blog.naver.com/dong-yeon-press

잘못된 책은 바꾸어드립니다.
책값은 뒤표지에 있습니다.

ISBN 978-89-6447-517-1 93900

박정신 지음 | 정신을 기억하는 모임 기획

뒤틀린 해방체제 그 너머

통일맞이 역사학

동연

책을 펴내며

1

중환자실과 일반 병실을 오가며 죽음과 사투를 벌이던 어느 날, 남편이 힘겹게 운을 뗐다. 유언을 남기고 싶다고. 그가 대장암 수술을 받고 투병하던 1년여 동안 우리 사이의 금기어였던 '죽음'이 마침내 그 민낯을 드러내기 시작했다. 나는 가슴에서 치밀어 오르는 묵직한 슬픔을 짓누르며, 가만히 노트북을 펼쳤다. 병실 가득 쏟아지는 봄의 햇살이 야속했다.

하늘의 사람, 땅의 사람 박정신이 유언을 남깁니다.

첫 문장부터 그이다웠다. "하늘의 사람, 땅의 사람"이라니, 자신의 존재를 이렇게 정의 내릴 수 있는 사람이 과연 몇이나 될까? 그는 죽음이 문 뒤에서 기웃거리고 있는 순간에도 자기 연민에 빠지지 않았다. 그러기는커녕 당당하게, 마치 오래전부터 준비한 말을 비로소 내뱉기라도 하듯 한 치의 망설임 없이, 자기에 대해 객관적으로 '선포'했다. 오직 진리를 붙잡고 있는 사람만이 할 수 있는 독특한 말투였다.

온갖 규제와 억압이 예정된 '목사 아들'로 태어나, 그 규제와 억압에 저항하는 객기를 부리기도 하면서 그렇게 '자유로운 영혼'으로 살아온 듯싶지만, 그의 삶은 한순간도 이 반경을 벗어난 적이 없었다. '땅의 사람'으로 역사 현실에 적극 몸을 섞되 거기에 함몰되면 안 된다, 인간은 누구나 '하늘의 사람'으로 보냄을 받았으니 보내신 이의 뜻을 받들어야 한다는 지향성이 그의 삶의 밑뿌리였다.

평생의 화두였던 이 명제는 그가 대학교수직에서 물러난 뒤 제자들과 함께 '기독교인문교양계간지'를 꾸릴 때 간판으로 내걸렸다. '이제 여기', 곧 현존질서를 읽는 우리의 눈은 '그 너머'에 잇대어 있어야 한다고 그는 힘주어 말했다. "더 나은 세상, 더 나은 삶을 소망하는 이들은 '이제 여기'에만 머물 수 없고, '그 너머'의 눈에 잇대어 세상을 보아야 한다는 것이 「이제여기그너머」의 신앙이다"(2014년 가을에 나온 「이제여기그너머」 창간호에 실린 발행인의 말 중에서).

역사학자로서 그는 그런 마음가짐으로 우리의 근·현대사를 읽었다. 그가 세상을 떠난 다음 날, 그의 별세 소식을 비교적 상세히 다룬 어느 신문은 그를 '기독사학자'라고 규정했지만, 그의 학문세계는 그보다 훨씬 넓었다. '기독'이라는 수식어 역시 그의 존재와 삶 그리고 학문에서 떼려야 뗄 수 없는 중핵임이 틀림없지만, 그의 역사학은 거기에 종속되지 않았다. 다시 말해 그는 신학교에 속한 '교회사학자'가 아니었다.

우리 사회의 '일반' 역사학자들이 마치 이 땅의 근·현대사와 기독교(개신교)가 아무런 관계가 없는 양 서술하는 태도에 그는 불만을 드러냈다. 그런가 하면, 흔히 '교회사학자'라고 일컬어지는 이들이 이 땅에서 펼쳐진 일반 역사와 교회 역사가 마치 별개인 양 취급하는 태도에도 문제를 제기했다. 그의 큰 형이자 학문의 선배인 사회학자 박영신(연세대 명예교수)의 표현대로 그는 "역사학도로 우리 역사의 변동 과정에 자리한 '기독교'를 분석하고 이를 설명하고자 했다. … 그는 역사학의 훈련을 충실하게 받은 '역사학도'로, 어떤 딱지가 필요치 않은 '역사학도'로 살다가 이 세상을 마감했다" (「현상과인식」, 42권 4호 '현상과인식노우트'에 실린 박영신의 글, "박정신 생각: 남다른 역사학도의 한 살이" 중에서: 2018년 겨울. 이 글은 이 책의 맨 뒤에 실려 있다).

2

태어나는 순간부터 아무도 '죽을 운명'에서 자유로울 수는 없다. 그런 줄 알면서도 죽음이 멀리 있는 것처럼, 아니 아예 없는 것처럼 취급하는 게 우리의 생각 버릇이다. 하지만 말기 암 환자의 경우는 다르다. 의사가 선고한 '시한부' 기간 내내, 손에 잡힐 듯 생생한 죽음의 실체를 도저히 외면할 수가 없다. 호시탐탐 기회를 엿보는 죽음에 맞서 삶을 꾸리고 또 누리기란 여간 어려운 일이 아니다.

2017년 2월 6일, 그의 수술을 집도한 의사는 대장에서 생긴 암이 복막은 물론 간과 폐까지 전이되어 '6개월'을 넘기기 어렵다고 '선고'했다. 게다가 이미 쇠약할 대로 쇠약해진 그의 몸은 독한 화학

항암제와 방사선 치료를 배겨내기에 무리였다. 어지간한 사람은 이 정도면 죽음 앞에 무릎을 꿇고 말 테다. 아직 죽지 않았는데도 이미 죽을 날을 받아놓은 사람처럼 세상과 일상으로부터 유폐된 채 연명하는 경우가 허다하다. 그러나 '하늘의 사람, 땅의 사람 박정신'은 달랐다. 마치 아무 일도 없었던 것처럼, 이제부터 진짜 인생을 살기로 선택한 사람처럼, 누구보다 '건강하게' 삶을 살아냈다.

매주 화요일 큰 형님 부부와 저녁 식사를 함께하며 오순도순 정을 나눈 기억은 그에게, 또 나에게 잊을 수 없는 행복이다. 자기보다 열한 살 많은 형님 그리고 열 살 많은 형수님 앞에서 한 주간 지낸 이야기를 미주알고주알 털어놓을 때면 그의 얼굴은 영락없이 천진난만한 어린아이가 되었다. 거의 '세미나'를 하듯 온갖 주제에 대해 열띤 토론을 나누다 보면, 서너 시간쯤 훌쩍 지나는 경우가 많았다. 형님 부부와 헤어져 집으로 돌아오는 길에 그는 종종 "이게 바로 내가 원하던 삶이야" 웃으며 말하곤 했다.

사사로운 삶만이 아니라 공공의 활동에서도 암은 그에게 전혀 걸림이 되지 않았다. 매주 토요일이면 경상북도 문경에 있는 숭실통일리더십연수원에 내려가, 숭실대 1학년 학생들을 대상으로 열리는 '평화통일스쿨' 강사로 열강을 펼쳤다. 파릇한 대학생들이 '50년 선배'의 강의에 기립박수로 호응하던 광경은, 지금 생각해도 가슴 벅찬 추억이 아닐 수 없다. 이 프로그램은 미래의 통일시대를 이끌어나갈 청년들에게 평화와 통일에 대한 비전을 심어주고자 기획된 것으로, '평양 숭실'의 전통을 지닌 숭실대의 정체성에 딱 맞았다. 암 투병 중인 남편을 위해 매번 세심하게 식사를 챙겨준 차경문 교수님께 이 자리를 빌려 감사드린다. 전문 요리사 못지않게 밥이며 국이며 반찬을 뚝딱 차려내는 그의 솜씨와 정성은 언제나 우리 부부의 감탄을 자아냈다.

강의할 때 박정신은 말 그대로 펄펄 날았다. 암세포가 자신의 육체를 잠식해가고 있는데도, 그렇게 그의 겉사람은 낡아가는데도, 그의 속사람은 나날이 새로워 갔다(신약성서 고린도후서 4장 16절에서 따온 말). 그가 강의하는 곳마다 '전속 운전사'로 동행해 그의 강의를 듣고 있노라면, 청중을 휘어잡는 그의 화술이 그렇게 부러울 수가 없었다. 어려운 말이나 복잡한 이론 따위 들먹이지 않고도, 혀 꼬부라진 외국어 한마디 섞지 않고도, 무르녹은 일상의 언어로 감동을 준다는 점에서 그는 '천재적인 이야기꾼' 예수를 닮았다.

2017년 하반기에는 숭실사이버대학교 교양과목인 <한반도 평화와 선교>를 맡아 카메라 앞에서 강의하고 온라인강의실을 운영하는 일까지 거뜬히 해냈다. 은퇴 이후 숭실대 법인이사가 되면서 행정상의 규제 때문에 정규 강의를 하지 못한 아쉬움을 이렇게나마 달랠 수 있게 된 것을 큰 기쁨으로 여기며 말이다. 그러니 유언에서 '숭실'이 빠질 리 없다.

평생 숭실대학을 사랑했고, 숭실대학이 관립대학, 여타 사립대학과 다른 숭실의 본 모습을 되찾기 위해, 오해도 있었지만, 진심으로 노력했습니다. 세계 각지에 흩어져 있는 제자들이 있어서 저는 행복했습니다. 탁월한 역사학도가 되려고 노력했는데, 제 제자들은 그것을 알아주었습니다.

그는 '숭실'의 사람이었다. 숭실이 이 땅에 들어선 과정과 숭실이 이 땅에서 펼쳐낸 역사 따위에 대해 그이만큼 속속들이 아는 사람을 나는 보지 못했다. 아니 단순히 '알았다'기보다는 '사랑했다'는 표현이 적확하다. '숭실'이라면 자다가도 벌떡 일어나는 그에게 내가 "숭실과 결혼한 사람"이라고 말했던 것은 결코 농담이 아니었다.

3

그는 우리 사회가 대학에 순위를 매기는 방식, 이른바 '명문대'를 분류하는 방식에 동의하지 않았다. 숭실이 이 땅 최초의 근대 대학으로 처음 평양에 문을 연 순간부터, 일제의 신사참배 강요에 맞서 자진폐교를 감행했다가 6·25전쟁이 끝나고 서울 상도동에 조그맣게 다시 문을 열기까지 줄곧 지향했던 가치야말로 '명문대'에 걸맞다며 목소리를 높였다. 그것은 바로 "권력보다는 양심, 재물보다는 더불어 삶, 군림과 빼김보다는 낮은 데로 임하여 이웃을 돌보고, 어두운 데로 임하여 빛을 밝히는 인재"(박정신, 『숭실과 기독교』, 숭실대 출판부, 2011, 23-24쪽)를 길러내는 것이었다.

그에 따라 "일제식민통치를 받아야 했던 암울한 시대에, 군사독재·개발독재 시대에, 자신들의 안위와 이익을 위해 권력과 재물을 좇아 이웃을 돌보지 않던 시대에, 숭실은 영적, 정신적 지도자, 양심적 학문 세계를 헤엄쳐 나갈 지성, 이웃과 함께 그리고 더불어 살 훈훈한 인재, 그런 영성과 지성을 두루 갖춘 인재를 꿋꿋이 교육"(윗글, 23쪽)해 왔는데, 이런 대학이 이른바 'SKY'로 상징되는 명문대의 반열에 들지 못한다니, 이것이야말로 '뒤틀린 해방체제'의 실제 보기가 아니냐며 날카롭게 꼬집었다.

이렇게 극진한 그의 숭실 사랑은 그가 워싱턴대학교에서 박사학위를 받고 남오레곤주립대학교와 오클라호마주립대학교에서 오랫동안 역사를 가르치다 미련 없이 돌아온 일에서 잘 나타난다. 남들은 갖지 못해 안달하는 '미국 영주권'이나 '미국 종신교수' 자리를 가벼이 버리고 모국으로, 모교로 돌아오기로 한 배경에는 숭실대 안에 '기독교학과'를 설립하고픈 꿈이 크게 작용했다. 그는 '올제의 숭실'이 현존체제의 유혹에 흔들리지 않고 뚜벅뚜벅 올곧게 자기 길을 가기 위해서는 본래의 '숭실 정신'으로 돌아가야 하고, 또 그러기 위해서는 기독교학과가 설립되어 '기독교 대학'의 구심점 역할을 해야 한다고 여겼다. 그렇게 2000년에 기독교학과에 부임해 오랫동안 '학과장' 자리를 지키며 살림을 도맡았다. 숭실 기독교학과 특유의 '가족 같은' 분위기는 확실히 그의 작품이라고 해도 과언이 아니다. 그는 학생들에게 단순한 교수 이상이었다. 여전히 그를 '아빠'로 부르는 제자들이 많다.

그뿐 아니라, <숭실과 기독교>라는 교양과목을 개설한 일이나 이 과목의 교재로 쓰기 위해 같은 제목의 책을 지은 일에서도 그의 모교 사랑은 여지없이 드러난다. 이 사랑을 어떻게든 지켜주고 싶었다. 사람은 떠나도 사랑은 남는다는 걸 알리고 싶었다. 이 바람은, 은퇴 전 그가 기독교학대학원장으로 재직하던 시절 주요 활동공간이었던 웨스트민스터홀 안에 볕이 잘 드는 강의실을 <박정신 강의실>로 헌정하는 역사로 이어졌다. 뜻깊은 헌정식을 할 수 있도록 도움을 주신 황준성 총장님과 김회권 교목실장님, 권연경 기독교학대학원장님, 이철 기독교학과장님 그리고 조해자 대외협력실장님께 감사드린다. 이렇게 그는 여전히 자기가 '목숨 걸고' 사랑한 숭실과 이어져 있다.

그는 '가슴'의 사람이기도 했다. '머리'를 굴려 잇속을 챙기는 속된 무리는 그의 부류가 아니었다. 제자란 스승을 닮기 마련인지, 그의 제자들 역시 '가슴'으로 세상을 마주하고, '가슴'으로 이웃과 관계 맺으며 살아간다. 딸처럼, 아들처럼 장례식장을 지켜준 제자들의 '치사랑'을 여기에 기록해두고자 한다. 문상객들이 다 돌아간 늦은 밤, 숭실 제자들과 오클라호마 제자들이 그의 영정사진 앞에서 서로 맞절을 하고 악수를 나누던 모습은 영화의 한 장면처럼 아름다웠다. 이 또한 박정신이 걸어온 특별한 삶의 증언이다. 특히 조성환 목사님, 김동진 사장님, 오태영 사장님, 이준섭 사장님 등 오클라호마 제자들의 살뜰한 마음은 절대 잊을 수 없다. 이 사랑의 빚을 어찌 갚아야 할지 모르겠다.

학교와 학과를 사랑했던 그의 마음을 본받아 숭실대 기독교학과 졸업생들이 '후배 사랑 장학금' 운동을 시작했다는 소식을 들었다. 1회 졸업생이라고 해봐야 이제 겨우 불혹에 이르렀고, 대부분 '2030세대'에 포진해 있는, 말하자면 자기 삶의 기반조차 불안정한 그들이 이런 마음을 냈다는 건 참 갸륵한 일이다. 박정신이 뒤늦게 뿌린 씨앗이 어느새 이만큼 자랐다니.

4

돌이켜보면, 2018년 2월 7일, 두 번째 큰 수술을 받기까지 우리가 함께한 시간은 하늘이 내려준 은총이었다. 열여덟 살의 나이 차이를 단박에 뛰어넘는 그의 '젊은 정신'은 언제나 나에게 존경과 선망의 대상이었다. "키 큰 나무숲을 지나니/ 내 키가 커졌다/ 깊은 강물을 건너니/ 내 혼이 깊어졌다"(박노해, 『사람만이 희망이다』 중에서). 시인의 고백이 내 것이 된다면 얼마나 좋을까. 아직 갈 길이 멀지만, 나의 인생이 그를 만나기 이전과 이후로 갈린다는 점에는 거짓이 없다.

총동문회 파송 법인이사직 선거를 앞두고 재임을 위해 동분서주한 것이 화근이 되었다. 단순 감기인 줄 알았는데, 그만 폐렴으로 진화한 것이다. 2018년 2월 4일, 응급실에 들어갈 때까지만 해도 우리는 상황 파악을 하지 못했다. 다음 날 있을 선거에 참석하기 위해 양복과 연설문을 챙길 정도로 어리석었다. 이 검사 저 검사 끝에 패혈증 진단이 내려졌다. 곧이어 급성신부전에 이은 다발성 장기부전 진단도 나왔다. 중환자실로 옮겨 24시간 혈액투석을 받아야 하는 상태에서 또다시 개복 수술이 이루어졌다. 선물과도 같았던 1년의 시간이 꼬리를 감추는 순간이었다.

첫 수술 때나 두 번째 수술 때나 '출근 도장 찍듯이' 거의 매일

병문안을 와준 이덕일 교수님(한가람역사문화연구소장)의 우의는 이루 다 표현할 수 없을 정도다. 숭실대 사학과 선후배 사이인 두 사람은 평소에도 감히 넘보지 못할 '형제애'를 과시하며 서로에 대한 깊은 신뢰와 존경을 드러내곤 했었다. 함께 해온 일만큼이나 앞으로 하고 싶은 일도 얼마나 많을 텐데, 그 모든 꿈과 희망을 뒤로 한 채 훌쩍 떠나 버렸으니, 먼저 가는 건 반칙이다 싶다. 또 다른 후배이자 재야역사학자로 활약하는 이주한 선생님의 이름도 이 자리에 올린다. 암을 극복하고 건강을 되찾은 그분의 진정 어린 조언과 기도가 큰 힘이 됐었다.

두 번째 수술 이후 지루한 입원과 퇴원이 반복되었다. 그때마다 이런저런 시술이 이어졌다. 고문이나 다름없는 그 시간을 함께 견디는 동안, 우리의 사랑은 어느덧 '전우애' 비슷하게 변모해갔다. 무엇에 맞서 싸운 것일까? 인정하기는 싫어도 언제든 들이닥칠 수 있는 죽음일까? 아니면 그 죽음의 바퀴를 굴리는 하나님일까? 그도 아니면 죽음 앞에서 자칫 비루해질 수 있는 인간 본성일까?

마치 그를 사이에 두고 하나님과 실랑이를 벌이는 것만 같은 순간들이 무심히 흘러갔다. '아무리 이 사람이 좋아도 서둘러 데려가지 마세요, 숨만 쉬고 있어도 괜찮아요, 그냥 지상에, 우리 곁에 조금만 더 머물게 해 주세요.' 그러나 애당초 통할 몽니가 아니었다. 두 번째 큰 수술을 받은 지 다섯 달하고도 열여덟 날이 지난 7월 25일 늦은 오후 5시 57분, 여름 햇살이 내리쬐는 병실에서 그는 하나님의 품에 안겼다.

회진을 온 의사에게, 또 간호사에게 또렷한 목소리로 그동안 고마웠다는 인사를 챙길 만큼, 죽음이 임박한 순간에도 그는 '인간의 품위'를 온전히 지켰다. 마지막 숨을 몰아쉬면서는 마치 온몸으로 '하늘나라'를 환영하기라도 하듯 연신 허공을 향해 팔을 뻗었다. 그렇게 그는 자신의 성격대로 깔끔하게, 고결하게 죽음의 강을 건넜다. 어린 아내에게 "사랑해, 고마워. 당당하게 살아. 자유인으로 살아." 마지막 당부를 잊지 않고서.

그는 자신의 유언장에 이런 문구도 집어넣었었다.

> 제 몸 상태가 아주 나빠진다면 인위적인 생명 연장을 거부합니다. 하나님의 뜻대로 천국에 가게 해주십시오. 제 시신도 아버지의 뜻에 따라 이대목동병원에 기증합니다.

2008년 93세를 일기로 소천하신 그의 아버지(박명수 목사님)는, 맏아들(박영신)이 오랫동안 연세대에서 일한 인연으로 세브란스병원에 시신을 기증하셨다. 그러나 박정신은 조카딸이 이대목동병원 의사이기 때문에 거기서 수술을 받았고, 그래서 이대목동병원에 시신을 기증하고자 했으나, 병원 측의 사정으로 뜻을 이루지 못했다. 그의 시신은 결국 아버지와 마찬가지로 세브란스병원에 기증되어 의학연구에 바쳐졌다. 이 과정에서 도움을 주신 정종훈 교수님(연세대 원목실장)께 감사드린다.

5

아무리 '정해진' 죽음이라도 쉽게 받아들일 수 있는 건 아니다. 남은 자들에게는 시한부 환자의 죽음도 사고사나 돌연사만큼 힘겨운 법이다. 그런 의미에서 모든 죽음은 난폭한 폭력이다. 어차피 떠날 사람인 걸 알았다고 해서, 깜빡이도 켜지 않은 채 아무 때나 들이닥치는 슬픔을 막을 재간은 없다. 기억이 칼이 되는 시간을 홀로 견디는 일은, 감히 비유컨대 전쟁에서 살아남는 일처럼 치열하다.

그렇게 버벅대다 문득 정신을 차리게 된 건 그의 유언 때문이다. 자신의 인생 끝자락에서 생명이 소진해가는 모든 과정에 함께한 아내에게 그는 엄청난 유산을 남겼다. 전적인 신뢰와 사랑! 한 사람이 다른 사람을 향해 줄 수 있는 최선의, 최대의 선물 말이다.

어쩌면 예수의 십자가 앞에서 뿔뿔이 흩어진 제자들을 불러 모은 것도 예수가 남긴 유언의 위력일지 모른다. 스승의 유언을 기억하고 그 뜻대로 살려고 발버둥 친 데서 새로운 역사가 시작되었으리라. 기적이 있다면, 이런 게 아닐까? 다 끝난 줄 알았는데, 아직 끝이 아님을 깨닫는 일. 기적은 이런 사소한 순간에 발화된다.

한동안 봉인되어 있던 서재의 문을 열었다. 먼지 쌓인 책상 위에 메모지가 놓여 있었다. 바로 이 책의 제목과 목차가 적힌 메모다. 응급실에 실려 가기 직전까지도 그는 새 책을 집필할 의욕에 가득 차 있었다. '샌님' 타입의 학자는 아니어서 그에게는 정치와 행정을 망라하는 여러 얼굴이 있으나 그리고 그 또한 제법 잘 어울렸으나,

그래도 '글 쓰고 가르칠 때'가 가장 행복한 천생 학자였다.

메모에 적힌 대로, 여기저기 흩어져 있던 논문들을 모았다. 모아놓고 보니, 왜 이 책의 제목을 이렇게 정했는지 단박에 알 것 같았다. 통일시대를 내다보면서 우리 사회의 분열과 갈등을 어떻게 극복해 나갈지, 역사학도의 혜안이 고스란히 담겨 있었다.

글을 쓰다 보면 뜻하지 않게 겹치는 부분들이 생긴다. 따로 떨어져 있을 때는 포착되지 않아도, 붙여놓으면 선명하다. 아무리 조심해도 본의 아니게 '자기 표절'을 할 수밖에 없는 게 학자의 숙명 또는 한계일지 모른다. 그래서 어떤 글에는 불가피하게 손을 댔다. 다른 글과 겹치면 덜어내고, 통하면 이어 붙이는 편집의 과정을 보탰다. 그럼에도 겹치는 부분이 발견될 수 있는데, 그건 논문집이어서 그렇다. 처음부터 단행본을 염두에 두고 쓴 글이라면 의도적으로라도 피하겠지만, 논문집은 다르다. 같은 재료라도 다른 담론을 엮어낼 수 있다. 그러니 중복이 보이더라도 논문의 묘미로 이해해주면 고맙겠다.

그는 이 책이 『맞섬과 초월의 눈으로 본 한국기독교역사』(서울: 도서출판 말, 2017)의 후속편이기를 바랐다. 그의 뜻을 받들기 위해 나름대로는 최선을 다했는데, 괜히 누가 되면 어쩌나 싶어 마음이 콩콩댄다. 이 책에 부족한 점이 있다면, 순전히 내 탓이다. 그래도 거듭 강조하지만, '이런 게 논문이다' 싶은 글을 읽는 행운은 아무나 누릴 수 있는 특권이 아니다. 이렇게 힘 있고 박력 넘치며 결기에 찬 글을 나는 아무에게서도 보지 못했다.

글을 모으고 다듬는 동안 도움을 준 제자들에게 이 자리를 빌려 감사의 인사를 전한다. 박태영 박사님과 민대홍 군은 크고 작은 나의 부탁에 언제나 성실히 응답해주었다. 이범진 군은 전체 묶음을 찬찬히 읽고 교정하는 일에 기꺼이 시간과 지혜를 내주었다. 최광열 목사님은 이 책이 나올 수 있도록 흔쾌히 거금을 쾌척하셨다. 아무도 모르게 은밀히 해달라고 하셨지만, 그 귀한 뜻까지 여기에 기록해두고자 한다.

여러모로 녹록지 않은 출판시장에서 '유고 논문집'을 펴내기로 결단하기란 쉽지 않은 일이다. 이 모험에 선뜻 동행해주신 도서출판 동연의 김영호 대표님께 고마운 마음을 전한다. 그분의 우정과 연대에 폐가 되지 않기를 바랄 뿐이다. 지면의 제약으로 인해, 또 나의 부실한 기억력으로 인해 미처 감사를 표하지 못한 분들께는, 부디 이 책이 작은 위로가 되기를 바라면서, 너그러운 이해와 용서를 구한다.

박정신과 내가 부부로 함께한 시간은 그리 길다고 할 수 없다. 그러나 관계의 밀도는 시간의 길이와 비례하지 않는다. 헤아릴 수 없는 섭리 안에서 우리는 서로 이어져 있다. 이 이어짐에는 죽음이 결코 걸림이 되지 않는다. 그렇게 박정신은 우리 안에서 여전히 살아 있다.

2019년 5월 8일

구미정

차 례

책을 펴내며 _ 구미정 / 5

기독교와 한국역사
— 그 만남, 맞물림 그리고 엇물림의 꼴과 결을 찾아서 23
1. 나와 한국역사 그리고 나와 기독교의 만남 23
2. 기독교와 한국역사의 만남, 그 꼴과 결을 찾아서 26
3. 실증의 역사학에서 설명의 역사학으로 31
4. *Protestantism and Politics in Korea*를 완성하기까지 37
5. '역사하기'에서 '역사쓰기'로 44

우리 역사쓰기 되새김
— 베버의 역사사회 인식에 기대어 49
1. 머리글: 역사를, 우리 역사를 어떻게 읽을까 49
2. 우리의 역사쓰기, 그 시각과 방법 53
3. 베버의 역사사회 인식 63
4. 꼬리글: 현상 그 너머의 뜻을 읽어내는 역사쓰기를 기리며 69

구한말 조선에 온 칼뱅주의 구학파
— 그 역사변혁의 파괴력 73
1. 머리글 73
2. 이 땅에서 펼쳐진 기독교 성장사의 특수성 78
3. 칼뱅주의 구학파와 조선의 만남 97
4. 소리 없는 혁명이 일어나다 108
5. 꼬리글 114

일제강점기 기독교와 민족운동
— 그 맞물림과 엇물림의 사회사 117
1. 머리글 117
2. 구한말, 맞물림의 꼴과 결 121
3. 일제강점 초기, 맞물림의 꼴과 결 128
4. 일제강점 후기, 엇물림의 꼴과 결 139
5. 꼬리글 153

뒤틀린 해방과 분단 그리고 남·북 기독교
— 그 너머의 역사를 그리며 157
1. 머리글 157
2. 주체적 수용사관에서 본 북한 기독교 161
3. 뒤틀린 해방과 '해방공간' 그리고 남·북 기독교 168
4. 분단과 전쟁 그리고 남·북 기독교 181
5. 꼬리글: 체제의 기독교, 그 너머의 역사를 기리며 194

칸막이를 허무는 교회
— 역사학에 기대 본 한국교회 개혁 방향(하나) 203
1. 머리글 203
2. 공간 확장의 역사, 칸막이 허무는 역사 205
3. 초기 한국기독교의 확장과 칸막이 허무는 역사 219
4. 다시 칸막이를 치는 오늘의 한국기독교 229
5. 꼬리글 233

탐욕의 역사, 파멸의 역사
— 역사학에 기대 본 한국교회 개혁 방향(둘) 237
1. 머리글 237
2. 탐욕의 역사, 파멸의 역사 243
3. 1920년대 한국교회 — 탐욕의 씨, 싹 트다 249
4. 해방 후 한국 사회와 한국교회 — 탐욕의 확장 254
5. 꼬리글 266

덧붙인 글

〈덧붙인 글, 하나〉 아버지의 역사, 나의 역사학 | 박정신 / 271
〈덧붙인 글, 둘〉 박정신(1949-2018) 생각
— 남다른 역사학도의 한 살이 | 박영신 / 281

기독교와 한국역사
— 그 만남, 맞물림 그리고 엇물림의 꼴과 결을 찾아서

1. 나와 한국역사 그리고 나와 기독교의 만남

나는 1949년에 경상북도 산골마을 문경에서 가난한 목사의 아들로 태어났다. 바로 이 한 글귀가 나와 우리 역사 그리고 나와 기독교의 '운명적 만남', 그 꼴과 결을 이야기해주고 있다.

그러니까 해방된 지 4년이 채 안 되는 때, 분단된 지 얼마 되지 않아 태어난 나는 한 살 때 6·25전쟁을 맞게 되어 초등학생 누나의 등에 업혀 피난을 가야 했다. 우리 민족사에 '빛과 그림자'가 드리워졌던 시대에 이 땅에 태어난 나는 운명적으로 우리 역사와 만나게 된 것이다. 그래서 나의 어린 시절은 일제강점기 말, 해방공간, 분단과 6·25전쟁 그리고 전후 복구의 역사와 이어져 있다. 할아버지와 그의 친구들 그리고 어버이와 그들의 세대로부터 일제의 전쟁동원과 신사참배 강요 체험, 해방공간에서 그들의 모습, 분단과 6·25전쟁기의 생존투쟁을 들으며 울분하고 또 슬퍼하면서 나는 성장하였다.

그러나 우리 세대의 이야기는 여기에서 멈추지 않는다. 4·19혁명이 일어나 '건국대통령' 이승만이 망명을 가는 모습을 보아야 했고, 5·16군사쿠데타, 3선 개헌, 10월 유신, 육영수와 박정희의 비극적인 죽음, '서울의 봄'과 광주민주항쟁, 또다시 군사독재의 질곡, 김대중 정부의 등장과 6·15 남·북 정상의 극적인 만남과 같은 이념적으로 정치적으로 우리 현대사에서 그야말로 '큰 사건들'을 겪으며 삶을 꾸려야 했다. 우리 역사의 이러한 격랑을 지나면서 나는 역사학도가 되었고, 그렇기에 이 시대를 산 다른 이들과 같은 마음으로 울분하고 또 울분하면서 우리 역사를 읽기 시작하였다.

그럼에도 불구하고 이러한 우리 민족공동체의 격동기를 거쳐온 나의 삶은 대부분의 나의 세대들 삶과는 다르다. 그것은 내가 한 산골마을의 가난한 목사의 아들로 태어났기 때문이다. 아버지의 기독교 세계관과 청빈의 삶에 대하여 어릴 때부터 때때로 저항하며 자랐지만, 나의 생각과 삶의 골격은 이러한 아버지의 생각과 삶에 터하여 세워지게 되었다. '주의 날'(주일)을 비롯하여 교회의 모든 모임과 행사에는 '목사의 아들'로 무조건 앞서 모범적으로 참여해야 하는 어린 시절을 보냈다. '교회와 학교'가 내 모든 삶의 마당이었다. 한마디로, 나의 삶과 또래의 삶 사이에는 엄청난 거리가 있었다. 기독교와 내가 만났기 때문이다.

나중에 들은 이야기지만, 나는 '기독교 덕'을 받고 자랐다. 피난길에서도 이승만 대통령의 배려인지 미군의 배려인지 모르지만, 우리 가족은 다른 지역에서 온 목회자 가족들과 함께 피난지에서 '특별한 대우'를 받았다. 기독교 목사의 엄청난 '힘'을 보며 자란 것이다. 초등학교 시절 줄곧 반장을 했던 나는 3·1절이나 광복절 기념행사 때 맨 앞에 서서 아버지가 기념사 연사로, 또는 만세삼창 인도자로 단상에 오르는 것을 뿌듯한 마음으로 바라보며 성장하였다. 우리 산골마을에서 목사인 나의 아버지의 '두드러진 자리와 역할'을 보며 자란 것이다. 미국에서 오는 구호물자도 아버지의 손을 거쳐 배급되었고, 미국 선교사들이 아버지를 방문하는 모습을 자주 보았다. 이장, 읍장, 군수, 국회의원이 아버지를 방문하여 무언가 의논하고 돌아가는 모습도 빈번히 보았다. 이 산골마을에서 목사인 나의 아버지는 '존경받는 유지'였다.

그래서 나는 목사가 되려고 기독교대학 사학과에 들어갔다. 바로 이것이 나의 어린 시절의 삶의 꼴과 결이 된 '우리 역사'와 '기독교'의 만남에 대한 지적 관심을 가지게 되는 그리고 내가 역사학의 길에 들어서는 계기가 되었다.

2. 기독교와 한국역사의 만남, 그 꼴과 결을 찾아서

목사 수업 준비를 위해 들어간 숭실대학에서 나는 목사이자 역사학자인 김양선(1907~1970)을 만나게 된다. 당시 그는 백낙준(1895~1985)과 더불어 기독교와 한국역사의 만남에 대해 관심을 가진 출중한 역사학자였다. 작은 키에 웃음을 머금고 강의실에 들어서서 카랑카랑한 음성으로 한국기독교사를 강의하는 모습도 인상적이었으나, 그의 강의가 내가 어린 시절부터 궁금해하던 여러 '의문들'—어떻게 시골교회 목사인 나의 아버지가 존경을 받고 영향력을 가진 유지가 되었는가, 언제 어떻게 기독교가 이 땅에 왔는가, 무엇 때문에 서양 종교인 기독교가 이 땅에서 사회적으로 큰 영향력을 가진 거대한 종교공동체가 되었는가와 같은 질문들—을 하나하나 풀어주었기 때문에 나는 그에게 홀딱 반하고 말았다.

이즈음 나는 김양선의 『한국기독교해방십년사』(韓國基督敎解放十年史)[1)]와 백낙준의 영문 저서 *The History of Protestant Missions in Korea, 1832~1910*[2)]을 읽게 된다. 한국기독교사를 함께 그러나 경쟁적으로 개척한 이 두 역사학자와의 지적 만남은 참으로 보배로운 것이었다. 김양선은 숭실대학교와 평양신학교에서 공부한,

1) 이 책은 1956년 대한예수교장로회 총회종교교육부에서 출간했는데, 해방 이후 기독교역사의 주요 자료들이 수록되어 있다.

2) 백낙준의 박사학위 논문인 이 책은 평양 숭실대학(당시 교명은 Union Christian College) 출판부에서 1929년에 펴냈는데, 1970년에 연세대학교 출판부에서 다시 출간하였다.

그야말로 학문적으로 자수성가한 '토종 역사학자'였고, 백낙준은 일찍이 미국으로 가 예일대학의 세계적 교회사학자 라토렛(Kenneth S. Latourette, 1884~1968)의 지도를 받으며 선진 역사학을 전해 받았다. 김양선은 서북청년들이 만주에 가 그곳에서 스코틀랜드 선교사들을 만나 개종한 이야기에 주목하여 이른바 기독교의 '주체적 수용사관'을 제시하고, 백낙준은 선교사들의 노력을 들춰내며 '선교사관'을 우리에게 전수하였다. 김양선은 '우리의 이야기들'을 많이 모아 소개했고, 백낙준은 '그들의 이야기들'을 자세히 소개하였다. 이 두 역사학자는 기독교와 우리 역사의 만남에 새겨진 꼴과 결에 대한 이야기를 나에게 해주었는데, 이때부터 나는 그들의 두 시각을 아우르는 안목을 줄기차게 추구하게 된다.[3)]

아울러 나는 스스로에게 한 질문을 던지게 된다. 그 질문은 우리의 근·현대사의 굽이굽이마다 긍정적이든 부정적이든 기독교공동체의 흔적이 뚜렷이 남아 있는데도 왜 역사가들은 기독교공동체의 역사 연구에 관심을 기울이지 않는가이다. 우리의 근·현대사의 총체적인 인식을 위해서 한국기독교사를 연구하여야 하는데도 말이다. 이때부터 나는 어느 누가 어떤 자리에서 어떤 생각을 가지고

---

3) 이 두 역사학자는 나에게 국학, 특히 우리 근·현대사 연구에 한문, 일어를 비롯하여 영어가 얼마나 중요한지를 일깨워주었다. 그때부터 이 두 역사학자는 강의실 안팎에서, 요즈음 우리가 말하는 '국학의 국제화'의 토대를 세우고 있었다. 나는 이 두 역사학자가 한국기독교의 유입 과정을 어떻게 인식하고 있는지를 다음의 글에서 정리한 적이 있다. 박정신, "백낙준과 김양선의 한국 기독교사 인식 — 이른바 '선교사관'과 '수용사관'의 꼴과 결," 『한국 기독교사 인식』 (서울: 혜안, 2004), 51-73쪽을 볼 것.

보든지 간에 기독교와 우리 근·현대사를 이어서 보지 않고는 우리 근·현대의 역사 변동을 총체적으로 인식할 수도, 설명할 수도 없다는 믿음을 갖게 되었다. 긍정적이든 부정적이든 '기독교와 한국 역사', 이 둘은 우리 역사에서 각별하게 만나 깊게 맞물리고 엇물리는 역사를 함께 연출하였기 때문이다. 그래서 이 둘의 만남, 맞물림 그리고 엇물림의 꼴과 결을 살피는 것이 나의 학문적 '업'이 된 것이다.[4)]

이때의 우리 역사학계에는 실증사학이 시대를 풍미하고 있었다. 이는 사료를 짜깁기하며 역사 현상을 재구성하는 작업이다. 나는 이러한 실증사학의 중요성을 인정하면서도, 복잡한 역사 현상을 설명하고 인식하는 데 필요한 나름의 '인식 틀'이나 '설명 틀'을 목마르게 찾고 있었다. 그 무렵 미국 유학을 간 형님(연세대 사회학과 명예교수인 박영신)으로부터 막스 베버의 책 *The Protestant Ethic and the Spirit of Capitalism*을 받게 된다. 형님이 나의 생일 선물로 부쳐준 것이다. 나는 사전을 들춰가며 이 책을 꼼꼼하게 읽었다. 그러면서 역사 연구에 사회이론을 비롯한 인접 학문이 얼마나 중요한지를 깨우치기 시작했다. 사회학 이론가인 형님의 글들, 지식사회학 서적들을 읽으며 인접 학문의 담벼락을 혼자 넘나들기 시작하

---

4) 나는 이러한 시각으로 기독교와 우리 역사의 관계에 대해 개관한 적이 있다. 내가 미국 오클라호마주립대학교에서 가르치던 1996년 봄, 연세대학교 국학연구원이 용재 백낙준을 기리기 위해 개최한 국제학술모임에 초대되어 발표한 글이다. 박정신, "기독교와 한국 역사 변동 — 그 만남, 물림 그리고 엇물림의 사회사,"『한국 기독교사 인식』, 125-179쪽을 볼 것.

였다.

그러다가 나는 고려대 대학원에서 강만길과 만나게 된다(그때는 숭실대 사학과에 아직 대학원 과정이 없었다). 당시 강만길은 30대 말의 열정 넘치는 역사학자였다. 남다른 우리 역사를 껴안는 가슴과 남다른 우리 역사를 읽어내는 시각이 돋보였다. 거시적 안목과 논리정연한 강의도 인상적이었지만, 무엇보다도 그의 지도로 석사학위 논문 「윤치호 연구」를 썼다는 것이 자랑스럽다. 우리 근·현대사 연구의 귀중한 사료인 『윤치호 일기』(尹致昊 日記)[5]를 토대로 우리 학계에서 처음으로 학위논문을 썼는데, 나는 지금도 이 논문을 자랑스럽게 생각한다.[6]

사료를 다루는 기술이나 자신의 시각과 주장을 가다듬는 요령이 미숙하기 짝이 없지만, 여기서 다룬 주제는 당시 나의 지적 관심 가운데 하나인 격랑의 우리 근·현대사의 질곡을 지나면서 한 기독교 지성의 생각과 행동이 어떻게 변화되었는가, 또한 왜 그렇게 변하였는가 하는 것이었다. 이를테면, 생각(신앙이나 사상)과 행위의 관계에 대한 질문이라고 할 수 있다. 이 논문을 쓸 때가 이른바 '유신시대'여서, 진보 기독교인들은 사회·정치 행동을 적극적으로 펼쳤고, 보수 기독교인들은 '정교분리'를 내세우며 '비정치적 정치' 행보

5) 내가 석사학위 논문을 쓸 때인 1970년대 중반에는 전체 11권 가운데 5권만 국사편찬위원회에서 간행되었다.

6) 이 석사학위 논문은 "윤치호 연구"라는 제목으로 「백산학보」 23호 (1977), 341-388쪽에 실렸고, 이후 나온 나의 논문집, 『근대한국과 기독교』 (서울: 민영사, 1997)에도 실려 있다.

를 하고 있었다. 그 시기에 석사 논문을 쓰면서 나는 한 지성의 생각과 행위 그리고 어떤 종교공동체의 사상(신학)과 행동의 관계, 그 꼴과 결을 살피고 설명하는 역사쓰기에 관심을 가지게 되었다.

사실 내가 「윤치호 연구」를 쓴 것은 지도교수인 강만길과 미국 유학을 마치고 귀국한 형님 박영신의 영향이 컸다. 기독교와 우리 역사의 만남, 이 종교공동체의 사회·정치 행동에 대한 나의 학문적 관심에 대하여 강만길 교수는 너무 큰 주제를 가지고 거대한 담론을 생각하고 있는 것 같다며 우려를 나타내었다. 그는 또한 기독교와 우리 역사의 만남을 내가 일방적으로 그리고 긍정적으로 보려는 의식이 강하다고 질타하기도 하였다. 그러면서 작은 주제를 가지고 기독교와 우리 역사에 대해 '상호교섭'의 시각으로 접근하는 훈련이 필요하다고 지도해주었다. 이때 나의 형님은 귀중한 사료인 『윤치호 일기』를 가지고 윤치호의 삶과 사상 그리고 그의 사회·정치 행동을 살필 것을 제안하였다. 이렇게 하여 나의 오랜 질문인 기독교와 우리 역사의 이음새를 살피고, 당시 나의 지적 관심인 한 기독교 지성의 사상과 그의 사회·정치 행동의 관계를 논의할 수 있는 주제를 갖게 된 것이다.

석사학위 논문을 거의 완성했을 때 '국학의 국제화'라는 거창한 기치를 내세우고 나는 미국으로 떠났다.[7] 학문의 길에 들어설 때와

7) 이 대목에서 한마디 달아두어야겠다. 내가 미국으로 한국 역사를 공부하러 간다고 하자 지도교수인 강만길과 형님을 제외하고는 다들 의아해했다. 한국사를 한국에서, 한국 역사학자의 지도로 훈련받지 않고 미국에서, 미국 역사학자에게 훈련받으려는 나의 결단에 모두가 어처구니없다는 반응을 보였다. 우리의 역사

비슷한 마음, 설렘과 두려운 마음을 안고 미국으로 건너갔다. 오로지 내 삶의 꼴과 결이 된 나와 우리 역사의 만남, 나와 기독교의 만남, 아니 나를 이음새로 기독교와 우리 역사의 만남, 그 맞물림과 엇맞물림의 꼴과 결을 밝혀내고 설명하는 것이 나의 '업'인 양 여기는 '사명감'에 넘쳐서 말이다.

3. 실증의 역사학에서 설명의 역사학으로

나는 미국 워싱턴대학교로 가 팔레(James B. Palais, 1934~2006) 교수의 지도로 역사학 훈련을 받았다. 지금은 우리 사회에 널리 알려져 있지만, 내가 미국으로 간 1970년대 말 당시에는 몇몇 학자만 눈여겨본 역사학자였다. 내가 워싱턴으로 팔레를 찾아간 것도 미국 유학을 마치고 귀국한 형님 박영신의 팔레에 대한 극찬 때문이었다. 형님은 우리의 역사 경험을 사회학 이론의 틀로 인식하고, 그 인식에 터하여 사회이론을 재구성하려는, 다시 말해 '우리다운 사회이론'을 찾겠다는 학문적 야심이 넘치는 사회학자이다.[8] 그는 팔

는 우리가 더 잘 안다는 '국수주의적 냄새'가 물씬거리는 반응을 뒤로하고 나는 미국으로 갔다. '국학의 국제화'에 앞장서겠다는 거대한 깃발을 들고 말이다.

8) 나의 형님은 나의 삶과 학문에 누구보다도 큰 영향과 도움을 주었다. 내가 미국에 있을 때 그가 쓴 거의 모든 책과 글들을 보내주었고, 내가 박사학위 논문을 쓸 때 필요하다고 요청하면 어떻게든 자료를 구해 보내주었다. 오늘날까지도 나의 글에 대해 칭찬과 격려를 아끼지 않는 형님이다. 그는 나에게 둘도 없는 스승이고 학문의 벗이자 내가 넘어보고자 하는 높은 배움의 산이다.

레를 개인적으로 만나보지는 못했지만, 팔레의 글들을 읽고 나서 단순한 '실증사학자'가 아니라는 것을 꿰뚫어 보았다. 인접 학문을 넘나들면서 그리고 다른 나라와 다른 지역의 역사 변동과 우리 역사를 비교사적으로 견주어보려는, 내가 나아가고자 했던 '설명의 역사학'을 하는 출중한 역사학자라고 말해주었다. 그렇기에 나는 다른 학교에는 아예 관심조차 두지 않고 워싱턴으로 간 것이다

그러나 내가 만난 팔레는 '실망' 그 자체였다. 그가 한국의 대학 교수들처럼 정장을 입지 않아서가 아니다. 나를 처음 만나던 날 헬멧을 쓰고 오토바이를 탄 채, 그의 키보다 작지 않은(?) 큼직한 여송연을 입에 물고 마치 '갱'처럼 나타났다고 해서가 아니다. 그의 인상이 깐깐하고 냉소적이며, 차갑고, 무서웠기 때문이다. 우리에게 친숙한 그런 '지도교수'가 아니었다.

그는 만나자마자 나더러 무슨 논문을 쓰기 위해 이곳에 왔는가를 물었다. 나는 기독교와 한국 역사의 만남, 그 맞물림과 엇물림에 대해서 쓰고 싶다고 대답하였다. 그러자 그는 차갑게, 그러나 훗날 나의 학문 여정에 보배가 되는 한마디를 해주었다. 내뱉듯이 말이다. 그의 과목(한국 근·현대사)은 학위과정 맨 마지막에 듣고, 사회학, 경제학, 정치학, 인류학과 같은 인접 과학의 과목을 성적에 구애받지 말고 들으라고 했다. 그리고 중국사, 일본사, 유럽사상사를 들으라고 조언해주었다. 비교사적 안목과 '설명의 역사학'의 기초를 다듬으라는 지도였던 셈이다.

그래서 나는 그의 과목을 한동안 듣지 않았다. '역사학의 울타

리' 안에서만 헤엄치던 나는 인접 과학의 담벼락을 넘어가 그들의 이론 세계에서 서툴게, 그러나 용감하게 헤엄쳐보게 되었다. '한국사'라는 마당에서만 놀던 나는 근대 유럽의 지성들의 세계로 여행을 가게 되었다. 지적 관심이 전혀 없었던 것은 아니나, 나에게는 생소하고 당혹스러운 '이웃 나들이'였고, 확신이 서지 않아 불만과 불평으로 가득 찬 여행이었다. 그러나 이러한 학문 나들이를 하게 된 지 몇 년이 지나자 나는 베버, 마르크스, 니체와 같은 이론가와 사상가들의 기독교와 사회·역사 변동에 대한 이론과 비판을 이해해가기 시작하였다. 우리의 근·현대사와 일본과 중국의 근·현대사를 비교하는 습성도 가지게 되었다.[9)]

이즈음 나는 '기독교와 우리 역사의 만남, 그 맞물림과 엇물림'에 대한 다음과 같은 여러 질문을 할 수 있게 되었다. 서양 선교사들이 한국보다 중국과 일본에 더 먼저 관심을 가지고 더 일찍, 또 더 많은 선교사들이 더 많은 선교자금을 가지고 갔지만, 중국과 일본에서는 이른바 '기독교 운동'이 실패했거나 미미한 수준인 데 반해, 더 늦게, 더 적은 수의 선교사들이 더 적은 선교자금을 가지고 온 한국에서는 왜 무엇 때문에 '기독교 운동'이 비길 데 없어 성공하였는가? 도대체 이를 어떻게 설명해야 할 것이며, 이러한 역사 현상의 의미는 무엇인가? 구한말 유교 사회에 기독교는 어떻게 뿌리내리기 시작하였는가? 기독교와 유교 사회의 만남은 '긴장'(tension)이었나,

---

9) 그 무렵 나는 니체의 기독교 비판과 신채호의 기독교 비판을 언젠가는 한번 비교해보자는 생각을 가졌는데, 아직도 나에게 한 이 약속을 지키지 못하고 있다.

'용해'(fusion)였나? 당시 기독교는 사회적으로 역동적인 작은 종교공동체였는데, 이 기독교가 거대한 종교공동체가 된 오늘날에도 지속적으로 역동적인 공동체로 우리 사회에 기능하고 있는가? 그렇지 못하다면 왜 그렇게 되었는가? 이 종교공동체의 신학(또는 신학의 변화) 때문인가? 이 종교공동체의 놀라운 성장과 이 종교공동체의 사회 · 정치적 입장과 행동의 관계는 무엇인가?

나는 이러한 사회사적 질문을 던지면서 워싱턴대학교 동양도서관 자료실에서 파묻혀 지냈다. 어두운 서가 구석 책상에 자리하여 시간 가는 줄 모르고 자료를 읽었다. 선교사들의 보고들, 편지들 그리고 그들이 남긴 책들과 에세이들을 꼼꼼히 읽고 메모해 나갔다. 김양선을 비롯한 여러 역사학자들이 발굴한 '우리의 이야기들'에 대한 '우리의 기록들'도 꼼꼼히 챙겼다. 이때 워싱턴대학교 국제대학원 원장인 일본사의 대가 파일(Kenneth B. Pyle, 1936~)의 연구조교가 되었다. 일본에 가 선교사로 활동한 이의 후손답게 그는 자신의 연구프로젝트를 돕기보다는 나의 학위논문에 열중하라고 배려해주었다. 내 학위논문이 미국 역사학계에 주목받는 논문이 될 것이라는 격려와 함께 말이다. 이때 나는 미국연방문부성 장학금(National Resource Fellowship)을 받게 되어 오로지 박사학위 논문 집필에 몰두할 수 있었다.

지도교수 팔레와 상의하여 논문 제목과 차례를 대략 결정하였다.[10] 두 가름으로 나누었는데, 첫째 가름에서는 둘째 가름에서 구

---

10) 영문 차례를 보기 위해서는 Chung-shin Park, "Protestantism and Politics

체적으로 논의하게 될 기독교인들과 우리의 사회·정치운동의 관계에 대한 논의를 돕기 위한, 이를테면, '설명의 틀' 또는 '인식의 틀'을 세우고자 하였다. 첫째 가름 첫째 마당에서는 '한국기독교의 성장, 그 역사와 사회사적 의미', 둘째 마당에서는 '한국기독교 신학의 형성과 변화', 셋째 마당에서는 '사회조직으로서 한국개신교'를 다루기로 하였다. 둘째 가름, 그러니까 넷째 마당에서는 '구한말, 일제강점기 초반의 개신교공동체와 우리의 민족주의운동의 맞물림', 다섯째 마당에서는 '일제강점기 후반의 기독교와 남·북 정치세력의 관계' 그리고 일곱째 마당에서는 '분단 후 남한의 정치 변동과 기독교공동체의 관계'를 다루기로 하였다.

문제가 없었던 것은 아니다. 100여 쪽에 이르는 머리글과 첫째 가름 첫째 마당을 마친 후 원고를 지도교수에게 넘겼는데, 몇 달이 지나도 소식이 없었다. 자신이 학위과정을 지도하고 또 자신이 후원하여 한국과 일본에 가서 연구를 마치고 돌아온 어느 미국 학생의 논문 첫째 마당을 읽고는 "역사학자가 될 자격이 없다"고 내쫓은 '사건'으로 유명한 팔레가 지도교수였기에 겁이 나기도 했다. 그러던 어느 날 팔레에게서 다 읽었노라고 전화가 왔다. 두려움 반, 호기심 반으로 그의 연구실에 가서 노란 마닐라 봉투에 든 내 논문을 돌려받았다. 그리고는 같은 건물 지하에 있던 내 연구실로 가서 봉투를 열고 읽기 시작했다. 아니, 읽어내려갈 수가 없었다. 내 눈에서

---

in Modern and Contemporary Korea," Ph. D. dissertation(Seattle: University of Washington, 1987)을 볼 것.

흐르는 낙담과 자괴의 눈물 때문이었다. 내가 낸 100여 쪽의 글에 그의 비판과 수정이 90여 쪽이나 달린 것을 보고서 말이다.

내가 오래도록 이 주제와 씨름하며 자료 수집을 하여 자신 있게 쓴 나의 학위논문 첫 마당에서 이 주제로 한 번도 연구하지 않은 팔레에게 이렇게 수모(?)를 당하고도 역사학자가 되어야 하는가, 아니 될 수나 있겠는가, 회한이 몰려왔다. 바로 그 순간, 우리 학계에 널리 알려진 커밍스(Bruce Cumings, 1943~)가 자그마한 내 연구실을 두드렸다.[11] 금요일 저녁이니 함께 저녁을 먹으러 가자고 했다. 불편한 심기로 그와 함께 간 식당에서 그는 나에게 이런 말을 들려주었다. 팔레와 함께 점심을 먹었는데, 우연히 내 논문에 대해 물었더니, 팔레가 말하기를 완성되기만 하면 틀림없이 '문제작'이 될 것이라고 했다는 것이다. 불과 한 시간 사이에 나는 '지옥과 천당'을 넘나드는 듯한 경험을 했다. 만약 커밍스가 팔레와 '우연히' 나눈 대화를 '우연히' 나에게 전해주지 않았다면, 나의 학위논문 그리고 이에 터한 나의 영문 저서는 잉태되지 않았을지도 모를 일이다. 커밍스와는 우리 역사를 보는 시각에서 입장을 달리하지만, 그 일 이후 나는 그에게 깊은 우정을 지니게 되었다.[12]

---

11) *The Origins of the Korean War*(Princeton, NJ.: Princeton University Press, 1981, 1990)으로 유명한 그는 당시 워싱턴대학교 국제대학원의 조교수로 부임한 지 얼마 되지 않아 대학원생들과 친하게 지냈다. 이 책은 우리말로도 옮겨져 나왔다. 브루스 커밍스/김자동 옮김, 『한국전쟁의 기원』(서울: 일월서각, 1986).

12) 다시 내 연구실로 돌아가 팔레가 쓴 내 논문에 대한 비판을 읽어보았다. 그는 자기의 글처럼 꼼꼼하게 철자, 문법, 어휘, 논리적 전개 따위를 문장마다, 문단

4. *Protestantism and Politics in Korea*[13]를 완성하기까지

박사학위 논문을 끝내고 1987년에 나는 미국의 작은 주립대학인 남오리건주립대학교(Southern Oregon State University)에서 동아시아 역사를 가르치기 시작하였다. 지도교수 팔레를 비롯하여 미국의 벗들[14]은 나의 학위논문의 출간을 독촉하고 수정작업을 격려해주었다. 특히 이즈음 우연히 만난 유영익 교수도 만날 때마다, 또 서신으로 나의 학위논문 출판을 독려해주었다.[15] 그러나 나의 교

마다 상세히 비판하고 대안을 제시해주었다. 그날 밤 나는 그의 비판과 조언에 따라 내 학위논문 첫째 마당을 완성할 수 있었다. 이렇게 훈련받은 그의 제자들이 훌륭한 역사학자로 미국의 한국학계를 주도하게 되었다는 것은 당연하다 할 것이다. 나도 그의 제자 가운데 하나라는 것을 항상 자랑으로 여기고 있다.

13) 나의 박사학위 논문에 터한 이 연구서는 워싱턴대학교 출판부(University of Washington Press)에서 2003년에 출간되었다.

14) 미국의 캘리포니아대학교 로스앤젤레스캠퍼스(UCLA)의 존 던칸(John Duncan), 하버드대학교의 카터 에커트(Carter Eckert), 인디애나대학교의 마이클 로빈슨(Michael Robinson), 트리니티대학교의 도널드 클락(Donald Clark) 그리고 캐나다 브리티시컬럼비아대학교의 도널드 베이커(Donald Baker) 등이 내 학위논문의 출판을 끊임없이 독촉하고 격려해준 잊을 수 없는 벗들이다.

15) 유영익 교수와의 만남은 우연이지만, 나의 국내외 학계 활동에 자부심을 느끼게 해 주었다. 나와 비슷하게 그도 미국에서 학위를 받고 종신교수를 지내다 국내로 돌아와 존경받는 역사학자로 활동하고 있다. 만난 이후 그는 항상 나에게 '내리사랑'을 베풀어주신다. 나의 영문 저서가 출판된 이후 2004년 봄에 있었던 나의 출판기념모임에도 오셔서, "민감한 한국기독교의 역사를 균형감각을 가지고 명쾌하게 서술한 역작"이라며 과분한 격려를 해주셨고, 또 나의 '앞길'에 대한 깊은 염려도 해주셨다. 오래도록 간직할 터이다.

수 자리는 불안한 계약직이었으며, 가르치는 과목과 강의시간이 너무나 많았다. 미국 학생들에게 주당 네 과목(12시간)을 가르쳐야 했다. 그 와중에 내가 그토록 사랑하던 어머니를 잃게 되었다. 출판을 위해 논문을 보완하거나 수정할 시간도, 마음의 여유도 없었다. 이 작업은 결국 1990년에 내가 오클라호마주립대학교(Oklahoma State University)로 옮긴 후에야 시작되었다. 가르치는 과목 수도, 수업시간도 줄었고, 종신교수가 되는 길로 들어서 안정이 되었기 때문이다.

나는 이 오클라호마주립대학교에서 사랑받으며 안정된 연구 생활을 하게 되었다. 열심히 가르쳐 '최우수 교수상'도 타보고, 10년 재직 중 거의 매년 이런저런 연구비를 받아 내 학위논문 수정작업을 끝낼 수가 있었다. 특히 1994년에는 미국의 인문사회과학자들이 한 번쯤 타보기를 꿈꾸는 미국사회과학원(The Social Science Research Council and the American Council of Learned Societies)의 '특별연구비'를 받아, 한 학기 강의를 쉬고 집필에 집중할 수 있었다. 그래서 나온 것이 *Protestantism and Politics in Korea*다.

이 책은 기독교와 우리 역사의 만남을 실증적으로 규명하는 수준에 머물지 않는다. 기독교와 우리 역사의 만남, 그 맞물림과 엇물림의 역사 현상을 설명하면서 내가 오랫동안 번민하고 씨름한 '설명의 역사학'이 무엇인지, 어떻게 하는 것인지를 보이고자 한 나의 학문, 그렇다, 지금까지의 내 학문의 결정체, 바로 그것이다.

나는 이 책에서 서양 제국주의의 물결을 타고 이 땅에 들어온 기독교를 부정적으로 보는, 이른바 '좌파들'의 기독교 인식의 편협성을 거부하고자 했다. 그리고 기독교가 이 땅에 들어와 신교육을 실시하고 자유니, 권리니, 평등이니 하는 사상을 전파한 긍정적인 부분만을 강조하는 또 한쪽의 편협성도 넘어서서, 기독교와 우리 역사의 만남을 어떻게 설명할 것인가를 고민했다. 이러한 '설명의 역사학'은 한 시대, 한 사건에 제한을 두는 미시적 시각에 기대서는 안되며, 기독교가 이 땅에 들어와 우리 역사와 뒤엉키게 된 오랜 기간을 내려다보는 거시적 안목이 필요하다고 인식하고, 100년(1880~1980)의 기독교 역사를 다루었다. 이렇게 하는 것이 이념의 좌우에서 기독교를 바라다보는 좁은 시각을 넘어설 수 있다는 믿음 때문이다.[16]

그래서 나는 종교사회학이나 지식사회학의 시각과 이론을 비판적으로 원용하기도 하였다. 이를테면, 어떠한 종교운동이든 작은 종파운동(sectarian movement)으로 시작되는데, 기존 사회와 긴장하고 갈등을 겪어야 하는 초기에는 구성원들의 종교성과 응집력이 강하기 때문에 역동적인 공동체가 된다. 그러다가 이 작은 종파

---

16) 나는 이념의 좌우 어느 쪽에서 나오든지 이념의 틀의 노예가 되어 역사 현상을 재단하는 것을 비역사학적 또는 몰역사학적 역사인식이라고 비판한 적이 있다(나의 영문 저서, 서론을 볼 것). 이와 이어지는 말이지만, 이른바 '실력양성론(자들)'에 대한 우리 학계의 인식도 마찬가지다. 이념의 잣대로 칭송하거나 학대하는 것은 바람직한 총체적 역사쓰기가 아니다. 이에 대한 나의 논의는, "실력양성론-이념적 학대를 넘어서", 「한국사 시민강좌」 25집(1999년 8월), 41-66쪽을 볼 것; 이 글은 나의 논문집, 『한국 기독교사 인식』, 95-124쪽에도 실려 있다.

가 성장해서 거대한 종교공동체로 등장하게 될 때는 이 종교공동체 안팎에 나타나는 이해나 이권에 의해 구성원들의 종교성이나 응집력도 약화되어 '거대하나 역동성을 상실'하게 된다는 시각과 이론이 나에게 매우 매력적이었다. 특히 사회이론가 굴드너(Alvin Ward Gouldner)와 박영신의 '새 계급'에 대한 이론적 논의는 나에게 값진 것이었다. 1920년대에 들어서면 이 땅의 기독교는 역동성을 잃어 가게 되는데, 이것이 이 종교공동체의 지도자들을 '새 계급'으로 다룰 '설명의 틀'을 제공해주고 있기 때문이다. 그래서 나의 이 논문집을 '역사학을 넘어선 연구'라고 영국의 한국학자 그레이슨(James Huntley Grayson)이 평한 바 있다.[17] 그렇다고 나의 영문 저서가 오로지 사회학이나 사회이론에만 기대어 쓰인 것은 아니다. 기독교와 한국 역사 사이에 나타난 복잡한 역사 현상을 인식하고 설명하려는 나에게 하나의 이론적 틀을 갖게 했을 뿐이다.

내가 이 논문집을 완성하기까지 어려웠던 또 하나의 문제는 신학을 다루어야 한다는 것이었다. 기독교는 여느 종교공동체와 마찬가지로 같은 신앙 또는 신념체계를 지니는 이들의 종교공동체이

---

17) 2004년 봄에 있었던 나의 출판기념 모임에서 한 말이다. 나의 학문에 대한 이러한 시각은 이미 지적된 바 있다. 이를테면, 1989년 서강대에서 있었던 한국역사학대회에서 나는 "1920년대 개신교지도층과 한국 민족주의 운동"이라는 논문을 발표한 바 있다. 그때 토론자로 나온 사회학자 정재식 교수(당시 연세대, 현재 보스턴대)는 나의 논문이 "한국사를 연구하는 이들에게서 보기 드물게 베버, 뒤르켐, 코저, 마르크스의 이론을 두루 살펴본 글"이라고 높이 치켜세우기도 하였다. 이 논문은 「역사학보」 134/135합집 (1992년 9월), 143-163쪽에 실렸고, 나의 논문집 『근대 한국과 기독교』에도 실려 있다.

기 때문에, 이 종교공동체의 사회·정치적 입장이나 행동을 살피려는 나의 연구, 특히 이들의 '믿는 바'와 이들의 사회행동의 관계를 설명하려는 나의 연구에서 한국기독교 신학에 대한 논의는 피할 수 없는 주제였다. 특히 앞에 잠시 언급한 대로, 내가 이러한 주제에 관심을 가졌을 당시 우리 사회에서 이른바 '진보신학'을 따르는 이들은 사회참여에 적극적이고, '보수신학'을 따르는 이들은 '정교분리'를 내세우며 '비정치적 정치' 행동을 하고 있었다. 그래서 신학의 다름에 따라 다른 사회행동을 한다는 것이 우리 학계에서만이 아니라 서양학계에서도 일반적으로 받아들여지고 있었다.

그러나 나는 이를 검증하지 않고 받아들일 수가 없었다. 진보적이라는 기독교인들 가운데도 '사회참여'를 하지 않는 이들이 많았고, 보수적이라는 기독교인들도 일제 초기와 말기에 3·1운동이나 신사참배 거부운동에 적극적으로 참여한 보기들을 수없이 보았기 때문이다. 그래서 '신학의 다름'만으로는 한국기독교인들의 사회·정치 행동을 설명할 수가 없었다. 그래서 나는 한국기독교의 신학의 역사를 사회사적 시각으로 다시 정리하는 작업을 하였다. 지식사회학에서 말하는 '콘텍스트'(context)와 '어떤 사상을 지닌 이들'(agents 또는 carriers)의 사회·경제적 배경에 관심을 기울이면서 말이다. 여기서 나는 같은 사상을 가졌더라도 다른 환경과 다른 사회·경제적 배경을 지닌 이들은 서로 다른 행동을 할 수 있다는 설명의 유연성을 보게 된다. 같은 성경 구절이라도 부유한 백인이 읽을 때와 가난한 흑인이 읽을 때 느끼고 해석하는 것이 다를 수 있는 것

처럼 말이다.[18)]

첫째 가름에서 또 하나의 '설명의 틀'은 기독교를 단순히 신앙공동체로만 보지 않고 하나의 '사회조직'으로 인식하는 것이었다. 기독교의 지도자들과 구성원들의 사회·정치적 배경이 이 종교공동체의 사회·정치적 입장과 행동에 큰 영향을 끼친다는 것은 상식에 속하는 사회이론이다. 그래서 나는 한국기독교의 특성인 교파주의와 지역주의, 장로파 교회의 강세 현상과 구성원들의 생각, 사회·경제적 배경을 살피게 되었다. 아무리 생각(신학)이 같아도 다른 교파나 다른 지역의 지도자들이 먼저 하거나 앞장서면 '함께 행동하지 않는 현상'도 상정할 수 있었고, 같은 생각을 가지고 같은 교파에 속하며 같은 지역의 기독교 지도자라 하더라도 자신과 자기가 목회하는 교회 구성원의 생각과 사회·경제적 위치 때문에 '함께 행동하지 않는 현상'도 가정할 수 있었기 때문이다. 이를테면, 어떤 '진보' 목사가 사회·정치 행동을 하고 싶어도 그가 목회하는 교회의 구성원, 특히 장로와 같은 평신도 지도자들이 그의 정치 행동을 탐탁하게 여기지 않거나 반대하면 쉽게 행동할 수 없는 현상을 쉽게 상정할 수 있었다. 목사를 비롯한 종교지도자들은 교회(더 정확히 말하면 신도들)로부터 생활비를 받는 '봉급쟁이들'이라는 사실을 많

---

18) 이러한 시각으로 나는 한국기독교의 신학과 정치 행동을 살핀 글을 우리 학계에 발표한 적이 있다. 박정신, "구한말, 일제초기의 기독교 신학과 정치 — 진보적 사회운동과 민족주의 운동을 중심으로,"「현상과인식」17권 1호 (1993년 봄), 103-125쪽을 볼 것. 이 글은 나의 논문집, 『근대 한국과 기독교』에 실려 있다.

은 이들은 논의하지 않고 있었다.

첫째 가름에서 기독교와 우리 역사 변동의 관계를 설명하려는 나름의 '틀'을 마련한 후, 둘째 가름에서 시대별로 기독교와 우리 역사가 구체적으로 어떻게 어우러져 있었고, 왜 그렇게 되었는지를 실증적으로 서술하고, 사회사적으로 '설명'하고자 하였다. 여기서 구한말, 일제초기의 기독교와 민족주의운동과의 맞물림에 대한 논의를 하였다. 유교 사회에 뿌리내리기 시작한 기독교는 작으나 역동적인 개혁 공동체로 자리 잡았다. 그것은 기독교의 전투적 근본주의 신학과 가르침만이 아니라 구성원들의 사회 · 경제적 배경이 주류 유교 사회와 '긴장'을 갖게 하였기 때문이다. 일제 초기에 기독교는 식민 세력과 맞서는 공동체로 성장하였다. 집회, 결사, 언론의 자유와 같은 기본권을 빼앗긴 조선사람들에게 유일하게 허용된 것은 종교단체와 그 안에서 이루어지는 활동이었기 때문이다. 그래서 교회의 조직과 활동이 조선 민족주의자들에게 중요한 조직이었고 활동이었다.

그러나 1920년대부터 기독교는 사회 · 정치 활동에 거리를 두는 종교공동체가 되어갔다. 그것은 기독교가 성장해감에 따라 이 종교공동체 안에 많은 이권과 이해가 생겨나고, 더불어 교회 지도자들의 사회 · 경제적 지위도 향상되었기 때문이다. 이들은 자연히 '종교계급'으로서 안정을 추구하게 되고, 사회 · 정치적으로 논쟁적인 활동과는 거리를 두게 되었다. 이런 현상은 해방 이후 남한에서 더욱 두드러지게 나타난다. 기독교가 목사와 사회 주류들(주로 의사,

변호사, 교수와 같은 이들이 장로나 집사가 된다)이 운영하는 종교공동체가 된 것이다. 그러니까 교회와 사회 사이에 '긴장'이 사라지고, '거대하나 역동성을 상실한' 종교공동체가 되었다. 이것이 *Protestantism and Politics in Korea*의 주된 논지이다.

5. '역사하기'에서 '역사쓰기'로

오랫동안 밖에서 공부하고 그곳 학생들을 가르치다가 2000년에 나는 한국으로 돌아왔다. '종신교수'라는 자리를 박차고 돌아온 것은 나의 결정이지만, 늦게 만난 벗 차상철 교수의 권유도 한몫하였다.

돌아와 보니 우리 역사학계는 아직도 실증사학이라는 울타리 안에 머물러 있다. 아직도 인접 학문과는 거리를 두면서 '우리끼리' 학문하고 있다. 아직도 기독교가 마땅히 받아야 할 자리를 주지 않고 있다. 아직도 이념의 좌우편에서 '역사하기'에 몰두하고 있다. 그래서 나는 아직 할 일이 있는 것이다. 실증의 역사학과 더불어 설명의 역사학으로 나가야 한다고 나는 계속 외칠 것이다. 우리 역사의 총체적 인식을 위해 인접 학문과 계속 대화할 것이다. 우리 역사에서 기독교의 온당한 자리매김을 위해 계속 글을 쓸 것이다. 특히 우리 역사학계에 만연한 전염병인 '역사하기'에 맞서 '역사쓰기'를 계속해 나갈 것이다.

해방 이후, 특히 1970년대와 1980년대, 다시 말해 권위주의 시대와 군사독재 시대를 지나면서 우리 사회는 '기존 체제'에 대항하고, 그 체제를 지탱해온 이른바 '기득권 집단'이라고 불리는 정치적·지적 엘리트의 이념을 비판하며, 그들의 계급성을 파헤치고 분노하면서 '새로운 사회'를 모색하는 작업을 투쟁적으로 수행해왔고 지금도 그렇게 하고 있다. 이 격정, 분노, 투쟁 그리고 대안 모색의 과정에서 기존 엘리트의 주장이나 행동을 색안경을 끼고 보았고, 지금도 그렇게 하고 있다. 이 비분강개의 시대에 역사학에 몸담은 이들은 우리 역사에 대해 자학적이고 또한 이념적이다. 기독교를 포함한 종교공동체의 역사를 아예 무시하거나 이전의 우리 역사를 부정적으로만 보고자 한다. '실패한 역사'라고 생각하기 때문이다. 그래서 이들의 역사학은 '역사하기'다. 역사학을 '운동'으로 한다는 말이다. 기존 체제, 기존 엘리트, 기존 사상, 그렇다, 기존의 모든 것을 거부하면서 '기존 질서'에서 잊히고 무시당한 인물이나 사상, 사건이나 운동을 복원하는 일을 '운동'으로 해왔다. 이념적으로, 정치적으로 비분강개하는 이들이 역사학자가 되어 '학문적 운동꾼들'이 된 것이다.[19)]

미국 역사학계에도 이와 비슷한 '학문적 운동꾼들'이 있었다.

---

19) 최근 우리 학계에는 이러한 비분강개의 역사학자들의 '역사하기'에 반기를 든 다른 한쪽의 '역사하기'가 나타났다. '자학의 역사하기'를 비판하는 이들이 또 다른 시각의 '역사하기'에 나선 것이다. 나는 이들의 '역사하기'에도 생각을 함께하지 않는다. 역사학자는 '역사하기'가 아니라 '역사쓰기'를 업으로 하기 때문이다.

1960년대에 월남전을 반대하는 반전운동과 흑인민권운동이 대중운동으로 미국을 휩쓸었다. '미국의 실패'를 가져온 기존 질서와 기존 엘리트를 비판하고 '새로운 질서'를 갈망하고 있었다.[20] 이러한 분위기에서 자라고 교육받은 역사학자들은 기존의 지적 · 정치적 엘리트를 곱살스레 보지 않고 노동자, 소수민족, 여성 그리고 '자기들의 생각을 똑똑히 밝히지 못하는 이들'(the inarticulate), 이를테면, '민중'(the mass of ordinary people)에게 관심을 돌렸다. 이들은 '밑에서 보는 역사'(history from the bottom up), 우리말로 하면 '민중을 위한, 민중에 의한, 민중의 역사하기'에 나섰다.[21] 이 비분강개 세대의 역사학자들이 몰고 온 이러한 학문적 관심과 시각 변화는 "댐을 터뜨려 학문의 전 영역으로 홍수를 방면하게 한 하나의 지진"[22]이 되었다. 이들의 '역사하기'는 미국의 역사학계, 나아가서 미국의 모든 인문사회과학계에 새 시대의 문을 열어주었다.

그러나 1980년대에 들어서면서부터 이들의 업적들이 특수한 시대의 산물, 다시 말해서 반전운동과 민권운동 시대에 나타난 기존 질서에 대한 회의, 거부, 저항의 지적 몸부림이었다는 시각이 등장했다. 이 '학문적 운동꾼들'조차도 그들의 학문적 경직성과 편협

---

20) 미국 역사학계, 특히 사회사, 지성사와 문화사학계의 흐름을 살피기 위해서는 다음 두 짧은 글을 볼 것. Alice Kessler-Harris, *Social History* (Washington D.C.: American Historical Association, 1990); Thomas Bender, *Intellectual and Cultural History* (Washington D.C.: American Historical Association, 1977).

21) Thomas Bender, 윗글, 5-6쪽.

22) Alice Kessler-Harris, 윗글, 1쪽.

성, 이를테면, 시대가 갖는 열정과 흥분이 스며든 비학문적 시각과 주장이 역사를 총체적으로 인식하는 데 걸림돌이 될 수도 있다고 인정하게 되었다. 이들 스스로 그들의 편협한 시각을 교정하기 시작한 것이다. 이들에게 충격을 받은 기존 역사학계도 관심 분야를 확대해 나가고 있다. 짧게 말하면, 서로의 시각과 주장을 열린 가슴으로 종합하면서 빠르게 역사를 다시 쓰고 있는 것이다. 역사학의 변증법적 발전, 변증법적 역사학의 진보는 여기에서 나온다.

'역사하기'는 과정으로서 필요하지만, 역사학이 지향하는 것은 '역사쓰기'이다. 역사학은 운동이 아니라 서술이며 설명이다. 역사학은 이념의 운동이 아니라 여러 이념적 시각에서 나온 주장들을 종합하여 서술하고 또 설명하는 것이다. 그래서 나는 여러 이념의 스펙트럼을 거쳐 나온 주장들을 종합하고, 서술하고, 설명하는 '역사쓰기'를 계속할 것이다. 물론 '기독교와 우리 역사'의 만남, 그 맞물림과 엇물림의 꼴과 결에 대해서 말이다.

* 이 글은 「한국사 시민강좌」 36집(2005년 2월), 219-239쪽에 처음 실렸으며, 박정신의 논문집, 『역사학에 기댄 우리 지성사회 인식』(서울: 북코리아, 2008), 172-191쪽에 다시 실렸다.

우리 역사쓰기 되새김
— 베버의 역사사회 인식에 기대어

1. 머리글: 역사를, 우리 역사를 어떻게 읽을까

진부하기는 하지만, 우리 지식사회에 널리 알려져 있는 에드워드 카(Edward H. Carr)의 역사 정의를 되새겨보자. 그는 역사란 '과거와 현재와의 끊임없는 대화'라고 했다. 우리 학계나 지식사회에서 에드워드 카의 역사 정의를 이야기할 때는 오늘의 우리 문제를 해결하기 위해 과거로 올라가 비슷한 문제의 해결을 시도한 선조들의 지혜를 읽어보고 오늘의 문제를 해결하는 데 도움을 받자는 정도로 이해하고 있다. 다시 말해, 오늘의 문제가 하늘에서 갑자기 떨어진 문제가 아니라 어제에서 발생한 것임으로, 어제에 있었던 문제들을 연구하여 오늘의 문제를 해결하는 데 도움을 받자는 것이 '과거와 현재와의 끊임없는 대화'라고 말이다.

그런데 우리의 생각은 이 수준에 머물러서는 안 된다. 카가 말한 '과거와 현재와의 끊임없는 대화'라는 것은 오늘의 문제 해결을 위해 과거에서 지혜를 얻자는 수준이 아니다. 여기에는 과거의 잘 잘못으로 인해 오늘의 '뒤틀린 역사'가 펼쳐지고 있다는 자기성찰의 뜻이 담겨 있다. '모든 역사는 현대사'라고 한 크로체(Benedetto Croce)의 생각도 그러하다. 아니, 역사를 공부하는 우리 모두의 생각이 그러해야 한다. 한마디로, 역사학이란 오늘 우리의 뒤틀린 모습을 되돌아보자는 뜻을 담고 있는 '윤리학'이라는 말이다.

여기에 막스 베버(Max Weber)가 들어선다.[1] 일찍이 자본(돈)을 중심에 두고 이른바 이른바 '경제'의 관점에서만 논의하였던 자본주의 연구에 문화니 종교니 가치니 하는 잣대를 들이댄 이가 베버다. 그는 오늘날 우리가 이야기하는 대로 경제를 이야기하고 자본주의 사회화 과정, 이를테면, 효율과 수치를 내세우며 현상을 분석하고 정리하는 따위의 수준, 구체적으로 말해 공장이나 학교 등 사회의 기간 시설이 얼마나 들어섰고, 문맹률이 어떻게 변화했는지 따위를 논의하는 수준에서 학문을 한 이가 아니다. 자본주의의 발흥이라는 역사사회 현상에 대해 수치, 사건, 사실의 발굴이나 나열(실증사학)로 끝나는 것이 아니라, 근본에서부터 질문을 던지고 새로운 해석을 시도한 이가 바로 그이다.[2]

---

1) Max Weber, *The Protestant Ethic and the Spirit of Capitalism,* Talcott Parsons(옮김) (London and Boston: George Allen and Unwin, 1978).

이를테면, 그는 왜 자본주의가 인도나 중국, 메소포타미아가 아니고 하필이면 서양에서 발흥했는지를 묻는다. 사건이나 현상 그 너머의 '뜻'을 새기기 위해 질문을 던지고 대답을 모색한다. 그 결과, 자본주의가 윤리, 그렇다, 프로테스탄트 윤리에 잇대어 발흥했다고 그는 파악한다. 경제를 다루면서도 경제 논의에서 끝나지 않고, 가치와 정신을 끄집어낸다. 그래서 우리에게 그의 '학문'이, 그의 학문하는 '방법'이, 그의 학문의 '지향'이 새롭게 다가오는 것이다.[3]

베버의 학문하기에 잇대어 우리의 역사 연구/역사 서술을 되새김질해보려는 이유가 여기에 있다. 우리의 역사 논의가 이념의 좌우를 통틀어, 돈, 수치, 나라, 겨레에 함몰된 역사 연구/역사 서술, 그래, 지극히 낮은 수준의 학문하기에 머물러 있다는 반성 때문이다. 물론 우리 역사의 '뜻'을 헤아려보려는 노력이 전혀 없었던 것은 아니다. 이를테면, 함석헌이 쓴 『성서적 입장에서 본 조선 역사』[4]와 같이 정신사관 혹은 섭리사관에 터한 역사쓰기가 있었다. 그러나 이런 예외를 제외하면 대체로 우리 지식사회의 역사 논의/서술은 역사학의 본뜻인 윤리나 가치 혹은 역사 흐름의 의미를 읽어보

---

2) 박영신, "'프로테스탄트 윤리'의 재인식", 「현상과인식」 4권 4호(1980년 겨울).

3) Max Weber, 윗글, 13-31쪽; 박영신, 윗글.

4) 『성서적 입장에서 본 조선 역사』는 함석헌이 1933년 2월부터 1935년 12월까지 「성서조선」에 연재한 글을 묶은 것이다. 성광문화사에서 1950년에 처음 출간되었는데, 1961년에 세 번째 판을 찍으며 제목을 『뜻으로 본 한국 역사』로 바꾸었다. 이 글에서 인용한 책은 함석헌, 『뜻으로 본 한국 역사: 젊은이들을 위한 새 편집』(서울: 한길사, 2008, 제14쇄)이다.

려는 고민이 턱없이 부족하였음을 인정하지 않을 수 없다.

한 보기로, '식민지 근대화론'을 이야기하는 이들을 보자. 그들은 일제강점기에 학교와 공장이 몇 개 늘어났고, 생산량이 어떻게 증가했으며, 철도와 도로가 얼마나 들어섰는지를 이야기하면서 자기들의 주장을 펼치고 있다. 이른바 교학사에서 펴낸 역사교과서의 주장들이다.[5] 그런가 하면, 이에 반박하는 이들도 여전히 수치 논리다. 학교와 공장이 들어선 것, 철도와 도로가 늘어난 것, 문맹률이 높아진 것 따위가 수탈과 약탈의 수치일 뿐이라며, 여전히 수치 놀음에 머물고 있다. 어디서도 수치 '그 너머의 가치'를 살피려고 하지 않는다.

수치와 가치 사이에 칸막이를 치는 이들은 학문의 객관성 또는 전문성 등의 논리를 내세우며 자기들의 주장을 정당화하려고 하지만, 사실상 가치를 배제한 수치는 무의미할 뿐만 아니라 그 자체가 객관성을 가장한 기만이라는 데 함정이 있다.[6] 그리하여 경제적 풍요 그 너머의 행복, 자기도취 그 너머의 성찰에 터한 역사 논의/서술, 그래, 자신의 고유한 삶과 자기 겨레 및 나라의 모둠살이에 대한 윤리적 성찰에 터한 역사 논의/서술이 필요한 것이다. 이를 위해 베버의 정신사, 곧 윤리 지향의 역사 인식이 큰 도움이 된다고 우리는 생각한다. 이 글은 이러한 역사 연구에 대한 갈급한 마음을 담고 있다.

---

5) 박정신, "우리 지성사에 기대본 '역사전쟁': 역사 교과서 논의를 보기 삼아," 2013년 봄에 열린 한국인문사회과학회 정기학술대회 자료집.

6) 박정신, "오늘의 우리 학문 세계와 기독교학," 2010년 11월 18일에 열린 숭실대 기독교학과 학술심포지엄 자료집, 13-21쪽.

2. 우리의 역사쓰기, 그 시각과 방법

우리 역사학의 역사를 읽으면, '실증주의사학',[7] 민족주의사학 그리고 사회경제사학이라는 시각과 방법을 쉬이 짚어낼 수 있다.[8] 긴 논의를 짧게 줄여보자. 우선, 실증주의사학부터 살펴본다. 그 기원은 독일의 역사학자이며 근대 역사학의 아버지라고 불리는 레오폴드 폰 랑케(Leopold von Ranke)에게로 거슬러 올라간다. 랑케는

---

7) 이 땅의 역사쓰기에서 주류를 이루는 '실증주의 사학'은 랑케를 내세우지만, 랑케는 실증주의 사학이 아니다. 우리의 '실증주의 사학'은 일본이 근대제국주의 대열에 올라서면서 랑케의 『강국론』을 받아들여 일본제국이 지향하는 바를 정당화하는 이론으로, 그의 실증주의 사학을 '비틀어' 식민통치를 정당화하는 사학으로 변질시켰다. 그래서 나는 이 글에서 그냥 실증주의 사학이라 하지 않고 홑따옴표를 달아 '실증주의 사학'이라고 한다. 랑케의 실증주의 사학은 그리스나 로마가 우월의식과 편견을 가지고 게르만 민족을 '아리안족'으로 인식한 것에 대한 반론으로, 역사란 어떤 편견이나 선입견을 가지고 서술하는 것이 아니라 '있는 그대로'의 사실을 강조하며 게르만 민족에 대한 역사를 바로잡고자 했다. 그러면서 게르만 민족의 자부심과 애족의 마음을 가지라고 일깨우고 있다. 이런 뜻에서 우리의 '실증주의 사학'은 랑케의 실증주의 사학이 아니라 일본제국의 식민통치를 위해 랑케의 실증주의를 '비튼', 그 '비튼 실증주의 사학'이다. 같은 뜻에서, 그렇다면 랑케의 실증주의 사학은 사실에 입각하여 주변 강대국이 '비튼' 우리 겨레의 역사를 올바로 잡고자 한 민족주의 사학에 이어져 있다고 보아야 한다. 임종권, "랑케 텍스트," 2014년 10월 22일 한가람역사문화연구소 세미나 참고.

8) 이기백, 『민족과 역사』(서울: 일조각, 1997), 2-3장; 박양식, "서양사학에 비추어 본 한국실증사학," 「숭실사학」 제31집(2013), 329-353쪽. 여기서 글쓴이 박양식에 대해 한마디 남겨놓고자 한다. 그는 출중한 역사학자로, 그야말로 '밥벌이'를 위해, '체제의 일자리'를 갖기 위해 학문한 사람이 아니다. 체제 안에 자리를 잡은 '실력 없는 학인들'에 아첨하며 삶을 꾸린 역사학자가 아니었다는 말이다. 이른바 대학 안의 비정규직 교원으로서 그는 끊임없이 고독하게 질문하고 자기 나름의 생각을 펼치고자 했던 학인이었다. 그런 그가, 그래, 내 후배 박양식이 이 논문을 마지막으로 돌연 세상을 떠났다. 마치 나에게, 우리 지식사회에 '유언'처럼 남기듯이 말이다. 그래서 나는 이 달음 글을 몸 글처럼 남기고 싶은 것이다.

"역사는 오직 그것이 실제로 일어났던 그대로(wie es eigentlich gewesen)를 보여주려 할 뿐이다"[9]라는 유명한 명제를 남겼다. 이 말은 역사하기란 역사가의 주관을 배제한 객관적 사실의 추구임을 강변한 것으로, 이후 근대 역사학의 지표가 되었다.[10] 이기백은 이런 실증사학의 학풍을 가리켜 어떠한 사관도 개입되지 않은 "순수사학"[11]이라고 이름 붙이기까지 했다.

흥미로운 것은 그렇게 말한 랑케 자신도 '실제로 일어났던 그대로를 보여주기'는커녕, 문헌고증 및 사료비판 등의 작업을 거쳐 독일을 비롯한 여러 유럽 나라들의 역사를 '서술'했다는 점이다.[12] 여기서 서술이란 지나간 사실에 대한 객관적 나열이 아니다. 현대 역사가들은 과거 사건을 밝히는 데 머물지 않고 '해석'한다. 역사가들이 과거를 이야기하려고 "더 큰 맥락을 찾는 것은 '일어난 사건'이 아니라 그 사건의 의미를 말하려는 시도"가 있기 때문이다.[13] 일찍이 함석헌이 지적한 것처럼, 무엇인가 역사로 적는 일은 "단순한 사실이 아니라 골라진 사실이요, 그 고르는 표준이 되는 것은 지금과의 산 관련이다."[14] 이 대목에서 다시금 '모든 역사는 현대사'라는

---

9) Leopold von Ranke, "Preface: Histories Romance and Germanic Peoples," in Fritz Stern(ed.), *The Varieties of History: From Voltaire to the Present* (London: MacMillan, 1970), 57쪽.

10) Fritz Stern, *The Varieties of History: From Voltaire to the Present* (London: MacMillan, 1970), 54-62쪽.

11) 이기백, 『민족과 역사』, 윗글, 37쪽.

12) 박양식, 윗글; 임종권, 윗글을 볼 것

13) 존 H. 아널드/이재만 옮김, 『역사』(서울: 교육서가, 2000), 23쪽.

크로체의 말을 떠올리지 않을 수 없다. 요컨대, 역사 서술 작업은 '선택'과 '재배열'의 작업이요, 그 과정에는 주관이 개입할 수밖에 없다는 뜻이다.

우리의 관심은 개개의 사실과 사건을 통해 역사란 '있는 그대로를' 복원하는 작업이므로, 사료를 고증 또는 배열 및 재배열하는 과정에 어떤 관점이나 해석을 들이대는 것은 비과학적이며 비객관적이라고 주장하는 한국의 주류 역사학계로 쏠린다. 객관적 사실이란 것이 분명히 존재하고, 또 역사가가 자신의 주관적 편견이나 선입견을 배제한 채 이를 인식하는 것이 가능하다고 그들은 믿는다. 그런데 이 믿음은 사실상 불가능한 망상일 뿐이며 '있는 그대로의 객관적 사실'이란 아예 존재할 수조차 없다는 철학적 논의는 접어둔다 하더라도, 그들이 그토록 추종하는 랑케 본인의 역사하기와 아무런 상관도 없다는 것이 문제다. 자기가 본 대로, 즉 자신의 한계 안에서 역사 서술을 하면서도 객관성의 신화에 사로잡혀 있던 랑케의 경우는 그렇다 치고, 당장에 그의 제자였던 야콥 부르크하르트(Jacob Burckhardt)만 해도 주어진 사료만으로 역사를 연구한다는 것이 얼토당토않은 일임을 시인하지 않을 수 없었다. 그리하여 사료를 눈여겨보다가 "불현듯 떠오르는 직관"[15]에 가치를 부여하였던 것이다. 이 대목에서 우리 역사학계, 특히 실증사학을 한다는 이

---

14) 함석헌, 『뜻으로 본 한국 역사』, 41쪽.

15) 앤 커소이스·존 도커/김민수 옮김, 『역사, 진실에 대한 이야기의 이야기』 (서울: 작가정신, 2013), 126쪽.

들이 '근대 역사학의 아버지'라고 숭앙하는 랑케에 대해 서구 역사학계는 오래전부터 이미 그의 "아버지 자격"을 회의하거나 부정해 왔다는 사실을 적어두자. [16]

이 땅의 실증사학의 계보는 일제강점기로 거슬러 올라간다. 랑케의 제자였던 루드비히 리스(Ludwig Riess)의 지도 아래 랑케 사학을 습득한 일본인 사카구치 다카시(坂口昂)가 그 효시다. 다카시는 1909년부터 1911년까지 유럽에서 유학하며, 독일의 속령인 폴란드에서 실시한 국사교육에 매료되었다. 이를 조선 통치에 적용하면 유익할 것이라고 판단하고, 귀국 후 랑케 사학을 식민통치를 위한 발판으로 활용하였다.[17] 이러한 일본의 식민주의 사관이 조선사편수회로 이어져 이 땅의 실증사학을 수놓았다.[18] 그러므로 한국 실증사학은 서구의 실증주의 사관과 구별되어야 한다. 일제의 식민사관에 영향받은 이 땅의 실증주의는 역사 주체인 조선사람들의 현재적 삶에 관심을 두지 않거나 무시하는 추상적 과학성과 객관성을 뜻하는 것으로, 자신들의 맹목적인 생각을 우상화한, 역사학이라는 가면을 쓴 '교조주의'에 지나지 않는다.[19]

민족주의사학은 어떤가. 구한말 역사의 소용돌이 속에서 청나라, 일본, 러시아 등 열강의 격전지로 전락한 반도의 현실을 보며

16) 존 H. 아널드, 윗글, 90-94쪽.

17) 박양식, 윗글; 임종권, 윗글을 볼 것.

18) 이덕일, 2014.

19) 이들이 과학성이나 객관성이니 하며 현재성을 주관적으로 취급하는 이유에 대해서는 글을 달리하여 한 번 더 논의하겠다.

'민족'에 눈을 뜬 이들이 있었다. 신채호와 최남선 같은 이가 대표적이다. 단재 신채호의 사관은 그가 쓴 『조선상고사』(朝鮮上古史) 제1편 「총론」(總論)에 잘 나타나 있다. 그는 과거의 역사 서술 방식이 "붙은 조선사요, 옳은 조선사가 아니었다"[20]고 잘라 말한다. 그때까지 조선사를 저술한 역사학자들이 조선의 입장에 서기는커녕 도리어 조선을 침략한 강대국의 입장에서 역사쓰기를 했다는 비판이다. 그에게 역사 서술에서 무엇보다도 중요한 것은 역사를 보는 '관점'이었다. 이 점에서 우리는 신채호의 역사관이 위에 언급한 실증주의사학과 뚜렷이 차별화된다는 것을 확인할 수 있다.

그렇다면 그가 생각한 역사란 무엇인가. 익히 알려진 명제가 위의 「총론」 첫머리에 나온다.

> 역사란 무엇이뇨. 인류 사회의 아(我)와 비아(非我)의 투쟁이 시간부터 발전하며 공간부터 확대하는 심적 활동(心的 活動)의 상태의 기록이니[21]

그렇다, 신채호는 역사를 '아'와 '비아'의 투쟁 기록으로 보았다. 물론 여기서 '아'는 조선을 가리키고, '비아'는 '英(영국), 露(러시아), 法(프랑스), 美(미국)' 등 이민족을 가리킨다. 다른 말로, 그에게 조선사는 조선민족과 이민족과의 투쟁사와 다르지 않았다. 아울러 일제의 침략 야욕이 노골화되는 시점에서 그의 궁극적 관심은 조선의

20) 신채호, 『조선상고사』(서울: 종로서원, 1948), 9쪽.
21) 윗글, 1쪽.

정치적 독립에 있었으므로, 그에게는 역사학자라는 정체성과 독립투사라는 정체성 사이에 전혀 모순이 없었다.

흥미로운 것은 그가 역사를 대결과 투쟁의 관점에서 보았다는 점 말고도, '아'의 시간적 발전과 공간적 확대의 내적 원리로 '심적 활동'을 꼽았다는 사실이다. 이것이야말로 뒤에 논의할 사회경제사학과 뚜렷이 구분되는 지점이 아닐 수 없다. 그는 민족의 성쇠가 심적 활동, 곧 정신 또는 사상의 '추향'(趨向) 여하에 달렸다고 주장하고, 우리 민족의 고유한 사상으로 '낭가'(郎家), 곧 화랑도(花郎徒) 정신을 꼽았던 것이다.[22]

신채호가 정치적 독립의 관점에서 역사, 그것도 상고사에 관심을 쏟았다면, 정치보다 문화의 측면에서 민족주의사학을 전개한 이가 육당 최남선이다.[23] 그는 이 땅에서 역사를 펼쳐낸 근본 동인(動因)을 '조선정신'(朝鮮精神)이라고 보았다. 그에 따르면, 조선정신이란 금강산 같은 조선의 지리에서도 구현되어 있는, 조선인의 생활, 문화, 역사와 "장구(長久)코 긴밀한 관계를 가지는 성적(聖的) 일존재(一存在)"다.[24]

사학자로서 조선정신의 기원을 찾기 위한 그의 노력은 '조선광

---

22) 신채호, 『조선사연구초』 (경성: 조선도서주식회사, 1929), 56장.

23) 육당 최남선은 횡보 염상섭, 춘원 이광수와 더불어 근대 개화기를 대표하는 3대 문인으로 꼽힌다. 3·1운동 당시 민족대표 33인에 참여하여 기미독립선언서를 작성, 낭독하는 등 독립운동에 열심이었으나, 투옥 및 석방 이후 조선총독부의 회유에 넘어가 조선사편수위원회에 가담하는 등 친일행각을 벌여 오점을 남겼다.

24) 최남선, 『금강예찬』(金剛藝讚) (경성: 한성도서주식회사, 1928), 2쪽.

문회'(朝鮮光文會) 결성과 『조선총서』(朝鮮叢書) 간행에서 쉬이 엿볼 수 있다. 특히 『삼국유사』(三國遺事) 연구에 천착하여 단군신화에 나타난 조선정신을 발견 또는 발굴해낸 것이 그의 가장 큰 업적이라 할 터이다. 그가 단군신화에서 찾아낸 조선정신은 바로 '붉'(光明) 또는 '붉은'으로, 그에 따르면, 단군이 하늘로부터 내려와 터를 잡았다는 태백산은 '붉' 신앙의 성지(聖地)였다.[25] 여기서 그의 역사관은 단순한 이념으로서의 민족주의를 넘어 종교적 신앙으로까지 고양되고 있음을 알 수 있다.

이처럼 민족주의사학은 나라의 위기 상황에서 '민족'을 자각하고, 이른바 민족성 혹은 민족정신에 기대어 위기를 극복하고자 한 점이 돋보인다. 요컨대, '현재성'이 이들의 역사하기의 출발점이다. 이러한 점에서는 1970년대에 나온 강만길의 『분단시대의 역사인식』[26]도 같은 범주에 속한다고 볼 수 있다. '분단'이라는 현재의 문제를 직시하고, 또 이를 극복하기 위해 과거 역사를 조망하는 것이 그의 역사쓰기였다. 그런데, 바로 이러한 성격, 곧 현재성을 강조한다는 특징 때문에, 보편사로 발돋움하기 어려운 것이 민족주의사학의 한계이기도 하다. 물론 강만길의 경우, 한반도의 분단에 관심을 둔 것은 '평화'에 대한 지향성 때문이라고 짐작할 수 있다. 그렇다면 그는 우리 민족의 독특한 경험을 통해 인류의 보편사적 통찰을 제시하는 역사하기를 한 것이다. 하지만 이는 어디까지나 짐작

---

25) 최남선, 『백두산근참기』(白頭山覲參記) (경성: 한성도서주식회사, 1927).
26) 강만길, 『분단시대의 역사인식』 (서울: 창작과비평사, 1978).

일 뿐, 적어도 그의 책에서 강조되고 있는 부분은 여전히 우리 민족의 현재 경험이다.

이러한 지적은 신채호와 최남선에게도 동일하게 적용될 수 있다. 그들에게서 현재성은 나라의 존망이었다. 그러자니 민족에 대한 강조가 지나쳐서, 이들의 민족은 하나의 이념 또는 관념 또는 종교적 숭배의 대상으로 변질되고 말았다. 다시 말해, 민족주의사학은 대결의 시대, 저항의 시대를 배경으로 깔고 있어서, 이기백이 옳게 지적한 대로, 그 역사 인식 또한 "대립과 투쟁을 지양하여 새로운 보다 높은 것으로 발전하는 데 대하여는 언급이 없"[27]다는 것이 결함이라 하겠다.

이제 사회경제사학을 살펴볼 차례다. 우리 역사학계에서 대표적으로 공인된 이가 백남운이다. 그의 책 제목이 벌써 이를 표방하고 나선다. 그는 『조선사회경제사』(朝鮮社會經濟史)와 『조선봉건사회경제사』(朝鮮封建社會經濟史) '상'(上)권을 남겼다. 앞의 책은 원시 및 고대의 사회경제사로, 신라말에서 끝나며, 뒤의 책은 고려시대를 다룬다. 이 순서대로라면, 『조선봉건사회경제사』 '하'(下)권은 조선시대를 다룰 것인데, 불행히도 그 책은 없다.[28] 만약에 그 책마저 나왔다면, 그의 '조선사회경제사'의 전체 구상은 다음과 같았을 터이다.[29]

---

27) 이기백, 『민족과 역사』, 21쪽.

28) 백남운은 1947년 월북하여 북한 최고인민회의 대의원을 거쳐 부위원장, 의장 및 조국전선 의장 등을 역임하였다.

29) 백남운, 『조선사회경제사』(동경: 가이조사, 1933).

제1. 원시씨족공산체의 양태

제2. 삼국의 정립시대에 있어서의 노예경제

제3. 삼국시대의 말기경부터 최근세에 이르기까지의 아시아적 봉건사회의 특질

제4. 아시아적 봉건사회의 붕괴 과정과 자본주의의 맹아 형태

제5. 외래 자본주의 발전의 일정과 국제적 관계

제6. 이데올로기 발전의 총과정

얼핏 보아도 이 구상은 마르크스의 역사 4단계론을 그대로 따르고 있음이 명확하나, 그 자신의 입으로 그의 사관을 확인해보자. 실증주의사학과 민족주의사학을 아우르는, 이른바 '근대사학'에 대한 그의 비판은 다음과 같이 요약된다. 그러니까 그때까지의 한국사 연구는 일본에서 수입된 '특수사관'이거나 또는 조선이라는 특수사에 대한 '정'(情)에 함몰된 이데올로기적 특수성에 지나지 않는다는 것이다. 이 두 입장은 정치적 성향에서는 판이하게 다를지 몰라도, 본질적으로 "인류 사회 발전의 역사적 법칙의 공통성을 거부하는 점에 있어서는 완전히 궤를 같이하고 있으며, 따라서 반동적이다."[30]

한마디로, 그는 일제가 이식한 식민주의사관도 비판하지만, 그렇다고 해서 민족주의사관이 옳다고 보지도 않는다는 말이다. 신채호와 최남선에게서 나타나듯이 단군신화에 대한 지나친 강조는

---

30) 윗글, 6-7쪽.

우리 역사를 '특수문화사'로 취급하려는 시도이기 때문이다. 이처럼 '특수사관'을 비판하는 대신, 그는 역사의 법칙에서 답을 찾는다. 이 법칙은 "세계사적인 일원론적 역사법칙"으로, "다른 제민족과 거의 동궤적(同軌的) 발전과정"을 보여주기에 보편사라 할 만하다.[31] 바로 이 역사법칙에 비추어 조선민족의 발전사를 되돌아볼 때, 그것은 한 민족의 특수한 발전사라기보다는 세계사적인 것으로, '노예제사회 → 아시아적 봉건사회 → 자본주의사회'로 이행하는 보편사적 특징을 보여준다는 말이다.

이처럼 역사를 보편 법칙 혹은 도식으로 접근하는 것은 매우 과학적이고 체계적인 역사쓰기처럼 보인다.[32] 그러나 사실상 이는 유물사관의 명확한 한계, 곧 역사를 도식화하여 어느 민족의 역사든지 그 특수성을 전혀 인정하지 않고 그대로 대입, 적용하는 일반화의 오류를 낳게 한다. 백남운의 사회경제사학을 이어 받아 농업경제사를 집대성한 김용섭의 경우도 마찬가지다.[33] 반공주의라는 서슬 퍼런 망령이 지배하는 분단 구조 속에서 유물사관을 전개한다는 것 자체가 대단히 용기 있고 또 값진 일임에도 불구하고, 이러한 '역사하기'는 역사를 '가설 법칙 또는 공식' 아래 일방적으로 복속시

---

31) 윗글, 9쪽.

32) Karl Lowith, *Meaning in History* (Chicago and London: University of Chicago Press, 1949), 33-51쪽.

33) 김용섭은 『조선후기농업사연구』 (서울: 지식산업사, 2007), 『한국근대농업사연구』 (서울: 지식산업사, 2001), 『한국근 · 현대농업사연구』 (서울: 일조각, 1995), 『한국중세농업사연구』 (서울: 지식산업사, 2000) 등 농업사를 집대성하는 데 평생을 바쳤다.

켜, 그 너머의 무엇, 이를테면, 마르크스의 용어대로 '상부구조'를 간과 또는 무시한다는 한계가 있다.

3. 베버의 역사사회 인식

이러한 '역사하기'를 비판적으로 지양하면서, '뜻'의 관점에서 새로운 '역사쓰기'를 한 이가 함석헌이다. 그는 실증주의사학, 민족주의사학, 사회경제사학이 난립하던 일제강점기에 특이하게도 종교의 자리에서 "해석의 역사, 뜻의 역사"[34]를 추구했다. 일본에 유학하여 역사학을 공부했으니 실증주의를 모를 리 없다. 민족에 대한 사랑으로 치면 누구에게도 뒤지지 않을 것이다. 그러나 함석헌은 실증사관의 기만성과 민족사관의 맹목성을 누구보다도 잘 알고 있었다. 또한 역사에서 '뜻'을 완전히 배제하고, 역사의 변천 과정이 오로지 사회의 '하부구조'에 의해서만 좌우된다는 식으로 보는 유물사관의 편협성도 정확히 꿰뚫었다.

그의 관심은 '사관 그 너머의 사관'이었다. 사관은 역사를 어느 자리에서 바라보느냐에 따라 유심사관, 유물사관, 민족사관, 계급사관, 문화사관 등 다양한 이름으로 불릴 수 있을 것이다. 그러나 이렇게도 불리고 저렇게도 불릴 수 있다면, 무엇이 참인지 어떻게 알 수 있겠는가, 이 물음에 대한 답으로 들어선 것이 이른바 종교사관

34) 함석헌, 『뜻으로 본 한국역사』, 43쪽.

이다. 그의 말을 빌리면, 참 역사는 "종교적인 자리에 서지 않고는 안"된다.[35] 아울러 '민중', 곧 '씨올'을 향하여 "자기네 위에 일하는 하나님의 계획을 알기 위하여 힘써야 한다는 것을"[36] 가르쳐주는 것이 역사가의 임무다.

종교, 특히 기독교의 자리에서 보니, 한국의 역사는 '고난의 역사' 이외의 다른 것이 아니더라는 말이다. 그런데 어차피 "세계역사 전체가, 인류의 가는 길 그 근본이 본래 고난이라 깨달았을 때 여태껏 학대받은 계집종으로만 알았던 그(한국의 역사 - 글쓴이 달음)가 그야말로 가시 면류관의 여왕임을 알았다"[37]는 것이 함석헌의 깨달음이다. 여기서 우리는 그가 우리 민족의 특수한 경험을 보편사적 관점에서 전망하고 있음을 보게 된다. 우리가 선 자리가 우리가 못나서도 아니고, 순전히 우연의 산물도 아니며, "우리가 아는 이상으로 뜻이 깊고 큰 자리"[38]라면, 내일의 인류를 위하여, 인류가 보편적으로 지향해야 할 세계관을 위하여 무언가 거룩한 과업을 성취할 것이 아니겠는가. 함석헌은 그것을 '세계평화'라고 보았다.[39] 이것이야말로 고난의 역사 속에서 연단을 받은 우리 민족에게 지워진

---

35) 윗글, 48쪽.

36) 윗글, 92쪽.

37) 윗글, 96쪽.

38) 윗글, 439쪽.

39) 함석헌이 무교회운동에서 퀘이커주의로 전향한 것도 평화에 대한 그의 깊은 신념 때문이었다. 함석헌과 퀘이커주의와의 연관성에 주목하여 박사학위 논문을 쓴 이가 김성수이다. 그의 책, 김성수, 『함석헌 평전: 신의 도시와 세속 도시 사이에서』 (서울: 삼인, 2011)도 볼 것.

십자가요, '세계적 사명'이라는 것이 그의 주장이다.

그러나 함석헌 자신도 어느 정도 인정했듯이, 이러한 그의 섭리사관은 지나치게 히브리 민족사에 의지한다는 한계가 있다.[40] 그는 우리 역사의 '뜻'을 규명하고자 할 때, 나름의 독자적인 의미를 창조적으로 찾아내는 대신, 성서에 나타난 히브리 민족의 '고난사'를 그대로 한국사에 대입했다. 그 결과 기독교 전통과 개념에 익숙하지 않은 다른 이들의 '뜻'을 끌어안는 데 설득력이 떨어진다는 것도 문제지만, '고난'을 신비화할 우려가 있다는 더 큰 문제를 안게 되었다.

여기에 막스 베버의 역사쓰기가 들어선다.[41] 유대인도, 중국인도 장사에 천부적인 소질이 있다는 것은 널리 알려진 사실이다. 그리고 일 또는 노동이라는 것이 인간의 오래된 활동이며 단순한 물질적 욕구 충족 이상의 뜻을 지닌다는 사실도 상식에 속한다. 그럼에도, 왜 하필이면 서양에서 본격적인 자본주의가 잉태되었으며, 그것도 왜 가톨릭이 아니라 프로테스탄트에게서 활발하게 전개되었는지를 질문하고 연구한 이가 베버다. 이를테면, 그는 통계나 수

---

40) 함석헌, 윗글, 50쪽; 그는 『성서적 입장에서 본 조선역사』를 개정하면서 기독교에만 참 사관이 있는 것은 아니라고 말하며, 이런 이유로 책 제목을 『뜻으로 본 한국역사』로 바꾸었다고 언급하였다.

41) Max Weber, 윗글; Guenther Roth and Wolfgang Schluchter, Max Weber's Vision of History (Berkeley and London: University of California Press, 1979); 박영신, 윗글; H. Stuart Hughes, *Consciousness And Society: The Reorientation of European Social Thought, 1890-1930* (New York: Vintage Books, 1977), 278-335쪽.

치 또는 현상 너머의 어떤 '뜻'을 헤아리고, 이를 종교적인 특질로 해석하고자 시도하였으나, 그렇다고 하여 신앙고백 차원에서 역사 쓰기를 하지는 않았다는 말이다.

이 지점에서 마르크스(Karl Marx)와 베버의 차이를 잠시 짚고 넘어갈 필요가 있다. 익히 아는 대로, 마르크스에 따르면 자본주의는 봉건제 이후에 등장한 하나의 생산양식으로서 역사의 전개 과정에서 사회주의 혁명을 통해 필연적으로 소멸될 현상이었다. 다시 말해 자본주의는 중세 봉건사회가 붕괴하고, 사회주의가 도래할 때까지만 존재하도록 되어 있는 임시적이고 한정적인 제도였다.[42] 하지만 베버는 그렇게 생각하지 않았다. 자본주의는 근대만이 아니라 고대와 중세에도 존재했다고 파악했다. 그리고 역사적으로 서로 다른 시기에 서로 다른 지역에서 자본주의가 존재했지만, 그 나타난 모양새가 왜 다른가를 질문했다. 바로 이 관찰과 질문이 마르크스와 베버의 차이인 것이다. 그러니까 베버는 사회를 이해할 때 유물론적 해석만이 아니라 관념론적 해석도 필요하다고 보았다. 달리 말하면, 정신, 문화, 종교 따위의 독자성과 자율성을 인정했다는 말이다.[43]

자본주의의 여러 '유형'에 주목해보니, '합리성'이 근대와 그 이전을 가르는 특징으로 포착되었다. 이를테면, '합리적 자본주의'가 서양의 근대 사회를 특징짓는 두드러진 유형이었다. 베버의 관찰

---

42) Karl Lowith, 윗글, 33-51쪽.

43) Max Weber, 윗글, 13-31쪽.

에 따르면, 고대와 중세에 있었던 자본주의나 아시아, 아프리카, 라틴 아메리카 등에서 나타나는 '투기적 자본주의'와 달리, 합리적 자본주의는 "체계적이고 합리적으로 정당한 이윤을 추구하려는 정신적 태도"[44]에서 나온다는 것이다. 그는 이 '정신적 태도'를 '자본주의 정신'(spirit of capitalism)이라고 불렀다.

이제 그의 연구는 바로 이 '자본주의 정신'을 분석하는 것으로 옮아간다. 그가 보니, 이 정신은 단순히 경제 영역만이 아니라 삶의 모든 영역에 두루 스며들어 있어서 개개인의 일상을 규율하고 있었다. 이 독특한 '윤리적 색채' 또는 '세계관'을 어떻게 설명해야 하냐 말이다. 베버는 이것과 대비되는 낡은 세계의 '윤리적 색채' 또는 '세계관'을 '전통주의'라고 불렀다. 전통주의적 태도란 노동을 천시하고 경멸하는 태도, 노동보다도 여가를 향유하는 것이 더 고귀한 신분의 표지라고 여기는 태도, 고된 노동을 통한 부의 추구를 하찮게 여기는 태도다. 반면에 자본주의 정신은 부와 노동을 완전히 새롭게 해석한다. 일이 없어 한가한 사람을 '백수'로 취급하고, 일이 많아 늘 바쁜 사람을 '능력자'로 취급한다. 그리고 열심히 일해 돈을 버는 것을 부끄러운 행동은커녕 선한 행동으로 간주한다.

이러한 자본주의 정신은 얼핏 보기에 유물론이나 세속주의와 친화성이 있을 것 같다. 그러나 베버는 전혀 다른 방향으로 간다. 그가 보기에 자본주의 정신은 오히려 "순수한 종교적 성격"[45]을 지니

44) 막스 베버/박성수 옮김, 『프로테스탄티즘의 윤리와 자본주의 정신』 (서울: 문예출판사, 1988), 48쪽.

더라는 말이다. 게다가 이 종교적 성격은 가톨릭보다도 프로테스탄트에 가깝다는 것이 베버의 관찰이다. 근면한 노동과 금욕적 노동을 강조하기는 가톨릭도 마찬가지지만, 가톨릭의 금욕주의는 수도원의 울타리 밖을 넘어서지 않은 데 비해, 프로테스탄트의 금욕주의는 수도원과 세속세계 사이의, 직업 수도사와 평신도 사이의 '칸막이'를 허물었다는 것이다. 베버의 해석에 따르면, 서양사에서 큰 획을 그은 종교개혁은 "수도사를 수도원의 독방에서 초기 자본주의 근대 가족의 친숙한 안방"으로 옮긴 사건이다.[46] 다시 말해, 루터의 종교개혁의 모토 중 하나인 '만인사제설'은 세속 금욕주의를 신학으로 정당화하기 위한 시도였다.[47]

평범한 일반인이 가톨릭에서 프로테스탄트로 개종한다는 것은 신을 섬기기 위해 굳이 신학교에 들어가 성직자가 되지 않아도 된다는 뜻이었다. 세속 직업을 통해서도 얼마든지 신의 뜻을 수행하며 거룩하게 구별된 삶을 살 수 있었다. 이런 면에서는 프로테스탄트의 여러 교파 중에서도 특히 칼뱅파가 가장 급진적이었다. 칼뱅신학의 독특성인 '예정설'은 수동적인 운명론이나 무기력한 허무주의를 낳기는커녕, 자신이 구원받도록 예정되었다는 '확신' 혹은 '증거'를 얻기 위해 더 능동적으로 일하도록 부추기는 동력이 되었다. 이를테면, 칼뱅주의자들은 노동을 "오직 신의 영광을 더하기

45) 윗글, 31쪽.

46) 브라이언 터너/최우영 옮김, 『막스 베버: 근대성과 탈근대성의 역사사회학』(서울: 백산서당, 2004), 175쪽.

47) Max Weber, *The Protestant Ethic and the Spirit of Capitalism,* 3장.

위한 노동"[48]으로 해석하며, '선택받은 자'에 속하기 위해 더 열심히 노동했다. 결국 칼뱅주의자들은 세속적 노동을 통해 "자신의 구원—정확히 말해 구원의 확신—을 스스로 창조"했다.[49]

4. 꼬리글: 현상 그 너머의 뜻을 읽어내는 역사쓰기를 기리며

베버의 역사쓰기는 오늘 이 땅에서 펼쳐지고 있는 자본주의의 모양새를 비판적으로 성찰하도록 돕는다. 지금 여기의 자본주의는 누구나 인식하고 있듯이 결코 '합리'스럽지 않다. '재벌'과 '족벌'로 특징지어지는 소수 부자들의 축적된 부를 마냥 부러워하면서도 '부러우면 지는 거다'라며 자위하고 마는 분위기 속에서 읽히는 것은 차라리 '열패감'(열등감과 패배감)이다.[50] 개인이 아무리 열심히 노동한다고 해도 부모로부터 물려받은 초기 자본이 없으면 절대로 부자의 반열에 오를 수 없다는 자괴감 말이다. 게다가 오랜 유교사회의 유산 덕분에 '사농공상'(士農工商)에 따른 직업차별이 만연한 것도 우리의 자화상이다. 직업을 '천직'(天職)으로 이해하고 노동을 귀

48) Max Weber, *The Protestant Ethic and the Spirit of Capitalism,* 98-128쪽; 막스 베버, 『프로테스탄티즘의 윤리와 자본주의 정신』, 84쪽.

49) 막스 베버, 윗글, 90쪽.

50) 김회권, "물신숭배의 또 다른 이름, 삼성숭배에 빠진 대한민국", 「기독교사상」 616호(2010년 4월), 72-82쪽을 볼 것

히 여기는 '자본주의 정신'이 우리에게는 없다. 또 금욕주의를 세속화하여 노동에서나 여가에서나 이른바 '성속일여'(成俗一如)를 구현하고자 하는 '자본주의 정신'도 우리에게는 없다. 그저 있는 것이라고는 무한경쟁과 무한이윤추구, '승자독식'(winner takes all)의 냉혹한 현실논리, 끝을 모르는 부에 대한 탐닉, 쾌락과 향락의 수단으로 전락한 노예노동뿐이다.

이것은 자본주의라 할 수 없다. 베버의 통찰이 갖는 현재성이 바로 이 점이다. 이 괴물 같은 사악한 자본주의는 '신자유주의'라는 수식어로도 설명이 부족하다. 그리하여 베버식 자본주의와 구분하자는 의미에서 일찍이 사회학자 박영신은 '경제주의'라는 용어를 제안했다.[51] 경제 문제만 해결해주면 무조건 훌륭한 지도자라고 떠받들고, 경제 문제만 해결해준다면 자연 그대로의 강산을 어떻게 인위적으로 '성형'하든 아무런 관심도 없다. 돈만 많이 준다면 하지 못할 일이 없고, 일의 성격과 내용 따위 상관없이 일단 취업부터 해야 사람대접을 받는다. 이웃이 어떻게 무너지든, 가난한 사람들, 힘없는 사람들, 약한 사람들이 어떻게 짓밟히든 상관없이 무조건 나(그리고 내 가족)부터 살고 보자, 나만 잘살면 된다는 심리가 팽배하다. 이것이 '경제주의'를 키우는 정신적 태도다.

한편, 역사학도로서 나는 인류가 걸어온 긴 역사과정을 발전이니 진보니 하며 일방적으로 선동하는 몰이꾼들에 반대하여 '탐욕'

---

51) 박영신, 『우리 사회의 성찰적 인식』(서울: 현상과인식, 1995); 박영신, "어느 생태주의자가 보는 이명박 시대", 「환경과 생명」 55호(2008), 75-86쪽을 볼 것.

의 관점에서 읽어내려고 시도한 적이 있다.[52] 인류의 역사는 인간의 활동공간이 확장되어간 역사인데, 그 내적 추동력은 바로 탐욕이어서, 고대부터 오늘에 이르기까지 제국주의와 식민주의로 표현되는 약탈문화를 수놓았다는 말이다. 이러한 탐욕의 역사는 정치권력·경제권력·지식권력을 장악한 자들, 곧 그들이 꾸린 '삼각동맹'에 의해 정당화되고 유지되며 '그들만의 리그' 안에서 은밀히 진행되는 부의 재분배를 통해 계속 굴러간다는 것이 나의 논지였다.

나는 이러한 역사쓰기야말로 베버가 후학들에게 준 값진 유산으로서, 역사사회 현상 그 너머의 '뜻'을 읽어보라는 지속적인 도전이라고 생각한다. 어떤 인물도 진공상태에서 출현할 수 없고, 어디까지나 역사의 산물이며 시대의 자녀이기에,[53] 베버 역시 신화화하거나 신비화해서는 안 될 것이다. 다만 우리는 그 자신이 몸담고 있던 서양 문화를 분석대상으로 삼아 최선을 다해 객관적인 자세로 자본주의 현상 너머의 뜻을 찾고자 노력했던 그의 학문적 태도를 본받기 위해 애쓸 뿐이다.

---

52) 박정신, "탐욕의 역사, 파멸의 역사 — 역사학에 기대 본 한국교회 개혁방향", 「국제한국사학」, 창간호(2013년 6월), 35-66쪽.

53) 이러한 생각에서 나는 숭실대학에 몸담고 있으면서도 숭실대 설립자 윌리엄 베어드를 '신화화'하려는 움직임에 반대하지 않을 수 없었다. 그 또한 역사의 아들이기 때문이다. 이런 뜻을 담아, 2007년 숭실대학교 개교 111주년 맞이 〈베어드학 학술대회〉(한국기독교문화연구소 주최)에서 글을 발표했다. 박정신, "역사의 베어드, 베어드의 역사," 한국기독교문화연구소 엮음, 『베어드와 한국선교』(서울: 숭실대학교 출판부, 2009), 9-36쪽; 이 글은 나의 논문집, 『역사학에 기댄 우리 지성사회 인식』(서울: 북코리아, 2008), 11-31쪽에도 실려 있다.

그렇다면, 끝 모르는 탐욕을 먹고 자라는 이 경제만능주의·경제제일주의가 이 땅에서 이토록 번성하게 된 데는 우리 역사의 어떤 굴곡들이 작용했을까. 또 이 땅에도 개신교가, 칼뱅파가 분명히 자리할 뿐만 아니라 그 수효 또한 적지 않은 터에 왜 자본주의가 이처럼 기형적으로 변질되어 가는 데서 아무런 영향력을 발휘하지 못할까. 아니 도대체 이 땅의 개신교는 그렇게 많은 교파와 교단으로 나뉘어 있으면서 왜 자기만의 고유한 윤리적 색채를 발휘하지 못하고, 겉포장만 다를 뿐 내용은 하나같이 획일적일까. 사람보다 돈을 더 중히 여기는, 그래서 사람을 잡아먹는 이 땅의 천박한 자본주의에 대해 왜 '광야의 외침'이 없는가. 이른바 한국교회를 향한 수많은 사회학적 통계와 수치가 보여주는, 그 너머의 '뜻'은 무엇인가. 이것을 설명하고 해석해보라고 베버는 오늘도 우리 '학인'들을 부른다.

* 이 글은 「사회이론」 46호(2014년 가을/겨울), 143-161쪽에 처음 실렸으며, 한국사회이론학회/한국인문사회과학회 엮음, 『다시 읽는 막스 베버: 탄생 150주년 기념, 베버의 삶과 학문 연구』 (서울: 문예출판사, 2015), 399-421쪽에 다시 실렸다.

구한말 조선에 온 칼뱅주의 구학파
— 그 역사변혁의 파괴력

1. 머리글

기독교는 서양 제국주의의 물결을 타고 19세기 말 조선에 왔다. 익히 아는 대로, 조선시대 이후부터 지배 세력인 양반의 통치이념으로 채택된 유교가 정치, 사회, 경제, 문화 등 모든 분야에서 거역할 수 없는 정통 이데올로기 역할을 하였다. 이 견고한 유교 질서도 19세기 말엽이 되면 안팎의 충격으로 틈이 생기기 시작하는데, 이 틈을 비집고 기독교가 들어온 것이다. 그 후 한 세기를 거치면서 급속히 성장하여 남한 인구의 약 25퍼센트를 차지하는 거대 종교가 되었다.[1)]

이를 두고 나라 안팎에서 '경이적인 성장'이니 '기적과 같은 성장'이라고들 말한다.[2] 어떤 이는 네 사람 가운데 적어도 한 사람이 기독교 신자인 한국을 두고 비서구 국가 가운데 '가장 기독교화된 나라'라고 말하는가 하면,[3] 또 다른 이는 서울을 '교회당들의 도시' 라고 일컫기도 한다.[4] 사실 서울의 어느 네거리 한가운데 서서 주위를 둘러보면, 10~20개의 교회를 쉽게 셀 수 있으며, 한 건물에 두세 개의 교회가 들어선 진풍경도 볼 수 있다. 교회는 도시만이 아니라 거의 모든 마을에 들어서 있고 기독교청년회(YMCA), 여자기독교청년회(YWCA), 한국대학생선교회(CCC)와 같은 교회 관련 기관들이 주요 도시에 자리 잡고 있다. 세계에서 가장 크다는 교회가 이 땅에 기독교를 전해준 미국이나 캐나다에 있지 않고 서울에 있다는 것도 흥미로운 사실이다.[5] 한 세기 만에 일어난 이 종교공동체의

1) 최근에는 기독교인 수가 많이 줄어 남한 전체 인구의 20퍼센트를 밑돈다고 하지만, 나의 연구가 구한말부터 100년의 역사 변동에 관심하므로, 이 통계자료 역시 1980년대에 터했다. 한국기독교사회문제연구원, 『한국교회 백 년 종합조사연구(보고서)』(서울: 한국기독교사회문제연구원, 1982); Korean Overseas Information Service, *Statistical Data on Korea* (Seoul: Korea Overseas Information Service, 1982), Section 50도 볼 것.

2) 한국 개신교 성장에 관한 총체적인 연구로는, Roy E. Shearer, *Wildfire: Church Growth in Korea* (Grand Rapids, Michigan: Williams B. Eerdmans Publishing Co., 1966)를 볼 것. 이 책은 우리말로 옮겨져 있다. 서명원(Roy E. Shearer의 한국 이름)/이승익 옮김, 『한국교회성장사』(서울: 대한기독교서회, 1975).

3) Martin E. Marty, "Forward," Everett N. Hunt Jr., *Protestant Pioneers in Korea* (Maryknoll, New York: Orbis Books, 1980), ix-xi쪽.

4) 4) Samuel H. Moffet, "Korea," Donald E. Hoke(엮음), *The Church in Asia* (Chicago: Moody Press, 1975), 369-383쪽을 볼 것.

5) 여의도순복음중앙교회가 바로 세계에서 제일 큰 교회이다. 이른바 세계 10대 교회 가운데 이 교회를 포함, 5개가 한국에 있다. 안양에 있는 은혜와진리교회(두 번째), 금란감리교회(일곱 번째), 숭의감리교회(아홉 번째), 주안장로교회

성장은 한국의 역사·사회변동에 관심 가진 어느 학인에게도 지나칠 수 없는 중요한 '역사 현상'으로 다가올 것이다.

그러나 한국 역사학계는 이 '역사 현상'을 대수롭지 않게 취급하는 경향이 있다. 기독교공동체가 마땅히 할애받아야 할 온당한 몫을 주지 않고 있다. 남쪽만 따져도 전체 인구의 25퍼센트가 구성원인 기독교를 빼고 한국의 역사를 논한다는 것은 전체의 25퍼센트에 해당하는 부분을 뺀 논의라는 '통계의 상식'을 내세울 수도 있을 것이다. 수치만 따져도 기독교와 한국의 역사는 그만큼 맞물려 있기 때문이다.

우리 근·현대사의 굽이굽이마다 긍정적이든 부정적이든 기독교공동체의 흔적이 뚜렷이 남아 있다. 이를테면, 새 교육과 새 문화 운동, 독립협회와 3·1운동, 신사참배 거부운동과 같은 굵직한 정치·사회운동은 기독교와 이념적, 조직적으로 연결시키지 않고서는 이해할 수 없다. 요즈음 학계의 관심으로 떠오른 1920년대 이후의 사회주의나 공산주의 운동, 해방 후 건국준비위원회와 같은 숱한 정치 운동조차도 기독교와 이어서 인식하여야 한다. 여운형, 허헌, 안창호, 김규식, 이동휘, 조만식, 이승만, 최문식, 박희도 등 이념의 좌우를 통틀어 한국 근·현대사의 꼴과 결을 이루고 있는 인물들이 이 종교공동체를 통해 교육받아 성장했거나 이에 기대고 활동

(열 번째)가 이른바 세계 10대 교회에 속한 한국교회들이다. 「중앙일보」(시카고 판), 1994년 2월 25일자. 이 보도는 *Almanac Christian World*, 1993~1994에 터하였다.

하였다. 그리고 유교 질서의 붕괴, 평등과 여성 문제, 민족주의운동과 여러 이념 운동, 한미관계와 같은 한국 근·현대사 연구의 주요 주제들이 기독교공동체와 떼어서 인식될 수 없다. 이처럼 기독교를 빼고는 한국 근·현대사의 입체적 인식이 불가능한데도 한국역사 서술에서 기독교의 온당한 자리매김은 이루어지지 않고 있다.[6]

안팎의 도전으로 유교 질서가 붕괴되어 가던 19세기 말로 돌아가 보자. 이 역사적 격변기에 새로운 가치와 구체적 프로그램을 가지고 당시 조선 민족에게 부과된 반(反)봉건·반(反)외세의 역사적 과제를 담당하고자 했던 세력이 동학과 기독교라는 종교공동체들이었다. 한국사 입문서들은 예외 없이 동학운동 서술에 한 가름 이상을 할애해, 동학의 가르침과 조직, 동학운동의 시대적 배경과 확대 과정, 그 결과 그리고 역사적 의의를 상세히 체계적으로 설명해 주고 있다. 그러나 기독교에 관해서는 교육, 문화, 사회, 정치 등 각 분야에 걸쳐 짧게 언급하는 데 그치고 있어 이 종교공동체와 이념적, 조직적으로 기대어 펼쳐진 교육, 문화, 사회, 정치 운동의 전체적이고 체계적인 인식을 방해하고 있다.[7]

독립협회운동만 보아도 그렇다. 기독교의 변혁적 이념이나 보편주의적인 가치 지향성을 가진 기독교 사람들이 교회 울타리 밖으

---

6) 자세한 논의는 나의 연구비평, "한국현대사에 있어서 개신교의 자리," 6) 「씨울의 소리」 99호(1989년 3월), 181-189쪽을 볼 것.

7) 널리 읽히고 있는 강만길의 저서를 보기로 삼아 보자. 독립협회 서술에 '기독교', '개신교' 또는 '교회', '선교학교' 등의 단어조차 찾을 수 없다. 강만길, 『고쳐 쓴 한국근대사』(서울: 창작과비평사, 1994), 220-226쪽을 볼 것.

로 나가 유교에 바탕한 사회와 정치를 계몽과 시위를 통해 바꿔보겠다는 것이 독립협회운동이었다는 연구 업적들이 1970년대 말부터 나왔다.[8] 이들 연구에 의하면, 이 운동의 주도적 참여 세력은 기독교공동체를 통해 교육받고 사회정치적으로 깨어난 교회 지도자들, 기독교 계통의 학교 선생과 학생들이었다. 하지만 한국사 입문서들은 기독교와 독립협회운동의 이음새를 한두 말로 언급하거나 아예 무시하고 있다.[9] 기독교와 한국 근·현대사의 만남, 맞물림 그리고 엇물림의 꼴과 결을 이해하지 않고는 한국 근·현대사의 총체적 인식이 불가능한데도 말이다.[10]

---

8) 독립협회와 기독교를 이어 보려는 학문적 노력들이 1970년대 후반부터 진행되어 왔다. 보기로, 박영신, "독립협회 지도세력의 상징적 의식구조," 「동방학지」 20집(1978), 12쪽과 147-170쪽; Lew Young-ick, "Contribution of Protestantism to Modern Korean Nationalism, 1884~1919," D. Kosáry(엮음), *Les "petits Etats" face aux changements culturels, politiques et économiques de 1750 à 1914*, Actes du 16e Congrès international des sciences historiques et Stuttgart (Université de Lausanne, 1985), 15~24쪽; Kenneth M. Wells, *New God, New Nation: Protestants and Self- Reconstruction Nationalism in Korea, 1896~1937* (Honolulu: University of Hawaii Press, 1990); Vipan Chandra, *Imperialism, Resistance, and Reform in Late Nineteenth-Century Korea* (Berkeley: University of California Press, 1988) 등이 두드러진다. 그밖에도 달음 10에 있는 나의 여러 글들을 볼 것.

9) 달음 6에 있는 강만길의 입문서와 이기백의 『한국사신론』(서울: 일조각, 1967)도 볼 것. 나는 Edward W. Wagner와 Edward J. Shultz가 영어로 옮긴 *A New History of Korea* (Seoul: Ilchokak, 1984)을 참고했다. 이 책의 300- 305쪽을 보면, 이기백도 강만길처럼 독립협회를 서술하면서 'Christianity', 'Christians', 'Church', 'Mission school'이라는 낱말조차 사용하지 않았다.

10) 나는 도식적인 시각으로는 우리 역사의 마당에서 기독교와 우리 겨레가 뒤엉켜 씨름하며 엮어놓은 특수한 모양새들을 읽어낼 수 없다는 인식 아래 기독교와 우리 근·현대사의 만남, 물림 그리고 엇물림을 보려는 글들을 나라 안팎에

2. 이 땅에서 펼쳐진 기독교 성장사의 특수성

세계 기독교 선교의 역사를 훑어보면, 기독교가 비서구 세계에 소개되었을 때는 토착민의 강한 저항에 부딪히기 일쑤였다. 제국주의의 물결을 타고 온 선교사들을 서양 제국주의의 앞잡이로 보았기 때문이다. 그래서 선교사들이 의심과 증오로 가득 차 있는 토착민을 기독교 울타리 안으로 끌어들이기가 어려웠다. 인도에서도 그랬고 중국과 일본에서도 그랬다.[11] 한 손에는 성경을, 다른 한 손에는 총을 들고 들어왔기 때문이다.

서 꾸준히 발표해 왔다. 이를테면, "윤치호 연구,"「백산학보」23호(1977), 341-388쪽; "한국현대사에 있어서 개신교의 자리,"「씨올의 소리」99호, (1989년 3월); "한국 개신교 성장에 대한 역사학적 설명 시도,"「기독교사상」364호(1989년 4월), 102-120쪽; "Protestantism in Late Confucian Korea: Its Growth and Historical Meaning," *Journal of Korean Studies*, Vol. 8(1992), 139-164쪽; "구한말 일제초기의 기독교 신학과 정치 — 진보적 사회운동과 민족주의운동을 중심으로,"「현상과인식」17권 1호(1993년 봄), 103-125쪽; "Protestantism and Progressive Reform Politics in Late Confucian Korea,"「숭실사학」8집(1994), 53-94쪽; "1920년대 개신교 지도층과 민족주의운동-그 만남과 결별의 사회사,"「역사학보」134/135 합집(1992년 7월), 143-163쪽 등을 볼 것.

11) Stephen Neil, *Colonialism and Christian Mission* (New York: McGraw-Hill Book, Co., 1966); George Thomas, *Christian Indians and Indian Nationalism, 1885~1950: An Interpretation in Historical and Theological Perspective* (Frankfurt an Main, West Germany: Verlag Peter D. Lang, 1979) Ka-che Yip, Religion, *Nationalism, and Chinese Students: The Anti-Christian Movement of 1922~1927* (Bellingham, Washington: Center for East Asian Studies, Western Washington University Press, 1980); Richard H. Drummond, *A History of Christianity in Japan* (Grand Rapids, Michigan: William B. Eerdmans Publishing Co., 1971) 등을 볼 것.

'은자의 나라' 조선에서 펼쳐진 기독교 초기 역사도 예외가 아니다.[12] 기독교가 들어온 당시 역사적 상황은 그 어느 나라 못지않게 반서양, 반기독교스러웠다. 우리가 익히 알고 있듯이, 조선에 기독교가 들어오기 전에 이미 천주교가 들어왔지만, 이것이 이후에 있을 기독교 선교에 별로 도움이 되지 못했다. 오히려 조선의 반서양, 반기독교 분위기를 더욱 악화시켰다. 천주교 전래는 서양 나라들의 무례한 도발, 초기 천주교 신자들의 몰지각한 행동, 조선 지배계급의 붕당정치 따위가 함께 얽혀 참혹한 탄압과 강력한 쇄국정치로 이어졌기 때문이다.

그러나 이 땅에서 기독교는 오직 한 세기라는 짧은 기간에 세계 선교사에서 '비길 데 없는 성장'의 역사를 연출하였다. 유교에 깊이 잠겨 있던 그리고 반서양, 반기독교 분위기에 흠뻑 빠져 있던 조선에 기독교가 뿌리내려 재빨리 가지 쳐 뻗어 나갔다. 도대체 바깥에서 온 기독교가 어떻게, 무엇 때문에 이토록 빠른 성장을 할 수 있었는가? 그리고 그 의미는 무엇인가? 이처럼 기독교의 놀라운 성장 그

---

12) 조선의 전통 질서와 서양의 도전에 대해서는, James B. Palais, *Politics and Policy in Traditional Korea* (Cambridge, Mass.: Harvard University Press, 1975), 특히 19-50쪽과 176-280쪽을 볼 것; Martina Deuchler, *Confucian Gentlemen and Barbarian Envoys* (Seattle, Washington: University of Washington Press, 1977); Donald L. Baker, "Confucians Confront Catholicism in Eighteenth-Century Korea," Ph. D. Dissertation (Seattle: University of Washington, 1983); Kim Key-Hieuk, *The Last Phase of the East Asian World Order: Korea, Japan, and the Chinese Empire, 1860~1882* (Berkeley and L.A.: University of California Press, 1980);, Ching Young Choe, *The Rule of the Taewongun 1864~1873: Restoration in Yi Korea* (Cambridge, Mass.; Harvard University Press, 1972) 등을 볼 것.

자체만을 따지는 것도 우리 근·현대사의 입체적 인식을 돕는 의미 있는 작업일 것이다.

하지만 불행하게도 개신교 성장에 대한 지금까지의 글들은 이러한 궁금증을 풀어주지 못하고 있다.[13] 통계를 늘어놓는 계량적 서술이거나 얇고 좁은 역사 지식을 바탕에 깔고 자기 뜻대로 결론을 내린 글들이 대부분이다. 이 땅의 역사학자들은 고증사학이라 하여 사료(text) 숭배에 사로잡혀 있다는 느낌이다. 사료 자체가 모든 것을 해결해주는 양, 이 사료 저 사료를 끄집어내어 짜깁기하느라 바쁘다. 사료의 진정한 의미나 가치는 역사적 상황 또는 맥락(context)과 이어서 해석되고 설명될 때 나타나는데도 말이다.

한국기독교 성장에 관한 기존의 견해들은 다음 세 가지로 묶을 수 있다.[14] 첫째는 주로 선교사들과 개신교에 속한 이들의 주장이다.[15] 이들은 한국기독교의 놀라운 성장은 선교 초기에 채택한 선교 방법과 전략의 결과라고 인식한다. 초기 선교사들이 선교 전략으로 채택한 '네비우스 방법'(Nevius Method)에 바탕한 간접선교가 그것이다. 앞에서 지적했듯이, 당시의 조선사람들은 서양 선교사

13) 나는 이러한 논의를 비판적으로 보완하면서 몇몇 논문들을 발표한 적이 있다. 달음 10에 있는 나의 글, "한국 개신교 성장에 대한 역사학적 설명 시도"와 "Protestantism in Late Confucian Korea: Its Growth and Historical Meaning"을 볼 것.

14) 이어지는 논의는 나의 글, "한국 개신교 성장에 대한 역사학적 설명 시도," 105-109쪽을 간추린 것이다.

15) Allen D. Clark, *A History of the Church in Korea* (Seoul: The Christian Literature Society, 1971); Donald N. Clark, *Christianity in Modern Korea* (Lanham, New York and London: The Asian Society, 1986)을 볼 것.

들을 비롯한 모든 서양 사람들에 대하여 깊은 의구심과 증오심을 가지고 있었기 때문에, 이들에게 직접 서양의 종교를 전파한다는 선교의 '정공법'보다는 교육, 의료, 사회사업을 통하여 간접적으로 복음을 전하는 것이 더 효과적이라 보고 간접선교 방법을 택하였다. 이러한 교육, 의료사업을 통하여 선교사들은 조선사람들을 접촉할 수 있었고, 이 과정에서 서서히 서양 사람에 대한 조선사람들의 의심과 증오의 감정을 녹여갈 수 있었다.

서양의 앞선 교육과 의술을 내세운 이 간접선교는 특히 서양문물을 받아들여 유교적 조선을 개혁하려는 조선사람들로부터 좋은 반응을 불러일으켰다. 그래서 '개혁적 조선사람들' 가운데 이 서양종교의 울타리 안으로 들어오는 이들이 생겼고, 개종은 하지 않더라도 이 종교공동체에 대해 호의적인 태도를 지니는 사람들이 늘었다. 또한 이 선교 방법은 유교적 조선 사회에서 혜택받지 못한 계층을 선교의 주된 대상으로 삼아 이들을 개종, 훈련시켜 이들 스스로 조선을 '기독교화'하도록 의도된 선교 전략이었다. 지배층과 달리 하층민들은 유교 체제와 이념적, 심리적으로 강하게 이어지지 않아 개종이 한결 쉬웠을 것이다.[16] 그뿐만 아니라 이들은 유교 사회의 지배계급에 의해 사회에서나 정치에서 무시당하고 소외당해왔기 때문에, 기독교공동체에서 인격적 대우를 받고 선교라는 '역할'

---

16) Yong-shin Park, "Protestant Christianity and Social Change in Korea," Ph. D. Dissertation (Berkeley: University of California, 1975), 특히 1장과 2장을 볼 것.

을 부여받았을 때, 사회에서의 역할을 목마르게 바랐던 이들의 활동은 자못 전투적이기까지 했을 것이다. 그래서 이들이 적극 활동하여 기독교공동체가 급속히 팽창해나갈 수 있었다는 설명이다.[17]

둘째는 비교종교학이나 비교민속학을 전공한 이들의 견해이다.[18] 이들은 기독교와 조선의 전통(민속)종교 사이에 유사성이 있다고 주장하며, 이를 가지고 개신교의 '기적' 같은 성장을 설명하려 한다. 조선사람들은 일찍부터 하나님, 하눌님, 하늘님, 하느님과 같은 신 개념을 가지고 있었으며, 특히 단군신화에 나타나는 환웅, 환인, 환검의 이야기는 기독교의 삼위일체 신학 구조와 흡사하다고 이들은 말한다. 이밖에도 기독교의 천국이나 지옥과 같은 개념이 우리 민속신앙에도 있다는 점을 빠뜨리지 않고 들추어내고 있다. 바로 이러한 종교적 유사성 때문에 조선사람들은 서양에서 온 기독교를 강한 신학적 부담 없이 수용할 수 있었고, 바로 이 때문에 조선에서 기독교가 놀랍게 성장할 수 있었다고 주장하는 것이다.

셋째는, 우리의 현대사 전개, 그러니까 19세기 말에 강압적으로 이루어진 개항, 청일전쟁과 러일전쟁, 일제의 식민 지배, 해방과 분단, 6·25전쟁, 군사독재 시기와 이어서 기독교의 성장을 설명하려

---

17) 사회에서 어떤 역할을 갈망하는 하층민의 개종과 선교 세력의 합세를 기독교 성장과 이어 생각한 것은 나의 견해이다.

18) 다음 글들을 볼 것. 윤성범, 『기독교와 한국사상』 (서울: 대한기독교서회, 1965); David Chung, "Religious Syncretism in Korean Society," Ph. D. Dissertation (New Haven: Yale University, 1959); Spencer J. Palmer, *Korea and Christianity* (Seoul: Hollym Corporation, 1967).

는 노력이다.[19] 기독교가 근대 개화운동, 독립운동, 국가 건설에의 참여, 남한에서의 인권 및 사회정의를 위한 정치운동에서 주도적 역할을 했기 때문에 신뢰를 얻게 되어, 개혁을 바라는 조선(그리고 한국)사람들을 그 울타리 안으로 끌어들일 수 있었다고 이들은 말한다. 좀 더 세밀히 살피면, 19세기 말 기독교가 당시 어느 세력보다 먼저 그리고 주도적으로 근대 교육운동을 펼쳤기 때문에 서양문물을 받아들이려고 갈망하는 이들이 이 종교공동체로 들어왔고, 또한 1970년대의 암울했던 박정희 유신군사독재 시대에 기독교 지식인들이 잠잠하던 국민 다수와 어느 집단의 지식인보다 앞서 민주주의를 외치고 박해를 받음으로 '공신력'을 얻게 되어 많은 이들이 교회에 들어옴으로 기독교가 성장했다는 것이다. 이른바 '참여파' 기독교인들의 주장이다.

이 세 가지 기존 견해들은 한국기독교의 성장 요인을 나름대로 밝혀준다. 그러나 각각의 주장은 '예외적이고', '기적적인' 한국기독교의 성장이라는 역사 현상을 충분히, 만족스럽게 설명해주지 못한다. 이 견해들은 논리적인 결함을 가지고 있거나 아니면 실제로 나타난 역사와 반대되는 주장을 억지로 펴고 있기 때문이다.

교육, 의료, 사회사업에 바탕한 간접선교 방법과 전략이 기독교 성장의 '한' 요인이었음은 아무도 부인하지 않는다. 그러나 이것이 한국기독교의 놀라운 성장을 가져온 '주요' 요인이라는 주장은 따를 수가 없다. 사실 이러한 간접선교 방법과 전략은 조선에서만이

---

19) 한국기독교사회문제연구원, 윗글, 특히 139-140쪽을 볼 것.

아니라 거의 모든 피선교지에서 채택, 실시되었기 때문이다. 이른바 '네비우스 방법'이라는 것도 중국에서 먼저 실시되었고, 교육, 의료, 사회사업이라는 것도 중국과 일본에서 더 먼저 그리고 많은 인적, 물적 자원을 가지고 실시되었다. 그렇다면, 거의 모든 피선교지에서 보편적으로 실시된 선교 방법과 전략을 가지고 조선에서 '예외적으로' 일어난 놀라운 기독교의 성장을 설명하려는 시도 자체가 논리에 맞지 않는다. 이러한 시도가 타당성을 가지려면, 의료, 교육사업 등 간접선교 방법이 적용된 일본이나 중국 등지에서도 조선에서와 마찬가지로 기독교가 놀라운 성장을 했어야 한다. 하지만 이들 피선교지에서는 조선에서 특별히 효력을 나타낸 간접선교 방법과 전략이 미미한 효과만 발휘했을 뿐, 놀라운 성장을 이끌어내지 못했다. 그렇다면, 이러한 차이를 만든 변수가 무엇인지 물어야 한다. 거의 모든 피선교지에서 보편적으로 적용된 선교 방법과 전략이 왜 유독 조선에서만 '예외적으로' 효과를 거두었는지 묻는 것이 더 논리적이다.

기독교와 전통종교 사이의 종교적 유사성을 가지고 한국기독교의 놀라운 성장을 설명하려는 시도도 같은 이유로 설득력이 없다. 어느 시대, 어느 사회의 어떤 종교든지 종교가 일반적으로 가지고 있는 상징, 언어, 개념을 공유하기 마련이다. 그렇다면, 한국기독교의 '예외적' 성장의 주요 원인을 이러한 종교적 유사성에서 찾아보려는 시도 자체에 논리적 결함이 있는 것이다. 이러한 시도가 논리적 설득력을 지니기 위해서는 기독교에 앞서 들어온 천주교도 기독교처럼 성공적으로 성장했어야 한다. 그러나 기독교와 전통종교 사이의 종교적 유사성이 천주교에도 있었지만, 천주교는 기독교처럼 성장하지 못했다. 그러니까 모든 종교가 일반적으로 얼마만큼 유사성을 가지고 있는데, 그것이 왜 하필이면 중국이나 일본이 아니라 조선에서만 '예외적으로' 기독교 성장에 영향을 미쳤는지, 또 이전의 천주교 선교 때가 아니라 왜 하필 기독교 선교 때에 성장을 돕는 요인으로 작용했는지 묻는 것이 더 논리적이다.

기독교의 사회정치 활동과 참여가 조선(한국)민중의 공신력을 얻어 '기적적인' 성장이 가능했다는 주장이 오늘날 널리 받아들여지고 있지만, 이 역시 만족스럽지 않다. 특히 교회가 사회정치 참여를 적극적으로 펼칠 때는 빨리 성장했고, 그렇지 않을 때는 느렸다는 이들의 주장에는 전적으로 동의할 수가 없다. 복잡한 역사 현상을 자기들의 의도대로 너무 단순하게 설명하려 한다는 느낌이다. 물론 이 견해는 선교 초기나 일제강점기 초기의 기독교 성장을 설명하는 데 전혀 도움이 되지 않는 것이 아니다. 그러나 독립운동에서 이 종교공동체가 후퇴해 이른바 '순수 종교' 활동에만 파묻혀 있던 1920년대와 1930년대에도 이 종교는 성장이 둔화되기는커녕 이전과 같은 곡선을 그리며 성장했다.[20] 특히 1970년대에 기독교가 인권, 사회정의, 민주의 기치를 높이 들고 사회정치 활동을 적극적으로 펼쳐 공신력을 획득했고, 바로 이 때문에 기독교가 이 시기에 '폭발적으로' 성장했다는 이들의 주장은 역사적 사실과는 너무나

---

20) 윗글, 144쪽의 표 II-4를 볼 것.

거리가 멀다. 교회의 사회정치 참여를 적극적으로 해온 이른바 '자유파' 교회들은 도리어 성장이 저조했고, 교회의 사회정치 참여에 반대한 이른바 '보수파' 교회만이 '폭발적' 성장을 하였기 때문이다. 이를테면, 최대 교파인 장로교회 가운데 '비정치참여' 교단인 합동파와 고려파는 1974년부터 1979년 사이에 70퍼센트가 넘게 성장하였지만, '정치참여' 교단인 기장파는 1972년부터 1977년 사이에 단지 11퍼센트만 성장하였던 것이다.[21)]

조선(한국)에서 벌어진 기독교의 '예외적인' 성장은 우리의 근·현대사 전개와 이어서 이해되어야 한다는 이들의 주장에는 전적으로 뜻을 같이 한다. 그러나 교회의 사회정치 운동 때문에 이 종교공동체가 성장했다는 도식적 주장에는 무조건 따를 수 없다. 기독교 성장과 같은 복잡한 역사 현상을 설명하기 위해서는 한 시대, 한 현상에 바탕한 도식적 가정을 가지고 그 시대를 벗어난 역사 현상까지 설명하려는 유혹에 빠지지 말아야 한다. 교회가 때로는 반정부적이거나 친정부적인 정치 활동 때문에 성장할 수도 있고, 또한 그 반대일 수도 있으며, 때로는 영적, 심리적 위로 기능 때문에, 때로는 자선적 봉사 때문에 성장하기도 한다는 유연하고 열린 인식 태도를 가질 필요가 있다.

한국기독교의 놀라운 성장에 대한 기존의 견해들을 비판적으로 검토하면서, 나는 선교 초기의 '역사적 상황'을 다시 살필 것을

21) 김중기, "한국교회의 성장과정," 「현대사회」 (1983년 봄), 101-126쪽, 특히 126쪽의 표 I-4를 볼 것.

제안한다. 간접선교 방법과 전략이 유독 조선에서만 먹힌 것도 그 때의 '역사적 상황' 때문이며, 어느 시대, 어느 사회의 어떤 종교에나 비슷하게 있는 종교적 유사성이 하필 조선에서, 그것도 천주교가 아니라 기독교에서만 효력을 발휘한 것도 그때의 '역사적 상황' 때문이고, 기독교의 정치참여가 성장으로 이어진 것도 그때의 '역사적 상황' 때문이라는 말이다.[22)]

이를 살피기 위해서는 일본의 기독교 역사를 한번 둘러볼 필요가 있다. 일본의 초기 기독교는 교육 활동을 통해 1890년대까지 꾸준히 성장하고 있었다. 한 자료에 의하면, 1889년에 32,354명에 이른 신도수가 10년 뒤인 1899년에는 43,273명으로 불어났다.[23)] 샤이너(Irwin Scheiner)의 지적대로, 메이지 시대 일본 기독교 성장의 '밑받침'(the fulcrum)은 교육 사업이었다.[24)] 메이지 유신으로 옛 특권과 지위를 잃게 된 사무라이들이 새로운 사회에서 계속 영향력을 행사하는 길은 서양문물을 빨리 습득하는 길밖에 없다고 보고, 선교사들이 세운 기독교 계통 학교나 옛 다이묘(大名, 지방의 번주)들이 선교사들을 비롯한 서양 사람들을 선생으로 초빙해 세운 학교로 찾아 들었다. 이들이 선교사들과 만나 개종하기 시작해 1889년경

22) 위의 달음 12에 나오는 글들에 근거하여 논의한다.

23) 짧은 글로는, Gordon H. Chapman, "Japan: A Brief Christian History," Donald H. Hoke, *The Church in Asia* (Chicago : Moody Press, 1975), 302-327쪽을 볼 것.

24) Irwin Scheiner, *Christian Converts and Social Protest in Meiji Japan* (Berkeley: University of California Press, 1970), 8쪽.

에는 300여 개의 교회가 생겨날 정도였다. 교육 사업이 메이지 일본의 기독교 성장을 낳았다는 샤이너의 주장은 일리가 있다.[25)]

그러나 1899년을 기점으로 일본 기독교는 사양길에 접어든다. 이전에 효력을 발휘했던 교육 사업도 그때부터 덩달아 효력이 사라지고 말았다. 교육을 통한 선교 방법과 전략 때문이 아니라 1890년부터 바뀌기 시작한 '역사적 환경' 때문이다.[26)] 우리가 알다시피, 1868년 메이지유신 이후 20여 년 동안 일본사람들은 서양에 대한 열등감에서 미친 듯이 '서양화'를 추진했다. 서양의 것이면 무엇이든지 다 좋다는 생각에 흠뻑 빠져서 말이다. 역사학자 샌섬(George Sansom)은 이 시기를 일본사람들이 서양문물에 "중독된 시대"(the period of intoxication)라고 일컫는다.[27)] '부국강병'을 이루겠다는 정부 관리나 지식 계급만이 아니라 어린아이들까지도 서양의 것들을 동경하였다. 바로 이 친서양화 시대에 교육을 통한 선교가 약효를 내었고, 그래서 기독교도 성장하였다.

그러다가 1890년대 후반에 들어서면서 서양에 대한 열등감에서 벗어나려는 일본사람들의 몸부림이 역사의 표면에 나타나는데, 그 상징적 보기가 서양 나라들과 맺은 불평등조약을 개정하려는 일련의 노력이었다. 그러나 동등한 취급을 해달라는 일본의 요구가

---

25) 윗글, 8-12쪽을 볼 것.

26) 일본 근대사의 일반적 흐름을 보기 위해서는, 케네스 파일/박영신·박정신 옮김, 『근대일본의 사회사』(서울: 현상과인식, 1993), 특히 5-8장을 볼 것.

27) George B. Sansom, *The Western World and Japan: A Study in Interaction of European and Asiatic Cultures* (New York: Alfred A. Knopf, 1950), 378쪽.

서양 사람들에 의해 번번이 묵살당하면서, 일본은 반서양적 민족주의 시대로 들어서게 되었다. 그런 한편, 청일전쟁 후 승리감에 도취되었던 일본사람들은 러시아, 독일, 프랑스의 이른바 '삼국 간섭'이 있자 인종차별을 느끼게 되었다. 이른바 반(反)서양 민족주의 물결이 일본을 휩쓸게 된 것이다. 천황제가 급작스럽게 무대 위로 오르고, 옛 가치인 충효사상이 다시 강조되기 시작했다. 메이지 일본에서 벌어진 기독교 성장과 쇠락은 이러한 역사적 상황과 맞물려 있다.[28] 다시 말해, 친서구화 시대에 성장하던 기독교가 반서양 민족주의 돌풍이 몰아치기 시작하자, 이전과 같은 선교 방법과 전략에도 불구하고 쇠락하게 된 것이다.

메이지 일본의 보기는 조선에서 벌어진 기독교의 놀라운 성장의 주요 원인을 밝히고자 하는 이들에게 실마리를 던져 준다. 선교 방법과 전략이 아니라 역사 환경을 보아야 한다는 말이다. 기독교와 유교적 조선이 만난 역사적 상황을 살펴보자. 1876년 나라의 문이 강제로 열리고, 이어서 여러 서양 나라들과 줄줄이 조약을 맺으며 기독교가 조선에 들어오게 되었다. 물론 개항과 더불어 오래된 반서양, 반기독교 정서가 즉각 사라진 것은 아니다. 다만 그런 정서에 틈이 벌어지기 시작했는데, 이를테면, 청나라 정치가 황준헌의 『조선책략』(朝鮮策略)이 소개되어 지배층 사이에 널리 읽힌 것 등이 그 틈을 더 벌어지게 했다. 이를 통해 서양을 한 덩어리로 묶어

28) William K. Bunce, *Religions in Japan: Buddhism, Shinto, Christianity* (Rutland, Vermont and Tokyo: Charles E. Tuttle Co., 1955), 157-159쪽.

'오랑캐의 나라'라고 단순히 보아왔던 조선사람들의 서양관이 더욱 구체성을 띠게 되었다.[29] 좀 길지만, 조선 선교에 선도적인 역할을 한 선교사들이 쓴 미국에 관한 구절을 따와 본다.

> '미국'은 예의로써 나라를 세우고, 남의 인민을 탐내지 않고 굳이 남의 정사에 간여하지 않았다. '미국'과 중국과는 조약을 맺은 지 십여 년이 되었는데, 그동안 조그마한 분쟁도 없었던 나라이다. … 항상 약소한 사람을 돕고 공의를 유지하여 유럽 사람들에게 함부로 악한 일을 하지 못하게 하였다. … 미국을 우방으로 하면 도움을 얻고 … 미국의 종교는 야소교(耶蘇教)인데 천주교와 근원이 같지만 파가 다르다. … 기독교의 주된 가르침은 일체 정치에 간여하지 않으며 교인 중에는 순박하고 선량한 이들이 많다. 중국과 서양과 통상한 이래로 선교사를 살해한 일이 자주 있지만, 기독교 사람은 하나도 없으니 기독교인들은 근심해야 할 일이 없음이 입증된다.… [30]

이 따옴은 미국과 유럽 여러 나라를 구분 짓고 기독교와 천주교를 견주고 있다. 무엇보다도 유럽의 여러 나라들과 달리 미국은 남의 땅을 노리지 않고 오히려 연약한 나라와 인민을 돕는다는 호의적 미국관 그리고 미국사람들의 종교인 기독교는 천주교와 달리 정

---

29) 내용을 자세히 보려면, 황준헌/조일문 편역,『조선책략』(서울: 건국대출판부, 1977)을 볼 것.

30) 윗글, 13-15, 20-21, 24-25쪽. 본문을 읽기 쉽게, 될 수 있으면 요즈음 말로 풀어썼다.

치에 관여하지 않고 오직 인민 교화에만 몰두한다는 호의적 기독교관을 담고 있다. 반서양, 반기독교적인 조선 사회에 친미적, 친기독교적인 분위기가 싹트기 시작한 것이다.

양반인 이수정이 일본에서 기독교로 개종한 것,[31] 민영익이 미국 방문 도중 우연히 가우처(John F. Goucher) 목사를 만나 기독교 선교를 논의한 것이[32] 이즈음이다. 김옥균이 일본에서 미국 감리교 선교부의 맥클레이(Robert S. McClay) 목사와 더불어 선교학교 설립 문제를 논의하고, 이후 서울에서 다시 만나 그를 고종에게 소개하여 선교학교 설립을 허가하도록 건의한 것도[33] 이즈음의 일이다. 그러나 무엇보다도 비록 선교사 신분을 숨기고 미국 공사관의 의사라고 고종에게 소개했어야 했지만, 1884년에 미국인 의사 알렌(Horace N. Allen)이 최초의 기독교 선교사로 조선에 온 것을 빠뜨릴 수가 없다.[34] 그가 올 수 있었던 것도 개항 이후 서양 여러 나라들과의 외교 관계 수립으로 문화적 쇄국의 장벽에 틈이 나기 시작했기 때문이다.

---

31) 이수정에 관해서는 George L. Paik, *The History of Protestant Missions in Korea: 1832~1910* (Seoul: Yonsei University Press, 1971), 78-80쪽; 이광린, "이수정의 인물과 그 활동,"『한국개화사연구』(서울: 일조각, 1969), 234-251쪽도 볼 것.

32) George L. Paik, 윗글, 81-82쪽.

33) 윗글, 82-106쪽; Fred Harvey Harrington, *God, Mammon, and the Japanese: The Dr. Horace Allan and Korean-American Relations, 1884~1905* (Madison, Wisconsin: University of Wisconsin Press, 1944), 12-13쪽도 볼 것.

34) 윗글, 11-12쪽.

알렌은 갑신정변 때 부상당한 민영익을 치료해준 일로 당시 정치권력의 실세들과 친분관계를 맺게 되면서, 기독교 선교의 발판이 될 '광혜원'(廣惠院)이라는 서양식 병원을 세운다.[35] 이를 교두보 삼아, 이듬해 들어온 언더우드(Horace G. Underwood)와 아펜젤러(Henry G. Appenzeller)를 비롯한 여러 선교사들도 선교학교들을 세울 수 있었다. 당시 상황에서 서양식 병원과 선교학교는 선교사들의 유일한 활동 거점이었다. 의료 혜택을 받을 수 없는 가난한 사람들이 돈을 내지 않거나 적은 비용으로 치료받을 수 있는 선교병원으로 줄지어 찾아들었다.[36] 서양문물을 수용하려는 젊은이들은 선교학교의 문을 두드렸다. 바로 이 선교병원과 선교학교에서 선교사들이 조선사람들과 접촉할 수 있었고, 교육과 의술을 통해 조선사람들에게 좋은 인상을 심어주기 시작하였다. 그러면서 조선사람들이 오래도록 지녀왔던 반서양, 반기독교 정서도 누그러져, 기독교로 개종하는 이들이 등장하게 되었다. 선교학교와 선교병원 주변으로 작으나마 기독교공동체가 움터 나왔다.

그러나 선교사들이 조선사람들을 접촉할 수 있었다고 해서 내놓고 기독교를 전할 수 있었던 것도 아니고, 또한 조선사람들이 교육과 의료 혜택을 받았다 해서 당장 줄지어 개종해 온 것도 아니었다. 물론 의료, 교육 사업을 비롯한 간접선교 방법과 전략이 효과를

---

35) 윗글, 90-91쪽과 3장을 볼 것.

36) 한 선교사의 글에 따르면, 수많은 환자가 몰려 와서 시설 확충을 요청할 정도였다. W. F. Mallalieu, "Mission in Korea," *The Korean Repository*, 1권 9호(1892년 9월), 286-287쪽.

발휘하기는 했지만, 조선에서 펼쳐진 '비길 데 없는 성장'을 설명할 때 그것만 너무 치켜세우지 말아야 한다. 앞서 말했듯이, 이러한 선교 방법과 전략은 조선에서만 실시된 것이 아니라 거의 모든 피선교지에서 실시되었고, 조선에서보다 더 또는 조선에서와 비슷한 수준으로 성장을 낳기도 했기 때문이다.

1884년 첫 선교사 알렌이 들어온 후 1890년대 중반까지 구한말 기독교의 성장은 일본의 경우와 견줄 때 그렇게 두드러진 것이 아니었다. 그러다가 1890년대 중반에 들어서면서 조선 기독교는 급상승 곡선을 그리며 비약적으로 성장하기 시작했다.[37] 선교학교도 이즈음부터 바삐 세워졌다. 1885년에 최초의 선교학교가 세워진 이후,[38] 1886년에는 두 곳,[39] 1890년에는 겨우 한 곳만[40] 문을 열었을 뿐인데, 1894년부터는 해마다 계속해서 선교학교가 세워졌다.[41] 다시 말해, 1890년대 중반에 들어서면서 비로소 조선사람들이 서양에서 온 기독교가 펼치는 교육, 의료사업에 적극적인 반응을 보이기 시작한 것이다.

---

37) 서명원, 『한국교회성장사』, 56쪽의 도표를 볼 것.

38) 아펜젤러에 의해 배재학당이 문을 열었다.

39) 언더우드에 의해 경신학교와 스크랜턴(Mary Scranton) 여사에 의해 이화학당이 세워졌다.

40) 엘러스(Annie Ellers) 선교사에 의해 정신여학교가 세워졌다. 그 사이, 그러니까 1887년부터 1889년까지는 아예 한 학교도 문을 열지 않았다.

41) 1894년에 세 곳(평양 2, 연변), 1895년에 한 곳(동래), 1896년에 두 곳(평양, 서울), 1897년에 세 곳(평양, 서울, 인천), 1898년에 세 곳(평양, 서울, 재령), 1903년에 세 곳(평양, 원산, 목포), 1904년에 네 곳(원산 2, 개성, 해주) 등에 선교학교가 세워졌다. 이광린, 『한국사강좌』 5권(서울: 일조각, 1997), 543쪽.

그 원인을 설명하려면, 선교 초기에 비해 선교사 숫자가 늘어났다는 것, 이들이 선교에 쏟은 노력, 그래서 개종자의 숫자도 늘어나게 되었다는 말로는 부족하다. 무엇보다도 1890년대 중반에 나타난 역사적 상황의 급격한 변화와 이어서 인식해야 한다. 이즈음 조선의 역사적 상황은 메이지 일본의 역사적 상황과 정반대로 전개되었다. 청나라와 일본이 조선을 전쟁터로 삼아 싸움을 벌인 청일전쟁이 1894년에 일어났고, 1904년에는 러일전쟁이 터졌다. 일본이 중국을 쳐부수고 러시아마저 굴복시켰다.

모든 전쟁이 그렇듯이 이 두 전쟁도 넓게는 세계사나 동아시아사, 좁게는 조선의 역사를 크게 바꾸었다. 오랫동안 동아시아를 뽐내며 지배해온 중국이 무릎을 꿇음으로 중국 중심의 질서가 무너지기 시작했다. 멸시와 천대를 받아오던 일본이 불과 얼마 전에 서양문물을 받아들이더니 중국과 러시아를 차례로 물리치고 세계 열강의 자리에 올라 동아시아에서 거의 절대적인 영향력을 행사하게 되었다. 중국을 종주국으로 섬기며 중국 중심 질서 속에 오랫동안 안주해온 조선은 큰 충격을 받았다.

조선사람들 사이에서 각성의 움직임이 나왔다. 중국에 안온하게 얽매여 왔음을 부끄럽게 여기는 이들도 있었고, 옛 가치와 체제가 새로운 문제들을 해결할 수 없다며 비판하고 나서는 이들도 있었다. 이 구석 저 구석에서 일기 시작한 자각과 개혁의 소리들은 전쟁을 겪으면서 개혁운동으로 나타났다. 분명한 '적'으로 등장한 일본에 대항해 주권을 지키면서 우월이 증명된 서양문물을 재빨리 수용하여 나라를 개혁하는 것이, 그래서 부국강병을 이루는 것이 조선민족의 급박한 과제라고 보는 이들이 많아지게 되었다.

다시 말해, 비서양, 비기독교 국가인 일본이 뚜렷이 '적'으로 등장하게 된 역사적 전개가 개혁적인 조선사람들로 하여금 일본을 통해 서양문물을 받아들이고 일본을 의지해 나라를 개혁하려는 이전의 생각을 송두리째 저버리게 한 것이다. 서양으로부터 직접 문물을 수용하고 서양 사람들로부터 직접 도움을 받자는 움직임이 나오기 시작했다. 전쟁 전에 일본으로부터 개혁의 지원을 구했던 개화파 인사들이 이른바 '정동구락부'(貞洞俱樂部)라는 친서양, 특히 친미적인 개혁 무리로 변신해 갔다.[42] 일찍이 미국에 호감을 가졌던 고종이 더욱 노골적으로 친미 발언을 하고 행동하기 시작한 것도 일본에 대한 경계심이 치솟던 전쟁 이후의 일이다.[43] 이처럼 반일 감정이 치솟고 있을 때 개혁 인사들을 비롯한 많은 조선사람들은 서양, 특히 미국과 기독교에 대해 더욱 호의적인 태도를 취하게 되었다.

유영익의 값진 연구에 의하면, 바로 이 시기에 조선사람들의 호의적 대미 인식이 급격히 확산되고 있었다.[44] 이전에 고종을 비롯

---

42) Fred Harvey Harrington, 윗글, 11-13쪽과 28-32쪽; Lillias H. Underwood, *Fifteen Years Among the Topknots or Life in Korea* (Boston, New York and Chicago: American Tract Society, 1904), 28쪽을 볼 것.

43) 고종의 친미적 입장은 유영익 외, 『한국의 대미인식 — 역사적으로 본 형성과정』 (서울: 민음사, 1994), 특히 64쪽을 볼 것.

44) 유영익(들), "개화기의 대미인식," 윗글, 55-141쪽(제2장)과 "통시적으로 본 대미인식 — 다섯 가지의 대미 고정관념," 윗글, 270-324쪽(제5장)을 볼 것.

한 몇몇 지도급 인사들이 보인 우호적 대미관은 청일전쟁 이후 「한성순보」, 「독립신문」, 「대한매일신보」를 통해 보편화 되어 갔다. 미국을 '인의(仁義)의 나라', '부유의 나라', '강병의 나라', '신의의 나라', '형제의 나라', '아시아에서 일본의 횡포를 억제해 줄 수 있는 나라', '기독교의 나라'라고 보는 인식이 조선사람들 사이에서 팽배하게 되었다.[45] 미국이 러일전쟁 후 친일 정책을 추구했을 때에도 조선사람들은 미·일 충동설 등 희망에 찬 관찰을 하면서 "짝사랑"을 하고 있었다고, 유영익은 당시 조선사람들의 대미(對美) 의식, 대미 기대감의 정도를 그리고 있다.[46]

미국에 대한 이 '짝사랑'의 역사적 상황 전개가 1890년대 중반에 급상승 곡선을 그리며 나타난 기독교의 갑작스런 성장과 맞물려 있음을 눈여겨보아야 한다. 한국교회사를 연구하는 민경배도 청일전쟁 직후에 기독교가 급성장했다고 밝힌 적이 있다.[47] 앞서 말한 선교학교의 수적 증가도 그러하고, 러일전쟁 후 교회당과 신도의 수가 배로 껑충 뛴 것도 그 한 보기이다.[48] 이 갑작스런 기독교의 성

그의 학문적 넓이와 깊이 그리고 자료를 다루는 철저함과 정직성을 한껏 나타내고 있는 글들이다.

45) 유영익, "개화기의 대미인식," 57-81쪽.

46) 윗글, 81쪽.

47) 민경배, 『한국의 기독교회사』 (서울: 대한기독교서회, 1969), 71-72쪽.

48) Horace G. Underwood, *The Call of Korea* (New York: Fleming H. Revell, 1908), 146-149쪽. 선천의 경우에는 1904년에 6,597명이던 신도 수가 1905년에는 11,943명으로, 한 해 동안에 거의 배가 불어났다. James S. Gale, *Korea in Transition* (New York: Eaton and Mains, 1909), 195쪽을 볼 것.

장은 선교사들의 노력이나 선교비 때문이 아니다. 그보다는 일본과 맞서게 된 역사적 상황이 더 중요한 변수로 작용했다. 재빨리 서양문물을 수용하여 조선을 부강한 나라로 만들려는 개혁적 조선사람들이 서양(주로 미국) 선교사들의 학교 건립과 병원 건립을 지지하고, 또 서양 나라(미국)에 기대어 일본을 막아보려는 조선사람들이 기독교공동체에 호의적인 태도를 가지게 되었다. 그러니까 두 전쟁에서 승리한 일본이 식민지 야욕을 드러내며 조선에 접근해 오는 역사 전개와 조선사람들 사이에 친미 분위기가 확산된 시기 그리고 조선에서 기독교가 처음으로 급상승 곡선을 그리며 성장한 시기가 맞물려 있다는 말이다.

3. 칼뱅주의 구학파와 조선의 만남

이 기독교공동체에는 어떤 조선사람들이 들어왔는가. 또 미국에서 온 선교사들은 주로 어떤 배경을 가졌는가. 이 물음이 중요한 것은, 다른 역사 연구에서도 그러하지만 특히 '사상의 사회사' 연구에서는 텍스트와 콘텍스트 그리고 그 텍스트를 가지고 있는 이들이나 집단(agents 또는 carriers)을 함께 이어 논의하는 것이 중요하기 때문이다.[49] 이를테면, 같은 텍스트라도 콘텍스트에 따라 달리 기

49) 나는 복잡한 역사 현상에 대한 인식, 특히 사상의 사회사적 인식에 있어서 텍스트를 중히 여기되, 이를 콘텍스트와 이어서 새기어야 한다고 여러 번 주장한

능할 수 있고 다른 의미를 낳을 수 있다. 또 같은 텍스트를 지닌 개인이나 집단이 같은 콘텍스트에서 삶을 꾸리더라도 그가 속한 사회적 자리가 다르면 텍스트의 기능과 의미도 달라진다. 이러한 뜻에서 미국 선교사들의 신학적 배경과 그것이 조선의 역사적 상황에서 빚어낸 꼴과 결을 살피는 일이 매우 중요하다.[50)]

1882년 조미수호조약 이후 조선에 들어온 미국 선교사들은 청교도적 경건주의로 무장한 칼뱅주의자(장로교)들이 많았다. 칼뱅

바 있다. Chung-shin Park, "Protestantism in Late Confucian Korea-Its Growth and Historical Meaning," *Journal of Korean Studies*, vol. 8(1993); 박정신, "구한말, 일제초기의 기독교 신학과 정치 — 진보적 사회운동과 민족주의운동을 중심으로," 「현상과인식」 17권 1호(1993년 봄), 103-125쪽; Chung-shin Park, *Protestantism and Politics in Korea* (Seatle and London: University of Washing Press, 2003); 박정신, 『기독교와 근대한국』(서울: 민영사, 1997); 박정신, 『한국기독교사 인식』(서울: 혜안, 2004); 박정신, 『한국기독교사의 새로운 이해』(서울: 새길, 2008); 박정신, 『역사학에 기댄 우리 지성사회 인식』(서울: 북코리아, 2008). 이러한 나의 책과 글에 더하여 Gordon S. Wood, "Intellectual History and Social Science," John Higham and Paul K. ConKin(엮음), *New Direction in American Intellectual History* (Baltimore and London: Johns Hopkins University Press, 1979), 27-41쪽도 볼 것. 나는 이 논문을 우리말로 옮겨 소개한 적이 있다. 고든 S. 우드/박정신, "지성사 연구와 사회과학," 「현상과인식」 8권 2/3호(1994년 가을), 129-141쪽.

50) 교회 안의 사람의 눈으로 칼뱅주의가 이 땅에 소개된 경로 및 영향, 그 역사에 대해 연구한 글로는 이오갑, "깔뱅의 성격과 한국교회," 「기독교사상」 605호(2009년 5월), 22-31쪽; 이상규, "한국에서의 칼뱅 연구," 오정호(들), 『칼뱅과 한국교회』(서울: 생명의 말씀사, 2009), 249-280쪽; 장동민, 『박형룡의 신학 연구』(서울: 한국기독교역사연구소, 1998); 신종철, 『한국장로교회와 근본주의』(서울: 그리심, 2003)을 볼 것. 내가 굳이 '교회 밖'을 강조하는 이유는, 소위 교회사학자들의 역사 인식, 곧 지나치게 편협하고 당파적인 역사 인식이 불편하기 때문이다.

주의자들은 인간이 전적으로 타락하여 스스로 구원받을 수 없고, 오로지 하나님의 은총과 선택으로 구원받을 수 있다고 생각하는 이들이다.[51] 믿음으로 구원받는다는 것도 칼뱅주의자들은 인정하지 않는다. 믿는다는 것은 본질상 인간의 노력인데, 타락하고 부패한 인간이 아무리 노력해보았자 구원에 이르기는 역부족이라는 것이다.[52] 이들에게 구원은 오로지 하나님의 은총이고 전적인 선택의 문제다.[53]

미국에 이식된 칼뱅주의는 이런저런 역사를 거치면서 구학파와 신학파로 나뉘어 쟁투하였다. 본래 칼뱅주의는 이른바 제네바 성시화(聖市化)운동에서 알 수 있듯이, 사회개혁에 지대한 관심이 있었고, 또 이를 과격하게 실천하는 것을 신정정치(神政政治)로 이해하였다.[54] '미국 건국의 주인공'들이 하나님으로부터 "광야로 부르심" (errand into wilderness)을 받아, 구대륙을 떠나 신대륙에 와서 "언덕 위의 (거룩한) 도시"(a City upon a hill)를 건설하여 모든 족속이 우러러보도록 해야 한다는 강한 종교적 소명의식을 가진 것도 칼뱅

---

51) 이른바 칼뱅신학의 핵심이라고 할 수 있는 '예정론'과 '섭리론'에 대해서는, 존 칼빈/원광역 옮김, 『기독교강요』 상권과 중권 (서울: 크리스천다이제스트, 2003)을 볼 것.

52) 윗글, 중권, 제3권 제1장과 2장을 볼 것.

53) 조선에 온 선교사들의 칼뱅신학 이해를 보려면, 함일돈(Hamilton), "칼뱅주의," 「신학지남」 95권 (1937년 9월), 19-23쪽과 「신학지남」 97권 (1937년 11월), 21-23쪽을 볼 것.

54) Ronald S. Wallace, *Calvin: Geneva and Reformation* (Grand Rapids, Michigan: Baker Book House, 1990), 127쪽.

적인 신앙의 발로였다.[55] 또한 막스 베버(Max Weber)가 정확히 관찰했듯이, 미국의 자본주의 경제문화 속에 자리 잡은 "금욕적 프로테스탄티즘"은 칼뱅의 직업 소명론이 적극적으로 내면화된 증거다.[56]

그러나 미국의 칼뱅주의 구학파는 계몽사상과 역사학파의 영향을 받아 고등비평에 터한 자유주의 신학이나 또 그러한 학풍에 어느 정도 개방적인 태도를 취하는 칼뱅주의 신학파의 거센 도전 앞에 서 더욱더 교리와 개인구원에 몰두한 나머지 칼뱅주의가 원래 지니고 있는 세상과의 맞섬이나 변혁의 동력을 잃어버리고 말았다. 그리고는 모든 열정과 에너지를 교회 안으로 돌려 개인구원을 강조하고 남부 노예제도를 옹호하면서 기존 질서에 안주하는 보수적 모습을 띠게 되었다. 반면 신학파는 고등비평에 기대어 성서를 해석하면서 산업화와 도시화에 따른 여러 사회문제에 관심을 가졌다.[57]

19세기 초·중반 미국은 산업화와 도시화가 어느 정도 가시화되

---

55) William R. Hutchison, *Errand to the World: American Protestant Thought and Foreign Mission* (Chicago: University of Chicago Press, 1987), 1-14쪽, 91-124쪽; Randy Roberts-James S. Olson(엮음), *American Experiences,* Two vols. (Glenview, Ill. and London: Scott, Foresman/Little, Brown Higher Education, 1990), 2쪽을 볼 것.

56) Max Weber, *The Protestant Ethic and the Spirit of Capitalism,* Talcott Parsons(옮김) (New York: Charles Scribner's Sons, 1958), 4장을 볼 것.

57) 이에 대한 자세한 논의는 James H. Smylie, *A Brief History of the Presbyterian* (Louisville, KY.: Geneva Press, 1966), 9장; 신종철, 『한국장로교회와 근본주의』, 25-62쪽을 볼 것.

어 주(州)마다 경쟁적으로 주립대학들이 들어섰다. 새 시대가 요구하는 인재 양성을 꾀한다는 명분으로, '부의 복음'(the Gospel of Wealth)을 신봉하는 신흥 부자들이 이미 설립된 대학에 기부하거나 아예 자신들의 연고지에 새로이 대학을 세웠다. 이렇게 세워진 대학을 졸업한 신흥 중산층 청년들이 새 시대에 맞는 새로운 역할을 찾아 나서기 시작했다. 그 가운데 젊은 기독교 지식인들은 이러한 흐름을 타고 열기를 더해가던 세계선교에 관심을 가지게 되었다. 이른바 '학생자원운동'(Student Volunteer Movement)이 활발해진 것이다.[58] 신흥중산층 자녀들의 세계선교 운동에 대한 관심은 미국의 세계선교 열기를 부추겼다. 물론 이 열풍의 밑바닥에는 미국 건국의 주인공들인 청교도들(Puritans)의 광야로 부르심 그리고 사명감, 미국 특유의 개척정신, 이것이 산업화와 태평양 연안 국가가 된 역사와 어우러져 나온 미국 특유의 제국주의와 이어져 있음은 물론이다.[59]

58) Alice R. Vidler, *The Church in an Age of Revolution 1789 to the Present Day* (New York: Pelican Books, 1961), 237-238쪽; 류대영, 『초기 미국 선교사 연구』(서울: 한국기독교역사연구소, 2001), 41-47쪽도 볼 것; 나는 이즈음 미국의 사회변동, 그러니까 '태평양시대'의 개막과 더불어 미국 기독교계가 휘말린 '종말론' 분위기 그리고 이때 일어난 '대각성운동'이 어떻게 학생자원운동과 연결되는지 등을 상세히 다룬 적이 있다. 박정신, "19세기 말, 20세기 초 미국의 대학교육," 「아세아문화」 20호 (2004. 4월), 75-91쪽, 특히 77-80쪽도 볼 것. 이 글은 나의 논문집, 『역사학에 기댄 우리 지성사회 인식』(서울: 북코리아, 2008), 32-47쪽에도 실려 있다.

59) 박정신, "역사의 베어드, 베어드의 역사," 『베어드와 한국선교』, 9-36쪽, 특히 19-25쪽을 볼 것. 이 글은 나의 논문집 『역사학에 기댄 우리 지성사회 인식』, 11-31쪽에도 실려 있다.

그래서 미국의 기독교가 조선에 들어왔다. 칼뱅주의, 특히 구학파의 영향 아래 있던 이들이 조선에 온 선교사의 대다수를 점하고 있었기에 '그들의 기독교'가 조선에 소개되고 이식되었다. 19세기 후반 미국 세계선교 운동을 기획하고 추진한 주역 가운데 한 사람인 스피어(Robert E. Speer)의 말처럼 "하나의 훌륭한 영적 제국주의"(the find spiritual imperialism)가 뒤늦게 제국주의 대열에 뛰어든 미국발 제국주의의 물결을 타고 조선에 들어온 것이다.[60]

평양장로회신학교의 거의 모든 교수들과 최초의 근대 대학인 숭실대학교의 거의 모든 교수들이 바로 이들로서, 주로 프린스턴 신학교와 맥코믹신학교 출신들이다.[61] 칼뱅주의 구학파의 영향 아래 있던 이들은 조선에서 자기들이 가진 신학과 신앙적 정서를 고스란히 전수했다. 그러나 칼뱅주의 구학파라는 텍스트가 구한말 조선이라는 콘텍스트와 이어지고 그 텍스트를 조선사람들이 가지게 될 때 그 역사적 역할이나 기능은 미국의 콘텍스트에서 미국사람이 가지고 있었을 때의 그것과 사뭇 달랐다. 미국에서 칼뱅주의 구학파의 역사적 기능이 산업화와 도시화를 거치면서 나온 여러 사회 문제들을 '보수적으로' 바라보면서 교회 안에서 옛 교리에 집착

60) William R. Hutchison, *Errand to the World: American Protestant Thought and Foreign Mission*, 97쪽에서 다시 따옴.

61) 신종철, 『한국장로교회와 근본주의』, 14쪽에 의하면 1893년에서 1901년 사이에 조선에 온 선교사 40명의 신학교육 배경은 다음과 같다. 프린스턴 16명, 맥코믹 11명, 산 안셀모 4명, 유니온 3명, 기타 6명(무디성경학교, 뉴욕성서신학교).

하고 개인구원을 강조하였던 반면, 조선에 들어온 칼뱅주의 구학파는 구한말 조선이라는 역사적 콘텍스트에서 역사변혁의 동력으로 기능하였다.[62]

미국 장로교 해외선교부 총무였던 브라운(Arthur J. Brown)은 1919년 초기 선교사들이 가졌던 신학과 신앙의 경향에 대해 다음과 같이 간추리고 있다.

> (조선) 선교활동 개시 이후 첫 4반세기 동안 조선에 온 전형적인 선교사는 청교도적 사람이었다. 한 세기 전 우리(미국) 뉴잉글란드 선조들이 한 것과 같이 안식일을 엄격히 지켰다. 춤추고 담배 피우며 카드 노름하는 것에 예수 따르는 이들이라면 빠지지 말아야 하는 죄라고 생각하였다. 신학과 성서 비판에 있어 아주 보수적이었고, 예수 재림에 대해서는 전천년왕국설을 매우 중요한 진리로 믿고 있었다. 고등비판이나 자유주의 신학은 위험스런 이단으로 취급하였다. … 교회는 정결한 생활을 하는 남자와 여자들로 이루어져야 한다고 생각하면서도, 사회를 정화하여 더 나은 사회 환경을 만들려는 노력은 다른 데 더 유용하게 쓰일 수 있는 시간과 힘의 낭비라고 간주하였다.[63]

이처럼 선교사들은 당시 그들의 나라 미국에서 '사회복음'(the

---

62) 박정신, "구한말, 일제초기의 기독교 신학과 정치" 107-114쪽을 볼 것.

63) Arthur J. Brown, *The Mastery of the Far East* (New York: Charles Scribner's Sons, 1919), 40쪽에 있는 글을 따와 옮김.

Social Gospel)에 대항하고 있던 청교도적 경건주의와 칼뱅주의 구학파의 신학을 19세기말 조선에 이식시키고 있었다. 이들은 성서를 인간에게 계시된 하나님의 말씀으로서 인간의 신앙과 삶을 지배하는 불변의 법칙으로 보았다. 믿음은 전적으로 개인적 경험이며, 하나님과의 직접적이고 영적 교섭을 통해 얻게 되는 것이라고 믿었다. 이들은 전형적인 미국 칼뱅주의 구학파의 사람들로서, 개인구원을 강조하고, 세상을 바꾸려 하거나 이 세상에 하나님의 나라를 세워보려는 것을 '시간과 힘의 낭비'라고 믿는 이들이었다. 그러한 믿음의 자명한 결과로, 이들은 신학을 자유주의화하거나 복음의 사회적인 면을 강조하며 산업화와 도시화가 몰고 온 시대적 요구에 부응하려는 미국 칼뱅주의 신학파의 사람들을 비판하였다. 이른바 '자유주의' 신학자 사이에 파고든 이론과 성서고등비평 따위는 신앙 그 자체를 파괴하는 것이라며, 사회 문제에 대한 '사회복음'적 관심과 행동을 이단시하였다.[64)]

평양장로회신학교에서 조직신학을 가르친 선교사, 프린스턴 구학파에 속한 레이놀드(W. D. Reynolds)의 고백에서 우리는 초기 선교사들의 신학에 영향받은 초기 조선 기독교인들의 칼뱅주의 구학파의 신앙 구조를 더 자세히 볼 수 있다.

> 나는 종교와 경전과의 관계는 절대적이라고 본다. 이와 같은 견해는 심히 보수적인 것으로 비난받을지 모르나, 나의 신념을 버릴 수 없다. … 기독

---

64) 윗글, 여러 곳을 볼 것.

교가 성경을 버리거나 성경을 믿지 아니하면 그때부터 기독교가 될 수 없는 것이다. … 성경이 변하는 때에는 종교도 변할 수밖에 없는 것이다. … 성경의 문자나 구절을 고친다든지 그 정신을 덮어놓는다든지 그 의미를 굽힌다든지 해서는 안 된다. 그 원리를 그대로 보존하고 그 정신을 그대로 발휘하지 아니하면 안 된다. … 우리는 진리와 정설 이외에 쓸데없는 공론, 왜곡된 신학설을 논의할 필요조차 없다.[65]

레이놀드와 같은 초기 선교사들은, 칼뱅주의 구학파의 산실인 미국 프린스턴신학교와 맥코믹신학교에서 교육받은 이들이었다. 이들에게 훈련받고 지도받은 초기 조선 기독교인들은 칼뱅주의 구학파의 신학과 신앙을 전수받은 이들이었다.

그러나 이러한 전투적인 칼뱅주의 구학파의 신학은 당시 조선의 특수한 역사적 콘텍스트에서는 미국에서와는 아주 다른 역사적 기능과 역할을 하게 되었다. 과거 천주교 전래 때의 타협의 역사와 달리, 구한말 기독교 선교사들은 유교적 조선의 온전한 '기독교화'를 도모하였다. 삼종지도(三從之道)에 터한 남녀차별, 사농공상(士農工商)에 따른 불평등 구조 따위의 유교 질서를 비기독교적인 것으로 단정하고 정죄했다. 당시 '기독교화'라는 뜻은 기독교공동체에서 유교적 가르침과 관행을 전투적으로 거부하거나 부정한다는 의미였다. 그 보기로 구한말에 쓰인 입교문답을 보자.

---

65) 김양선, 『한국기독교해방십년사』 (서울: 대한예수교장로회 총회 종교교육부, 1956), 173-174쪽에서 따옴. 원문의 한자와 옛 어투를 다듬었다.

문: 당신은 주일을 성수합니까?

답: 나는 학습문답교인이 된 이후 그렇게 행해왔습니다.

문: 왜 그렇게 하셨지요?

답: 왜냐하면 주일은 거룩한 날이기 때문입니다.

문: 당신은 음주를 합니까?

답: 나는 한때 술고래였습니다. 그러나 지금은 그렇지 않습니다. 이 몸은 내 것이 아닙니다. 만일 내가 내 몸을 잘못 사용한다면 나는 형벌을 받을 것입니다. …

문: 이것들이 당신을 유혹하지 않던가요?

답: 웬걸요. 물론 유혹하지요. 만일 내가 계속하여 성경을 읽지 않았다면, 나는 끊임없는 노름, 간음죄 등에 유혹을 받았을 겁니다.[66]

당시 조선사람들에게 보급된 전도책자 「구세론」에서도 유사한 보기가 있어, 하나 따와 본다.

문: 제사드리는 것이 마땅하뇨, 아니 마땅하뇨.

답: 마땅치 아니하다.

문: 예수교하는 사람이 조상에 제사하는 것이 옳으뇨, 옳지 아니하뇨.

답: 옳지 아니하니, 일체 못하느니라.

문: 어찌하여 옳지 아니하뇨.

---

66) 이 입교문답은 Robert E. Speer의 글을 따와 옮긴 박용규의 글, 『한국장로교사상사』 (서울: 총신대학출판부, 1993), 123쪽에 기대었다.

답: 조상이 이미 세상을 버리고 갔으니 음식을 능히 먹지 못할 것이매 제사는 헛된 일이 되고 또 정령히 여호와 계명을 범하는 것이니 외양으로 지내는 체도 못하느니라.

문: 내가 제사를 아니하면 어찌 조상 공경하는 마음을 표하리요.

답: 조상을 사모하며 그 교훈을 생각하며 그 분부한 것을 좇아 행하며 평생에 잊지 아니하는 것이 조상 공경하는 마음을 표하느니라.[67]

이처럼 비타협적 칼뱅주의 구학파의 신학을 가진 선교사들은 조선 기독교인들에게 '넓은 길'을 열어준 것이 아니라 '좁은 길'의 윤리적 삶을 선택하도록 요구하였다. 당시 기독교로 개종한다는 것은 거의 모든 이들이 따르는 가치와 삶의 방식에 등을 돌리고, 아직 얼마 되지 않은 무리의 새로운 종교공동체가 요구하는 윤리적 가르침과 삶을 전폭적으로 받아들이는 것을 의미하였다. 제사와 같은, 당시 모두가 따르던 유교적 관행을 저버리는 것은 유교 사회의 밑뿌리를 뽑아내는 행위였고, 조상과 부모에 대한 도리를 외면하는 것은 불효·불충의 행동이었다.[68] 말하자면 이는 당시 조선 사회를 가장 깊은 수준에서 바꾸어 보자는 '소리 없는 혁명'이었다. 선교사들과 구한말 조선 기독교인들이 가진 칼뱅주의 구학파 신학의 비타협적인 특성이 오히려 유교적 조선 사회를 비판하고 개혁하려

---

67)「구세론」, 15-17쪽에 실린 이 글 따옴은 이만열, "한말 기독교 사조의 양면성 시고 — 한국기독교의 진보·보수의 역사성 탐구와 관련하여,"『한국기독교와 민족의식』(서울: 지식산업사, 1991), 233쪽에서 그대로 빌려왔다.

68) *The Korea Repository*, 2권 4호 (1895년 4월), 198쪽.

는 기독교인들을 유교적 질서와 맞서고 초월하려 했던, 그래서 더 욱더 유교적 가치와 맞선 비타협적 개혁꾼으로 만들었던 것이다.[69]

4. 소리 없는 혁명이 일어나다

이들의 종교공동체에서는 여러 가지 변화들이 일어났다. 그 변화란 옛것과 새것, 유교적인 것과 기독교적인 것 사이의 갈등과 충돌에서 비롯되었다. 이를테면, "조선의 (유교적) 스승들은 여자는 남자보다 못하다고 가르쳤다. 기독교는 이를 정면으로 부인함으로 충돌이 있게 된다. 이들은 어떤 사람은 다른 이들보다 더 우월하다고 가르치는데 우리는 역시 이에 동의하지 못한다"[70]라는 초기 선교사들의 가르침이 그 좋은 보기이다. 이 밖에도 이 글은 모든 사람에게 자유할 수 있는 권리를 부인하고, 개인의 능력보다 조상 덕에 양반이 되어 위세부리는 유교적 조선의 가치와 제도를 "악한 것"으로 간주하고 있다.[71]

유교적 조선에서 위세를 부려왔던 어떤 양반이 새로이 잉태된 이 종교공동체에 들어온 후의 고백을 들어보자.

---

69) 박정신, "구한말, 일제초기의 기독교 신학과 정치," 110쪽.

70) George H. Jones, "Open Korea and Its Methodist Mission," *The Gospel in All Lands* (1898년 9월), 392쪽의 글을 따와 옮김.

71) 윗글, 394쪽을 볼 것.

넉 달 전 나는 이 사랑방(예배 처소 - 글쓴이 달음)에 있는 것이 부끄러웠다. 교인들이 모여 무릎 꿇고 기도할 때 나는 기분이 매우 언짢아 똑바로 편히 앉았었지만, 얼마 후 나도 무릎을 꿇기 시작했는데 부끄러운 마음이 모두 사라져 버렸다. 하나님은 나에게 믿는 마음을 주신 것이다. 내 친구들은 내가 미쳐버렸다고 말하면서 찾아오지도 않는다. 그러나 참 하나님을 경배한다는 것은 미쳐 버린 징조가 아니다. 사실 나는 양반이지만, 하나님께서는 어떤 이는 양반으로, 또한 어떤 이는 상놈으로 만드시지 않았다. 인간들이 그러한 구분을 지은 것이다. 하나님께서는 모든 사람들을 평등하게 만드시었다.[72)]

이 고백을 통하여 우리는 이 새로운 종교공동체에서 일어나고 있던 소리 없는 혁명적 변화를 쉽게 느낄 수 있다. 예수를 믿은 뒤에 하나님은 모든 사람을 평등하게 창조하셨음을 알게 되었다고 고백하는 양반의 말도 그렇거니와, 무엇보다도 유교적 조선에서 크게 위세를 부리던 양반이 교회라는 공동체에서 평민과 부녀자들과 한자리에 앉아 함께 무릎 꿇고 같은 하나님을 향하여 함께 기도하고 찬송을 부른 '행위' 자체가 개종한 양반의 신분 타파 운동이 아니고 무엇이란 말인가? 유교적 가치와 관행을 비롯한 조선의 관습들을 '이방적인 것', '악한 것'으로 간주하고 바꾸려 했던, 칼뱅주의 구학파에 영향받은 미국 선교사들이 가르친 이들 조선 기독교인들의 행위는 사회개혁과 도덕적 갱생을 도모하는 미국의 칼뱅주의 신학파

72) *The Church at Home and Abroad*, 16권 (1894년 8월), 120쪽.

에 속한 이들을 비롯한 진보적 신학의 사회복음주의자들의 활동을 연상케 한다.

새로이 움터 자그마하지만, 그러나 응집력이 대단했던 이 새 종교공동체에서 선교사들과 조선 기독교인들은 하나님은 양반과 상놈을 구별하지 않고 모두를 평등하게 창조하였다느니, 담배 피우고 술 마시며 노름과 축첩을 하는 행위는 죄라고 말하며, 또 그러한 죄로부터의 회개와 단절을 실천하였다. 아울러 이에 머물지 않고 교회 울타리 밖으로 나가, 새 윤리를 가르치고 새 삶을 보여주었다. 칼뱅주의 구학파에 터한 기독교인들의 이러한 '사회복음'은 방방곡곡에 세워지고 있던 교회와 또 교회가 세운 학교 및 병원 그리고 교회가 내는 신문과 잡지, 그 밖에 여러 가지 사회사업기관을 통하여 조선 전역으로 퍼져나갔다. 새로운 사회윤리를 가르치고 변화되어 완전히 다른 삶을 보이면서 초기 기독교인들은 유교적 조선을 개혁하려는 사회 · 정치 운동에 적극 참여하였던 것이다.[73]

상황이 이러한데도, 초기 선교사들과 조선의 개종자들이 가진 경건적 복음주의와 칼뱅주의 구학파의 영향 아래 있던 이들이 사회개혁에 무관심하였다고 쉽게 말할 수 있을까? 그 당시 브라운과 같은 선교 본부 사람들이나 소위 자유주의 신학 진영에 속한 학자들은 초기 선교사들과 개종한 조선사람들이 유교적 조선사회에서 보

---

73) 자세한 논의는 나의 영문 저서, *Protestantism and Politics in Korea,* 넷째 마당을 볼 것. 그리고 선교 과정에서 으레 나오는 기독교화(Christianization)와 '문명화'(Civilization)의 관계에 대해서는, Hutchison, 윗글을 모두 볼 것.

인 사회개혁적 성격과 기능을 어째서 보지 못했던 것일까? 조선에 기독교를 전해준 19세기 미국 기독교계에서 칼뱅주의 구학파의 신학을 추종하고 또 그에 영향받은 이들이 '사회복음' 운동에 맞서 개인구원을 강조하며 교회를 사회와 분리해 '순수한 믿음의 공동체'로 만들려고 했던 사실만 보고, 조선의 칼뱅주의 구학파에 영향받은 이들의 사회정치적 역할을 지레짐작했기 때문인가? 아니면 조선의 칼뱅주의 구학파에 영향받은 이들이 그들의 삶의 태도와 방식에서 분명히 보여준 엄청난 변화들을 보기보다 몇몇 선교사들이 맡은 교회들의 사회참여 반대 태도만을 보려고 억지로 집착했기 때문인가?

그렇기에 나는 텍스트만 읽고 이른바 '실증사학'에 천착하는 한국 역사학계를 비판하는 것이다. 되풀이 강조하건대, 조선에 들어온 것이 미국에서 비정치적 · 반사회복음적 칼뱅주의 구학파의 신학이었지만, 이것이 들어와 기능한 콘텍스트가 구한말 조선이었고, 또 이를 받아들인 사람들이 조선사람들이었음을 주목하여야 한다고 주장하는 것이다. 당시 조선의 역사 구조적 상황은 유교적 가치와 제도가 힘을 잃어가고, 변화와 개혁이 무르익어가고 있던 때이다. 바로 그때 서양에서 들어온 새 종교를 받아들인 조선사람들이란 유교적 조선 사회에서 천대받던 하층민이 대다수였고, 정치적으로 '소외된' 적은 수의 양반들이 그 틈에 끼어 있었다.[74] 자연

74) Yong-shin Park, "Protestant Christianity and Social Change in Korea," Ph. D. Dissertation (University of California, Berkeley, 1975), 70-93

히 이들은 유교 체제와 이념적으로나 정치적으로 강하게 이어져 있지 못한 조선사람들이었다. 따라서 다른 이들보다 더욱 개혁지향적일 수밖에 없었다.[75] 이 당시 변화나 개혁이란 유교적 옛 가치와 관행을 부정하는 행위였기 때문에, 유교적 신념체계와 풍습을 '이방적인 것', '악한 것'으로 비록 단순하게 취급하였지만, 이러한 기독교인들의 태도는 초기 기독교인들의 개혁 의지를 더욱 전투적이게 만들었을 뿐만 아니라, 개혁운동을 더욱 촉진하고 가속화하는데 기여하였다.

사실 초기 조선 기독교인들은 선교 활동과 사회개혁 운동을 동일한 것으로 보았다. 이러한 주장들은 당시 이 종교공동체가 발간한 「죠선 크리스도인 회보」나 「그리스도 신문」 그리고 「독립신문」과 「대한매일신보」에 빈번히 나타나고 있다. 개화 운동에 앞장섰던 윤치호도 기독교 선교 활동과 사회정치개혁 운동을 따로 떼어 보지 않았다.[76] 초기 조선 기독교인들은 기독교를 단순히 하나의 종교로만 수용하지 않았고, 19세기 말 서양 기독교 국가들이 보여준 '힘과 부의 근원'으로 보고 받아들이기도 하였다.

초기 선교사들과 조선 기독교인들은 기독교 선교를 위하여, 또한 유교적 조선을 개혁하기 위하여 학교를 세우고 병원을 열었으며, 그 밖에 여러 사회문화사업을 펼쳤다. 칼뱅주의 구학파의 추종

쪽에 기댐.

75) 나의 영문 저서, *Protestantism and Politics in Korea*, 첫째와 넷째 마당을 볼 것.

76) 『윤치호일기』 1889년 3월 30일(한글), 1893년 4월 18일(영문), 1890년 5월 18일(영문) 외에도 그의 여러 곳을 볼 것.

자로서 선교사들이 채택한 선교 방법과 전략 또한 유교적 조선의 밑바탕을 뒤흔드는 것이었고, 그 결과 역시 혁명적 변화를 몰고 왔다. 이를테면, '네비우스 방법'은 상민, 부녀자, 젊은이들과 같이 유교적 조선 사회에서 천대받고 무시되어 온 계층을 주된 선교 대상으로 삼았는데,[77] 봉건적이고 유교적인 신분 구별과 차별이 만연하던 조선 사회에서 아무리 효과적 선교를 위한 잔꾀라 하더라도, 하층민을 주된 대상으로 삼겠다는 그 발상 자체가 혁명적이기도 하거니와, 또한 이들과 손쉽게 교섭하기 위해 지배계층의 글인 어려운 한문을 되도록 피하고 민중의 글, 한글을 사용했다는 것도 눈여겨보아야 할 대목이다.

하여튼 바로 이러한 선교 전략과 방법으로 신분 차별이 엄존하던 조선사회에서 하층민들이 새 종교공동체에 먼저 들어와 신식교육을 비롯해 신식의료나 사회봉사를 받게 되었다. 칼뱅주의 구학파에 영향받은 초기 선교사들이 비록 선교의 효과만을 노린 전략이었다 하더라도 하층민을 선교의 주대상으로 삼아 새 교육을 먼저 받게 하고 교회를 이끌도록 훈련시켜, 하층민들이 이 새 공동체를 통하여 당시 일어나고 있던 여러 사회정치 운동의 지도자로 떠오르게 되는 결과를 낳았다. 이른바 신분 차별적 조선 사회에서 신분 타파는 물론 하층 신분의 사회적 상승 이동이 이 종교공동체를 통해

---

77) 이 선교 방법에 대한 자세한 논의를 보기 위해서는 Charles Allen Clark, *Korean Church and the Nevius Method* (New York: Fleming H. Revell, 1928)을 볼 것.

이루어지고 있었던 것이다.[78]

5. 꼬리글

구한말, 교회공동체와 개혁운동은 깊이 맞물려 있었다. 신분 차별적 조선 사회에서 짓눌려 살아온 하층민과 양반이었으나, 소외되어온 적은 수의 지식계층, 다시 말해서 반유교적인 조선사람들이 이 새 종교 안으로 발을 들였다. 그러니까 당시 교회는 개혁지향적일 수밖에 없었다는 말이다. 더욱이 전투적 칼뱅주의 구학파의 신학을 가진 당시 교회는 조선 사회와 맞닥뜨리지 않고, 그 사회의 이념적 바탕인 유교적 가치와 관행들, 이를테면, 제사, 축첩, 남녀차별, 반상(班常) 차별 따위와 당시 조선 사회에 만연한 '술 마시고 담배 피우며 노름하는' 풍조들을 '이방적인 것', '악한 것', '비기독교적인 것'이라 하여 타파하려는 조선의 개혁세력과 기독교인들의 개혁 의지를 종교적 사명으로 승화시키는 역할을 하였다. 칼뱅주의 구학파의 신학에서 영향받은 선교사들은 완전한 '기독교화'를 위해 이 종교공동체로 들어오는 조선사람들에게 옛 가치, 옛 삶, 옛 습관을 완전히 포기할 것을 요구하였을 뿐만 아니라 이들을 새 (기독교) 윤리로 무장된 '새 사람'으로 거듭나게 훈련했다. 이러한 조선 기독교인들은 조선 사회의 기독교화라는 사명의식을 갖게 되어 교

78) 나의 영문 저서, *Protestantism and Politics in Korea*, 셋째 마당을 볼 것.

회 울타리 밖으로 나가 여러 사회정치 운동을 주도하였다. 그들에게 선교 활동은 개혁 운동과 다른 것이 아니었다.

그래서 당시 교회는 서서히, 그러나 지속적으로 성장하였다. 이 종교공동체의 성장이란 칼뱅주의 구학파의 영향을 받은 기독교인들의 성장이고, 또 전투적으로 유교적 조선을 개혁하려는 진보적 개혁세력의 확대를 뜻한다. 19세기 미국에서 그리고 1970년대와 80년대 우리 사회에서 칼뱅주의 구학파의 신학에 터한 교회들이 사회구조악을 뿌리 뽑고 사회정의를 이루는 일에 기독교인이 적극 참여해야 한다고 주장하는 '사회복음'을 이단시한 것과 달리, 구한말 칼뱅주의 구학파에 영향받은 교회는 진보적 사회정치 개혁운동을 적극 펼치고 나왔다. 구한말의 여러 진보적 개혁운동이 이 종교공동체에 조직적으로, 이념적으로 기대어 펼쳐졌다.

구체적으로 말하면, 구한말 미국 선교사들이 조선에 전해준 신학이란 칼뱅주의 구학파와 청교도적 경건주의였다. 이러한 신학을 신봉한 초기 선교사들과 조선 기독교인들은 유교적 사회를 뿌리째 흔들어 하늘나라와 같은 새 사회, 기독교 국가를 세우고자 하였다. 새 신자를 얻을 때마다 이전에 가지고 있던 유교적 가치와 관행을 포기하고 기독교적 신념 체계와 윤리대로 살 것을 초기 선교사들은 요구하였다. 기독교 울타리 안에서, 특히 당시 미국에서 사회정치 현실에 무관심하고 개인구원만을 가르친 칼뱅주의 구학파의 신학이 구한말 조선이라는 특수한 역사적 콘텍스트에서는 1970년대와 80년대의 칼뱅주의 구학파처럼 현실 문제에 등을 돌리게 하는 신학으로 기능한 것이 아니라, 진보적 개혁과 변화를 추구하는 정치사회개혁 운동의 이념으로, 말하자면 하나의 '정치신학'으로 기능하였던 것이다. 바로 그때가 유교적 조선을 개혁하려는 움직임이 활발하였고, 유교적 사회에서 천대받던 조선사람들과 유교적 조선을 개혁하려는 이들이 이 종교공동체에 들어와 이 신학과 신앙을 갖게 되었기 때문이다.

이것이 역사의 아이러니다. 그리고 역사를 읽는 재미가 여기에 있다. 역사는 텍스트와 콘텍스트 그리고 그 텍스트를 접한 이들이나 집단이 함께 빚어 만들어내는 한 편의 드라마와 같다. 그러니까 단선적 혹은 단정적 역사 읽기는 역사를 잘못 인식하는 것이며 '사상의 사회사'를 왜곡할 수 있다. 복잡다단한 역사의 결과 무늬를 잘 살피고 헤아려 그 안에서 의미를 찾아내는 것이 역사학자의 업무이기에, 실증의 역사학을 넘어 설명의 역사학으로 우리는 나아가야 하는 것이다.

* 이 글의 앞부분은 박정신이 쓴 "한국 개신교 성장에 대한 역사학적 설명 시도," 「기독교사상」 364호(1989년 4월), 102-120쪽에서, 뒷부분은 "구한말 조선에 온 칼뱅주의 구학파-그 역사변혁의 파괴력," 「현상과인식」 33권 3호(2009년 9월), 166-180쪽에서 따와 엮었다.

일제강점기 기독교와 민족운동
— 그 맞물림과 엇물림의 사회사

1. 머리글

우리 역사학계에서는 기독교와 민족운동을 이어 보려는 노력에 인색하다. 초월적 보편주의를 지향하는 기독교와 특수한 우리의 민족운동 사이에 있을 수도 있는 이념적, 조직적 이음새를 아예 보려고 하지 않는다. 우리 민족운동사에 숱하게 등장하는 기독교인들을 보면서도 말이다. 한국의 역사학자들은 기독교인들이 그들의 신념체계와는 관계없이 조선사람들로서 민족운동에 참여한 것으로 간단하게 취급한다. 기독교라는 보편종교와 민족주의라는 특수주의가 서로 이어질 수 없다는 '도식적인' 역사 인식을 가지고 있기 때문이다. 이러한 시각으로는 우리 역사의 특수한 마당에서 우

리 민족과 기독교가 뒤엉켜 씨름하면서 엮어놓은 그 '특수한 역사'를 읽어낼 수가 없다.[1)]

우리는 보편주의적 종교의 신념을 가지고 특수주의적 민족주의에 대항한 여러 역사적 사실을 지나치지 않는다.[2)] 기독교 목사 본회퍼(Dietrich Bonhoeffer)가 나치 독일의 인종주의적 민족주의와 치열하게 맞선 신념이 바로 보편종교인 기독교의 가르침과 이어져 있다.[3)] 일본제국이 천황숭배를 골간으로 하는 국가주의를 내세울 때 무교회(無敎會)운동으로 유명한 우치무라 간조(內村鑑三)는 이를 온몸으로 거부하였다. 이른바 1891년에 일어난 '불경사건'(不敬事件)은 초월적이고 그래서 보편적인 기독교 신앙에서 나온 그의 신념과 이어져 있다.[4)] 이처럼 민족주의나 국가주의가 보편종교와

---

1) 나의 글, "기독교와 한국역사 — 그 만남, 물림 그리고 엇물림의 사회사," 유동식, 『기독교와 한국역사』 (서울: 연세대학교 출판부, 1997), 161-214쪽을 볼 것. 이 글은 나의 논문집, 『근대한국과 기독교』 (서울: 민영사, 1997), 181-235쪽에도 실려 있음. 그리고 나의 영문 저서, *Protestantism and Politics in Korea* (Seattle and London: University of Washington Press, 2003), 첫째 마당과 넷째 마당도 볼 것.

2) 윗글, 서론을 읽을 것.

3) 나는 다음 글에 크게 기대었다. Kenneth M. Wells, *New God, New Nation: Protestants and Self-Reconstruction Nationalism in Korea, 1896~1937* (Honolulu: University of Hawaii Press, 1990), 서론을 볼 것. 웰스에 대한 나의 비판을 보기 위해서는 *Korean Studies,* 17집(1993), 157-160쪽과 "K. Wells, 새 하나님, 새 민족: 한국기독교와 자기 개조 민족주의, 1896~1937," 「해외한국학평론」 창간호(2000), 247-266쪽을 볼 것.

4) 우찌무라 간조의 지성 구조에 대한 상세한 논의는, 박영신, "우찌무라 간조오의 지성구조 — 이에나가 사브로오의 해석적 견해에 대한 비판적 인식," 「인문과학」 37권(1977년 6월), 201-220쪽; 케네스 파일/박영신 · 박정신 옮김, 『근대일본의 사회사』 (서울: 현상과인식, 1993)의 덧붙인 글 II, 259-310쪽도 볼 것.

서로 엉킬 수 없다는 주장을 뒷받침해주는 역사적 사건과 사실들이 여럿 존재한다.

그럼에도 불구하고 우리는 이러한 시각과 결론을 모든 경우에 도식적으로 적용하려는 태도를 경계해야 한다. 보편주의적 종교의 가르침과 특수주의적 민족주의 또는 국가주의가 서로 '결연'(alliance)하거나 '융합'(fusion)된 경우도 숱하게 있기 때문이다. 이를테면, 중동의 역사에서는 이슬람이라는 보편종교와 아랍민족주의가 어우러져 탄생한 '이슬람 민족주의'가 있다. 폴란드에서는 가톨릭과 민족주의가 손잡고 '솔리다리티'(Solidarity)운동을 낳았다. 필리핀에서는 신부 아글리페이(Gregorio Aglipay)를 따르는 아글리파얀(Aglipayan, 필리핀 독립교회)과 민족주의가 얽힌 역사도 우리는 읽는다. 이처럼 보편종교와 민족주의가 공동의 목적을 가질 수 있는 역사적 상황에서는 서로 엇물리기보다 맞물리는 현상이 나타난 것이다. 식민지 상황이나 정치적 억압이 있는 경우에 특히 그러하다.[5]

그러나 식민 세력 또는 정치적 압제 세력 같은 공동의 '적'에 맞서 싸울 때도, 그 이유와 동기는 서로 다를 수 있고, 이 과정에서 각자 취하는 방법과 수단이 다를 수 있다. 다시 말해, 보편주의적 종교와 특수주의적 민족주의가 결연하거나 융합된 경우라도 둘 사이에는 항상 긴장이 있다는 말이다.[6] 종교적 민족주의자들의 행동이나

5) Kenneth M. Wells, 윗글, 서론, 특히 2-5쪽을 볼 것.

6) 윗글, 5-8쪽.

동기 그리고 수단이나 방법은 비(非)종교적 민족주의자들의 것과 다를 수 있다. 이러한 차이 때문에 섣불리 그들을 비(非)민족적이라든가 반(反)민족적이라고 규정해서는 안 된다. 역사에는 정치적 민족주의가 있는가 하면, 문화적 민족주의도 있고, 경제적 민족주의가 있는가 하면, 종교적 또는 윤리적 민족주의도 있다. 국수주의적 민족주의도 있고, 자기 성찰적 민족주의도 있다.[7] 그래서 한국민족주의를 연구하는 로빈슨(Michael Robinson)도 "민족주의란 아주 넓고 포괄적 개념"이라고 하였다.[8] 이러한 열린 시각과 포괄적인 인식 태도를 지닐 때 비로소 우리의 민족운동 또는 민족주의의 다양함을 읽을 수 있다. 그래서 이 글에서 나는 우리 학계가 보지 못한 또는 보지 않으려는 기독교와 우리 민족운동 사이의 꼴과 결을 살피려고 한다.

이를 위하여 먼저 구한말 최대의 조직적 사회운동이었던 독립협회운동과 기독교의 이음새를 논의할 필요가 있다. 독립협회운동에 대한 연구는 우리 학계에서 비교적 활발하였고 또 지금도 그렇지만, 기독교와의 이음새에 충분히 주목하지 않아 이 운동의 사회사적 실체가 뚜렷이 밝혀지지 않은 상태다. 그런 까닭에 기독교가

---

7) 우리의 민족주의 논의에 있어서 유연하고 열린 시각이 필요하다는 논지를 보기 위해서는 나의 글, "실력양성론 — 이념적 학대를 넘어서,"「한국사 시민강좌」 25집(1999년 8월), 41-66쪽을 볼 것. 이 글은 나의 논문집,『한국 기독교사 인식』(서울: 혜안, 2004), 95-124쪽에도 실려 있다.

8) Michael Edson Robinson, *Cultural Nationalism in Colonial Korea, 1920~1925* (Seattle and London: University of Washington Press, 1988), 8-13쪽, 특히 8쪽에서 따와 옮김.

도대체 어디에 어떻게 있다가 1919년에 갑자기 역사의 표면에 나타나 3·1운동의 조직기반이 되고 주도세력이 되었는가 하는 궁금증을 충분히 풀어주지 못했다. 특히 3·1운동이 전국적인 규모에서 동시다발로 일어난 대중운동임을 생각할 때, 3·1운동의 조직 기반, 대중 연락망, 지도부 및 운동원의 확보가 어떻게 이루어졌는지에 대한 입체적 인식에도 어려움이 있었다.

2. 구한말, 맞물림의 꼴과 결

독립협회운동에 관한 우리 학계의 대표업적은 신용하의 『독립협회연구』(獨立協會硏究)이다.[9] 이 연구는 방대한 자료를 두루 살펴 독립협회와 그 운동에 관한 역사를 체계적으로 인식하려고 한, 보기 드문 역작이다. 특히 신용하는 우리 학계에서 습관화된 자료의 짜깁기 작업을 넘어서 당시 우리 학계에 생소한 사회사의 시각과 방법으로 복잡한 역사 현상을 '해석'하고 '설명'하려고 했다. 그의 이 역작은 그 이후 독립협회와 이와 관련된 주제를 연구할 때 반드시 읽어야 하는 '고전'이 되었다. 그러나 출간 이후 상당히 오랜 시간이 흘렀기에 그 책은 오늘을 사는 이들의 역사적 궁금증을 풀어주기에 미흡하다. 그래서 역사는 끊임없이 다시 쓰여야 하는 것

9) 독립협회 운동에 대해서는 '고전'이 된 신용하의 『獨立協會硏究』(서울: 일조각, 1976)를 읽을 것.

이다.

우리 학계에 사회사적 시각과 방법론을 소개하고 이 분야를 개척하는데 분명 다른 이보다 앞서 있었던 신용하는 사회사학자들이 기피하는 추상적 용어를 사용, 복잡한 역사 현상을 설명하고자 하였다. 이를테면, 독립협회가 고급 관료들을 비롯한 당시의 엘리트들의 사교클럽으로 태동했다고 말하면서, 토론회를 개최하여 일반 대중의 참여를 유도한 지식인들을 거론하며 "신지식층"이니 "동류의 사회의식을 가진 다수의 민중"이라는 용어를 사용하였다.[10] 또 이 '신지식층'을 밝히기 위해 기독교인 그룹과 개신유학자 그룹으로 분류해 언급하였다. 그러나 이 '신지식층'이 배경으로 삼은 집단과 어떻게 이념적, 조직적으로 이어져 있는지는 그려내지 못했다. 특히 '동류의 사회의식을 가진 다수의 민중'과 관련해, 도대체 그들이 누구이고 무엇을 통해 깨어나서 이 협회 활동에 참여하게 되었는지에 대한 사회사적 설명을 생략하고 있다. 그래서 그의 연구는 추상적 용어를 사용하여 독립협회운동을 설명해야 했던 것이다.

독립협회 지부 설치 과정을 서술할 때도 마찬가지다. 그의 『독립협회연구』에 의하면, 독립협회는 1889년에 공주, 평양, 선천, 의주, 강계, 북청, 대구, 목포 등 여덟 곳에 지부를 설치하였다.[11] 첫 번째로 설치된 공주 지부는 중앙 간부이자 친기독교계 인사인 이상재와 지석영이 자기들 고향 지방에 지부가 조직되어야 한다는 요청

10) 윗글, 81-112쪽을 볼 것.

11) 「독립신문」 1989년 10월 1일도 볼 것.

에 의해 설치되었고, 나머지 7개 지부는 그 지방에 사는 이들로부터 열화와 같은 설치 요청이 있어 이루어졌다고 밝히고 있다.[12)]

그렇다면, 도대체 이 지방 도시들에서 누가 서울에서 펼쳐지는 독립협회운동에 대해 들어 알고 있었는가, 또 이 협회가 품고 있는 개혁의 뜻에 심정적으로 동조할 뿐만 아니라 이를 적극적으로 펼쳐 보려는 이들은 누구였는가 등의 질문으로 이어져야 한다. 이에 더하여, 부산이나 인천 또는 대전이나 광주와 같은 다른 지방 도시에 사는 이들이 아니라 왜 하필 위의 지방 도시에 사는 이들이 유독 독립협회 지부 설치를 '열화와 같이' 요청하였는가도 물어야 한다. 이에 대한 대답이 바로 '동류의 사회의식을 가진 다수의 민중', 곧 깨어난 민중의 실체를 밝히는 것이 될 터이다. 다시 말해, 독립협회의 조직적 바탕을 밝히는 관건이 여기에 있다.

지금까지 나온 연구나 자료에 의하면, 지부가 설치된 여덟 곳 가운데 공주를 제외한 나머지 일곱 곳은 유독 기독교가 급성장하던 지방이나 도시였다. 평양, 의주, 강계, 선천은 이른바 서북지방, 즉 당시 조선의 기독교 교세가 집중된 지역들이다. 교회의 수도 그렇고 기독교 계통 학교의 수도 전체의 거의 절반이 이 서북지방에 집중되어 있었다. 대구(경상도), 북청(함경도), 목포(전라도)도 마찬가지로 기독교가 급성장하던 도시였다.[13)]

---

12) 신용하, 윗글, 88, 93-95쪽 및 106-107쪽.

13) 이 지방의 기독교 성장에 대해서는 이광린, "개화기 관서지방과 기독교,"『한국개화사상연구』(서울: 일조각, 1979), 239-254쪽과 서명원/이승익 옮김,『한국장로교성장사』(서울: 대한기독교서회, 1975), 4장과 5장을 볼 것.

그때의 기독교는 각별한 '역사적 상황'과 맞물려[14] "개혁적 조선사람들"[15]의 공동체로 자리 잡아가고 있었다. 봉건적 신분사회에 살면서도, '하나님 앞에서 모두가 평등하다'는 새로운 가르침을 받아 양반과 상민이, 남자와 여자가 그리고 어른과 어린이가 동등하다고 믿고, 한곳에 모여 종교의식과 행사를 함께했다. 이들은 새 종교를 수용하면서 대다수 조선사람들이 따르던 유교적 가르침과 습속 따위와 결별하기로 '고백'한 용기 있는, 그러나 심리적, 사회적으로 외로운 '개혁적' 무리였다.[16] 그러니까 당시 기독교의 성장이란 이러한 개혁적 조선사람들의 조직 공동체가 확대되어 갔다는 뜻이다.

이 개혁적 조선사람들은 당시 대다수 조선사람들과 달리 '새로운 정치'를 경험하고 이에 필요한 정치 기술을 습득한 무리였다. 교회와 선교학교 및 선교기관에서 예배, 기도회, 성경공부 모임, 연설회, 토론회와 같은 공중집회와 청년회, 학생회, 전도회, ○○위원회와 같은 자치활동을 통해 대표로 성경을 읽거나 기도하거나 찬송을

---

14) 상세한 설명은 나의 글, "한국 개신교 성장에 대한 역사학적 설명 시도,"「기독교사상」 364호(1989년 4월), 102-120쪽을 볼 것.

15) 사회학자 박영신은 선교 초기 기독교공동체에 들어온 사람들의 성향이 '개혁적'이었다고 밝힌다. Yong-shin Park, "Protestant Christianity and Social Change in Korea," Ph. D. Dissertation (University of California, Berkeley, 1975), 특히 1장과 2장을 볼 것.

16) 상세한 설명은, 나의 글, "구한말 조선에 온 칼뱅주의 구학파 — 그 역사변혁의 파괴력,"「현상과인식」 33권 3호(2009년 9월), 166-180쪽을 볼 것. 이 글은 또 박영신(들),『칼뱅주의 논쟁: 인문사회과학에서』(서울: 북코리아, 2010), 215-234쪽에도 실려 있다.

인도하는 등 대중 앞에 서는 훈련을 받았다. 또한 토론이나 연설의 기술을 터득하고, 회의나 모임을 만들고 이끄는 능력과 기술을 배웠다. 특히 여러 자치기관의 활동에 참여하며 회장을 비롯한 간부를 뽑고, 또 간부로 뽑혀 활동하는 이른바 민주스러운 정치 경험을 하였다. 우리가 아는 바와 같이 윤치호가 *Pocket Manuel of Rules of Order for Deliberative Assemblies*를 조선말로 옮긴 것도 이즈음의 일이다.[17] 당시 기독교인들은 이러한 종교의식, 행사, 활동을 통하여 대중 앞에서 연설이나 토론을 할 수 있고, 어떤 모임을 조직하며 운영하는 능력과 기술을 체득한 이들이었다.[18]

그러니까 이때의 새로운 교육운동, 문화운동, 사회정치운동이 이 종교공동체 안팎에서 펼쳐진 것은 너무도 당연한 일이다. 그런데도 신용하의 『독립협회연구』는 이러한 역사적 맥락을 인식하지 않고서 독립협회운동을 따로 떼어 설명했다. 그래서 왜 하필이면 (공주 이외의) 7개 도시 사람들이 지부 설치를 요청했는지, 그들이 도대체 누구인지를 밝히지 못했다. 그러나 역사적 맥락을 고려하면, 당시 '개혁적 조선사람들'이 모이던 기독교공동체가 왕성히 뿌

---

17) 윤치호가 조선말로 옮긴 『의회통용규칙』은 이 땅 최초의 근대적 '말하기' 교본으로, 독립협회의 의회설립운동이 본격적으로 전개되기 시작한 1898년 4월에 출간되었다.

18) 비기독교인들이 기독교인들을 향해 '예수쟁이 말쟁이' 또는 '예수쟁이들이 말은 잘한다'고 빈정대는 것은 구한말부터 생겨나지 않았나 생각한다. 이미 그때부터 '예수쟁이들'은 교회 안팎의 활동을 통해 가족 울타리 밖의 사람들과 접촉하고 함께 활동했는가 하면, 본문에 나오듯이 대중 앞에 서서 연설하고 토론하는 경험을 했기에, 당시 조선의 어느 무리보다도 '말 잘하는 이들'로 각인되었을 것이다.

리 내리고 가지 쳐 나가던 지역들에서 독립협회 지부를 설치해달라는 요청이 활발하였음을 알 수 있다.

독립협회운동이 민중을 끌어들이고 깨우친 매개가 토론회였는데, 이것도 서울에서 기독교계 학교인 배재학당이 처음 실시하였고, 뒤에 독립협회를 통해 지방으로 확산되었다. 서울 밖에서 최초로 토론회가 시작된 곳이 황해도 소래(혹은 솔내, 松川)였다는 사실은 결코 우연이 아니다.[19] 이 지역에는 일찍이 교회가 설립되어 있었기 때문이다.[20] 한 자료에 의하면, 독립협회 관서지부는 길선주, 안창호를 비롯하여 17명의 평양 기독교 지도자들에 의하여 설치되었다. 지부 설치 기념대회에는 수천 명의 군중이 모였고, 길선주와 안창호가 연설을 하였으며, 참석자 대다수가 기독교 신자들이었다.[21]

독립협회의 중앙지도부를 움직인 서재필, 윤치호, 이상재, 남궁억, 이승만 등이 기독교인이라는 사실은 널리 알려져 있다. 이 독립협회 지부가 다른 지역이 아니라 하필이면 평양, 그러니까 '동양

---

19) 「협성회보」 1898년 1월 8일.

20) 김양선은 존 로스 목사의 1885년도 선교보고서를 근거로 소래교회가 네 번째 교회라고 밝힌다. 이 보고서는, 앞서 서간도 집안현 한인촌에 첫 교회가 세워진 이래, 한성과 의주, 소래에도 예배처소가 생겼다고 말한다. 김양선, "Ross Version과 韓國 Protestantism", 「백산학보」 3호(1967년 11월), 442쪽; 이러한 김양선의 시각에 대해 '대륙사관'이라고 이름 붙인 구미정의 글도 흥미롭다. 구미정, "김양선의 눈으로 본 '이 땅 최초의 교회'," 2016년 10월 8일 한국기독교역사문화학회 학술대회 자료집, 5-26쪽.

21) 김인서, "영계선생 소전", 「신앙생활」 (1933년 2월), 26-30쪽, 특히 27쪽을 볼 것.

의 예루살렘'(Jerusalem in the East)이라 일컬어지기도 하고 '조선 기독교의 성지'(the Holy City in Korea)라고도 불릴 만큼 기독교 성장과 활동이 왕성했던 평양에서[22]기독교 신자들, 곧 '동류의 사회의식을 가진 다수의 민중'에 의해 설치되었다면, 평양과 비슷하게 기독교가 놀라운 성장을 보인 서북의 선천, 강계, 의주와 함경도 북청, 전라도 목포, 경상도 대구 등에서 독립협회 지부가 설치된 것도 기독교공동체 때문이었다고 보는 것이 마땅하다. 기독교가 왕성한 이 지방 도시 사람들이 다른 지방 사람들보다 먼저 독립협회운동을 받아들였다는 것은 이들이 교회와 교회가 세운 학교를 통해 다른 이들보다 더 빨리 근대 문물을 접하고 사회적, 정치적으로 더 일찍 깨어났음을 뜻한다. 바로 여기서 우리는 당시 기독교공동체와 조선의 개혁세력과의 이음새를 읽게 되는 것이다.

황국협회나 보부상들이 독립협회의 대중시위를 탄압할 때도 교회와 선교학교가 독립협회의 '장귀'(長鬼)라고 지적하였다.[23] 심지어 일본공사관 기록마저 독립협회와 기독교공동체를 이어서 바라보았다.[24] 독립협회운동보다 조금 늦게 황해도 안악에서 교육운동, 사회운동에 참여한 최명식의 회고에 따르면, 당시 조선사람들

---

22) 나의 영문 저서, *Protestantism and Politics in Korea*, 첫째 마당과 넷째 마당을 볼 것.

23) 이만열, 『한국기독교와 민족의식』(서울: 지식산업사, 1992), 237쪽. 나의 박사학위논문(1987)과 연구비평글인 "한국현대사에 있어서 개신교의 자리"(1989)가 나온 이후이지만, 이만열도 신용하의 독립협회 연구에서 기독교가 빠져 있다는 비판을 제기하였다. 윗글, 17쪽.

24) 윗글, 같은 쪽을 볼 것.

이 새 문물을 접하고 사회, 정치, 문화 따위를 논의하기 위해 쉬이 모일 수 있는 곳은 교회나 교회 계통의 학교밖에 없었다.[25] 이 시기에 기독교공동체는 나라를 개혁해 부강하게 만들려는 개혁운동의 중심이었다. 구한말 기독교와 조선의 개혁적 정치세력은 이렇게 맞물려 함께 성장해갔다.

3. 일제강점 초기, 맞물림의 꼴과 결

그러다가 1905년 을사늑약과 1910년 강제병합으로 조선은 일본의 식민지가 되었다. 이즈음 기독교는 조선 최대의 조직 공동체로 떠올라 있었다. 1910년만 해도 기독교와 이어진 각종 학교가 832개에 달했으며, 이 학교에서 가르치고 운영하는 교직원이 수천 명에 이르렀다.[26] 1914년에는 장로파와 감리파만 따져도 1,688명의 성직자와 20만 명의 신도 그리고 2,300여 곳의 예배 처소가 있었다.[27] 특히 최대 교파인 장로교는 1907년 독노회(獨老會)를 조직, 전국에 널리 퍼져 성장하고 있던 장로교회와 관련 기관을 하나의 정치·행정 조직체로 묶고, 조선교회 지도자들이 운영에 참여하도

---

25) 최명식, 『안악사건과 삼일운동과 나』 (서울: 긍허전기편찬위원회, 1970), 14-17쪽.

26) 다와라 마고이치, 『한국교육현황』 (경성: 조선총독부학부, 1910),

27) T. Stanley Soltau, *Korea: The Hermit Nation and Its Response to Christianity* (London: World Dominion Press, 1932), Appendix Ⅳ, 114쪽.

록 하였다.[28] 그런가 하면 기독교는 신문과 잡지를 발행하여 구성원의 응집력을 높이고 밖으로 그 영향력을 넓혀 가는 한편, 이른바 '부흥운동'으로 또다시 급상승 곡선을 그리며 성장해, 조선 최대의 조직 공동체로 자리 잡게 되었다.

조선이 일제의 식민지가 되자, 기독교는 단순히 종교공동체로만 머물러 있을 수 없었다. 익히 알다시피, 병탄과 함께 시작된 무단통치로 인해 조선사람들은 종교활동 외에는 집회, 결사, 언론 등 기본 자유를 송두리째 빼앗겼다. 이러한 상황이 전개될 때 교회는 나라 잃은 조선사람들이 쉬이 모일 수 있는 곳, 서로 만나 아픈 마음을 달래주는 곳, 국내외 상황에 대한 여러 정보를 교환하는 곳, 식민통치의 굴레를 벗어나고자 하는 여러 사회정치 운동의 모의처나 연락망으로 기능하게 되었다. 병탄 전 개혁세력의 조직 공동체 역할을 했던 기독교가 이제는 반일(反日) 세력의 조직 공동체 기능을 하게 된 것이다. 기독교의 조직, 가르침, 활동, 프로그램 등이 한국 근·현대사 연구에서 가볍게 취급되지 말아야 할 이유가 또한 여기에 있다.

지금과 마찬가지로 그때의 기독교는 일요일 낮예배와 저녁예배는 물론 수요일 저녁기도회와 매일 새벽기도회 등 일주일에 적어도 열 차례나 모일 수 있는 프로그램을 가지고 있었다. 이에 더하여 인근 지방의 신도들이 함께 모여 부흥회를 열거나 사경회를 열기도

---

28) George L. Paik, *The History of Protestant Missions in Korea: 1832~1910* (Seoul: Yonsei University Press, 1971), 387-391쪽; Allen D. Clark, *A History of the Church in Korea* (Seoul: The Christian Literature Society, 1971), 172-177쪽을 볼 것.

했다. 사회정치 조직과 활동이 철저히 금지당하고, 심지어 서너 명만 모여도 감시당해야 했던 조선사람들이 비록 예배니 기도회니 성경공부니 하는 명목으로 모였다 하더라도, 그 모임 자체가 정치적 의미를 지닐 수밖에 없는 상황이었다.

기독교 신자들은 일주일에 열 차례나 교회에 모여 "믿는 사람들은 군병 같으니," "십자가 군병 되어서 예수를 좇을 때," "십자가 군병들아 주 위해 일어나"와 같은 전투적인 찬송가를 힘차게 불렀다.[29] 이들은 또한 이스라엘 민족이 애굽(이집트)의 노예가 되었다가 해방된 것, 블레셋과 같은 강력한 이웃 족속에 둘러싸여 고난받은 것, 바빌론 제국에 포로로 붙잡혀 갔다가 풀려난 것, 이러한 역사를 기록한 구약성경과 '새 하늘과 새 땅'이 열릴 그 날을 예언한 요한계시록을 반복해서 읽었고, 또 이에 바탕한 설교를 들었다. 그러면서 이 이야기들의 의미를 조선의 상황과 이어서 새겨 나갔다. 「출애굽기」를 가르치기 위해 쓰인, 당시 주일학교 교본의 머리글을 따와 보자.

> 일본이 조선에서 악의 세력이듯이 애굽은 이스라엘의 악의 세력이었습니다. 이스라엘 사람들이 악과 그 세력을 알게 된 것처럼 지금 조선사람들이 악의 본질을 깨우쳐 가기 시작했습니다.[30]

---

29) Arthur K. Brown, *The Mastery of the Far East* (New York: Charles Scribner's Sons, 1919), 569쪽.

30) W. L. Swallen, *Sunday School Lesson on the Book of Exodus* (Seoul: Religious Tract Society, 1907), 4쪽; Kim Yong-bock(엮음), *Minjung Theology-*

왜 당시 교회가 조선사람들에게 「출애굽기」를 가르치고자 하는지를 설명하는 이 머리글은 일본을 애굽과 같은 '악의 세력'으로 그리고 조선을 이스라엘과 같은 '선의 세력'으로 대비시키고 있다. 우리가 익히 알고 있듯이, 「출애굽기」는 애굽의 노예가 되었다가 해방된 이스라엘 민족의 이야기이다. 조선 민족을 이들과 같은 '선의 세력'으로 자리매김해 '출애굽'의 소망을 갖게 하려는 뜻이 이 글귀 뒤에 깔려있다. 당시 기독교 신자들은 그리스도를 전쟁터의 대장으로, 성령을 검으로, 하나님께 대한 믿음을 방패로 여기며 교회를 중심으로 삶을 꾸려갔다.[31] 이처럼 해방과 소망의 상징과 언어들, 전투적 노래와 어투로 가득 차 있던 곳이 당시 기독교공동체였다.

종교적 보호벽이 필요했던 조선 민족주의자들이 이 종교공동체에 모여들고, 또 이들이 민족지도자로 떠오르면서 기독교는 더욱 성장하게 된다. 조선사람들도 이 종교공동체에 큰 기대를 걸기 시작했다. 종교 자체를 무척 싫어했던 신채호가 기독교만큼은 긍정적으로 평가한 것이 그 보기다.[32] 3·1운동 이후 공산주의자가 되었던 김산(장지락)의 말은 당시 조선사람들이 얼마나 기독교에 기대를 걸고 있었는지를 잘 보여준다.

People as the Subject of History (Singapore: The Christian Conference of Asia, 1981), 104쪽에서 다시 따와 옮김.

31) 「대한매일신보」 1908년 2월 12일.

32) 신채호, "이십세기 신국민," 단재신채호전집편찬위원회, 『신채호전집』 별집 (서울: 형설출판사, 1977), 212-213쪽.

> 기독교공동체는 조선 독립의 어머니가 될 것이다. 조선에서 기독교는 부흥운동으로 나타나지만, 그것은 단순히 영적 종교기관이 아니다. 종교의 이름으로 수많은 위대한 역사적 사건을 일으켰던 것이다.[33]

조선사람들이 기독교에 거는 기대가 치솟아 가자, 일제 식민통치 세력은 이 종교공동체를 옥죄기 시작하였다. 교회 계통 학교의 교육과정을 검열하고 교육 내용을 점검하였다. 이 학교들을 아예 '불온사상'을 가르치는 '정치학교'로 간주하며 교과서를 '정치적 선전 책자'로 규정하고, 기독교공동체 안팎에서 펼쳐지는 '정치교육'이 사회의 안녕과 질서를 파괴하고 있다고 선동하였다.[34] 일제 식민통치세력의 한 비밀 정보보고서에 의하면, 그들은 기독교공동체를 반일독립운동의 "소굴"(巢窟)로 보았다.[35]

1908년 이토 히로부미의 미국인 고문 스티븐스(Durham W. Stevens)를 기독교인 장인환이 암살한 것, 을사늑약을 앞장서 추진한 이완용을 암살하기 위해 음모한 혐의로 1909년에 체포된 이재명을 비롯한 연루자들의 절반 이상이 기독교 청년이었다는 것은 개인 활동으로 볼 수도 있으니 여기서는 접어두자.[36] 그러나 3·1운동 이전에

---

33) Nym Wales and Kim San, *Song of Ariran: A Korean Communist in the Chinese Revolution* (San Francisco: Ramport Press, 1941), 75쪽에서 따와 옮김.

34) 다와라 마고이치, 『한국교육현황』,

35) 우치다 료헤이, 『희정원사』(熙政元事), 김정주(엮음), 『조선통치사료』 4권(동경: 한국사료연구소, 1970), 12-205쪽, 특히 120쪽을 볼 것.

36) 이른바 '이재명 사건'과 기독교와의 관계를 보기 위해서는 여러 글이 있으나, 이만열, "개신교의 선교활동과 민족의식," 「사학연구」 36호(1983년 3월),

기독교공동체와 반일독립운동 세력이 이념적, 조직적으로 이어져 생겨난 '신민회'(新民會)는 그냥 지나칠 수 없다.[37]

전덕기, 윤치호, 이동휘, 이동녕을 비롯한 기독교 지도자들과 반일 민족주의자들은 젊은이들을 교육한다는 구실을 내걸고 서울 상동교회에 이른바 '상동청년학원'을 열었다.[38] 1905년 보호조치 이후 일제에 의해 집회, 결사, 언론의 자유가 빼앗기자, 젊은이들이 학원에 간다는 핑계로 이곳에 찾아들었다. 이러한 접촉을 통해 1907년 신민회라는 비밀결사체가 조직되었다.

당시 조선사람들은 신민회를 과거 독립협회 세력이 다시 뭉쳐 생겨난 단체로 간주했다. 독립협회를 주도한 윤치호, 안창호, 이회영 등이 신민회의 중심인물로 활약했기 때문이다.[39] 여기서 흥미롭게 보아야 할 것은 이전의 독립협회운동이 지부 설치 등 지방으로 확산될 때 그랬듯이, 신민회 역시 기독교 지도자와 신도들이 교회와 교회 계통 학교 등을 연락망으로 삼아 회원을 모집하고, 지부를 결성해 나갔다는 사실이다. 이전의 독립협회운동처럼 신민회도 중앙 지도자들이 교회 지도자들이었고, 또 기독교 세력이 집중되어 있던 서북지방에서 유난히 활발하였다. 이 지역의 숭실학교, 일

191-219쪽, 특히 214-216쪽을 볼 것.

37) 신민회에 관한 대표적 연구로는, 윤경로, 『105인 사건과 신민회 연구』 (서울: 일지사, 1990)가 있다.

38) 상동청년학원에 대해서는, 한규무, "구한말 상동청년회의 성립과 활동"(서강대학교 사학과 석사학위논문, 1988)을 볼 것.

39) 윗글, 8-11쪽.

신학교, 양실학교 교사들과 학생들이 신민회운동의 지도자들이었고 회원들이었다.[40)]

일제 식민통치 세력은 신민회의 확장을 가만히 보고 있을 수 없었다. 조선민족의 최대 조직 공동체로 떠오른 기독교와 반일민족주의 세력 사이의 이음새를 끊기 위해 '신민회 사건'을 날조했다.[41)] 1910년 12월 안중근 의사의 종제로 북간도에서 독립운동을 하던 안명근이 황해도 신천 지역에서 독립운동 자금을 모집하던 중 평양역에서 체포되었다. 이를 구실로 일제는 서북지방과 서울 중심의 기독교공동체를 한데 엮어 '데라우치(寺內) 총독 암살모의' 혐의로 157명을 검거한 것이다. 체포된 사람들 가운데 122명이 기독교인이었다. 그중 105명에게 실형이 언도되어 '105인 사건'이라고도 불린다.

기독교와 반일독립운동 세력이 떼려야 뗄 수 없게 깊이 맞물려 있었다는 사실은 1919년 3·1운동에서 더욱 뚜렷이 나타난다. 널리 알려진 대로, 독립선언서에 서명한 이른바 33인의 민족 대표 가운데 16명이 목사, 장로를 포함한 기독교계 사람들이었고, 체포된 주동자들의 22퍼센트인 1,719명이 기독교공동체에 속한 이들이었다. 체포된 장로파 소속 신도들과 지도자들만도 무려 3,804명이나 된다.[42)] 이런 통계만 보아도 이 종교공동체가 독립운동과의 이음새

---

40) 윤경로, 『한국근대사의 기독교사적 이해』 (서울: 역민사, 1992), 31-32쪽.

41) 나의 영문 저서, Protestantism and Politics in Korea, 넷째 마당을 볼 것.

42) 국사편찬위원회 엮음, 『일제하 국삼십육년사』 제4권 (서울: 탐구당, 1969), 905-908쪽과 김양선, "삼일운동과 기독교," 고재욱(엮음), 『삼일운동 50주년

정도를 쉽게 포착할 수 있다.

그러나 우리는 이러한 수치가 있기까지의 역사에 더욱 흥미가 있다. 다시 말하면, 전국 규모의 대중운동으로서 3·1운동을 엮어낸 중앙지도부의 형성 과정은 어떠했고, 중앙지도부의 지방 시위세력과의 연락 및 연대는 어떻게 이루어졌으며, 어떤 조직과 연락망을 통하였기에 서울에서 촉발된 시위를 따라 거의 동시에 전국적으로 확산될 수가 있었는가 하는 사회사적 질문들을 던지고 싶은 것이다.[43] 이처럼 전국적 대중시위로서 3·1운동을 읽을 때 기독교와 독립운동 세력 사이의 맞물림이 더욱 밝히 드러난다.

첫째, 중앙지도부의 형성 및 운동 초기의 지도적 운동원 포섭에 신한청년단(新韓青年團)의 역할이 우선 눈에 띈다. 이 단체가 여운형, 김규식, 선우혁 등 신민회 사건 등으로 중국에 망명한 기독교계 인사들이 결성한 독립운동 단체라는 것은 이미 널리 알려져 있다. 국제정세에 밝은 여운형, 김규식 등은 제1차 세계대전 이후 펼쳐지는 국제정세를 읽고, 특히 유럽의 평화적 재편 과정에서 나온 윌슨 대통령의 민족자결주의 원칙에 고무되어 조선 민족도 독립의지를 국제사회에 천명할 적절한 시기가 왔다고 인식하게 된다. 신용하

기념논집』(서울: 동아일보사, 1969), 235-270쪽, 특히 264쪽을 볼 것; 장로파가 특히 많은 이유에 대해서는, 나의 글, "구한말 조선에 온 칼뱅주의 구학파 — 그 역사변혁의 파괴력"을 볼 것.

43) 3·1운동, 특히 평양과 서울에서의 준비과정 그리고 중앙 지도부가 형성되는 과정을 상세히 보기 위해서는, 파당적인 역사를 넘어 사회사적으로 접근한 나의 영문 저서, *Protestantism and Politics in Korea*, 4장을 볼 것.

에 의하면, 신한청년단은 국제정세를 관찰하고 또한 조선독립을 위한 국제사회의 지원을 얻기 위해 영어를 잘하는 김규식을 파리에 그리고 국내 운동을 위해 선우혁, 서병호, 김철 등을 국내로, 장덕수를 일본으로 비밀리에 파견하였다.[44] 기독교 신자이며 서북 기독교계와 깊은 관계를 가진 선우혁은 평양을 비롯한 서북지방에, 역시 기독교 신자이며 서울의 기독교계를 잘 아는 서병호는 서울에, 천교도와 밀접한 김철도 서울에 비밀리에 들어와 각기 맡은 지방의 종교 지도자들을 접촉하였다. 전국적인 대중시위를 위해서는 조직적 토대가 필수적이며, 이를 위해서는 조선사람들의 유일한 조직 공동체인 종교계 지도자들의 선도적 참여가 중요하다고 신한청년단 간부들은 간파하고 있었던 것이다.

서북지방에 밀파된 선우혁은 당시 조선 교계를 대표하는 길선주 목사, 양전백 목사, 이승훈 장로 등을 만나 국제정세를 설명하고 독립을 위한 전국적 시위운동에 앞장설 것을 설득했고, 이들은 이를 기꺼이 받아들여 이른바 민족대표로 독립선언서에 앞장서 서명하였던 것이다. 이후 선우혁은 길선주 목사의 주선으로 앞서 언급한 이승훈을 비롯한 이 지방 기독교계 중견지도자들인 변인서, 김도삼, 도인권, 김동원, 윤원삼 등을 접촉, 이들의 주도적 참여를 약속받았다.[45] 서병호와 김철도 서울에서 각기 기독교계와 천도교계

---

44) 신용하, "3·1운동 발발경위," 윤병석·신용하·안병직 엮음, 『한국근대사론』 (서울: 지식산업사, 1977), 38-112쪽, 특히 48-54쪽을 볼 것. 이에 더하여 신용하, "신한청년단의 독립운동," 「한국학보」 12권 3호 (1986년 가을), 94-142쪽도 볼 것.

인사를 만나 선우혁과 비슷한 활동을 하였다는 것은 반복해서 논의할 필요가 없다.

서북지방 기독교공동체의 대표적 지도자들과 각 지방의 중견 지도자들의 주도적 참여를 받아냈다는 것을 우리는 이들의 개인적 참여 정도로 이해해서는 안 된다. 전국 규모의 대중시위를 위해 중앙지도부를 형성할 대표들의 확보에 더하여 지방지도자, 연락망, 조직 그리고 시위를 촉발할 대중동원을 확보한 것으로 인식하여야 한다. 바로 이들이 시위를 비밀리에 계획하는 장소, 곧 교회를 가지고 있었고, 각 지방과의 연계를 위한 연락망이 될 조직을 가지고 있었을 뿐만 아니라 시위를 촉발키 위한 인적 동원, 곧 교인들을 동원할 수 있었기 때문이다.[46]

둘째, 전국적인 대중운동으로서 3·1운동의 역사를 새길 때, 장로인 이승훈과 와이엠씨에이(YMCA) 간사인 박희도의 역할 또한 지나칠 수 없다. 이른바 민족대표로 나타난 중앙지도부 구성을 위해 천도교를 비롯한 다른 종교 지도자들과 합작하는 과정 그리고 서울과 서북지방의 기독교 지도자들을 연계, 연합시키는 과정은 이승

---

45) 김양선, 『한국기독교사연구』 (서울: 기독교문사, 1971), 240-241쪽을 볼 것; 교회 지도자들과 젊은이들이 교회 일과 행사를 빙자하여 교회 조직을 통해 서로 연락하고 연대한 사실을 살피기 위해서는, 길진경, 『영계 길선주』 (서울: 종로서적, 1980), 269-273쪽을 볼 것.

46) 오래전에 박영신도 이러한 시각으로 글을 발표한 바 있다. 박영신, "사회운동으로서의 3·1운동의 구조와 과정 — 사회과학적 역사인식의 기초 작업으로서," 「현상과인식」 3권 1호(1979년 봄), 이 글은 그의 『변동의 사회학』 (서울: 학문과사상사, 1980), 5장에 실려 있다.

훈의 역할을 빼고는 설명될 수가 없다. 이른바 암흑기에 조선사람들, 특히 기독교 지도자들이 삼엄한 감시를 받고 있었음에도 불구하고 이승훈은 종교행사 참석을 구실로 서울과 서북지방 사이를 빈번히 오가며 종교지도자들의 연합전선을 구축하는 한편, 각 지방 교회 지도자들을 운동의 주도세력으로 끌어들였다.[47]

숭실학교를 졸업하고 신학을 공부한 바 있는 박희도는 와이엠씨에이로 찾아든 전문학교 학생들과 중학생들을 조직하여 시위를 모색하고 있었다. 연희의 김원벽과 윤하영, 보성의 강기덕과 주익, 세브란스의 이용설과 김성구 등이 바로 이 그룹에 속해 있었다.[48] 바로 이 학생들과 청년들이 그리고 그들의 친구들이 학교에서, 길거리에서, 집집을 돌며, 파고다 공원에서 '독립선언'이 있고 이어 시위가 있을 것이라는 운동계획을 알린, 이를테면, '현장 운동꾼들'이었다. 이들이 바로 고향 등 각지로 가서 시위를 선무하고 주도한 세력이었다. 이들이 중앙지도부와 대중 사이를 잇지 않았다면 3·1운동은 전국 대중운동으로 나타나지 못했을 것이다. 박희도 산하의 학생과 청년 그룹을 보기로 들었지만, 당시 각 교회의 학생, 청년들이 모두 이러한 현장 운동꾼들로 활약하였다.

짧게 말해서, 사회정치 조직과 활동이 금지된 암흑기에 교회, 교회 계통 학교, 교회 관련 기관이라는 조직과 연락망이 없었더라면 그리고 사회정치 지도자들이 없었던 당시에 종교 지도자라도 없

---

47) 김양선, 『한국기독교사연구』 242-251쪽을 볼 것.
48) 윗글, 242-245쪽을 볼 것.

었더라면 3·1운동의 내용과 규모는 실제로 나타난 것과는 크게 달랐을 것이다.[49] 이러한 상황에서 종교 지도자들이 민족의 지도자로 떠오르게 되었고, 그들은 그 역할을 스스로 떠맡아 그들이 갖고 있던 조직망을 이 거사에 동원하였던 것이다. 기독교가 정치집단은 아니지만, 집회, 결사, 언론의 자유를 송두리째 빼앗긴 일제강점 초기를 살아야 했던 조선사람들에게 기독교를 비롯한 종교들은 유일한 조직 공동체였다. 그러니까 이들은 이 종교공동체에 그리고 그 지도자들에게 심리적, 사회적 그리고 정치적으로 기대했고 또 기대고 있었던 것이다. 이러한 상황에서 기독교공동체와 민족독립운동 세력은 깊게 맞물려 있을 수밖에 없었다.

4. 일제강점 후기, 엇물림의 꼴과 결

3·1운동은 조선 민족이 열망하던 독립을 즉각 가져다주지 못했고 오히려 일제강점통치 세력으로부터 참혹한 탄압을 불러왔다. 그러니까 3·1운동 이후 조선사람들은 실망, 좌절, 낙담의 늪에 빠지게 되었다. 잡지 「폐허」의 시인 오상순은 3·1운동 이후의 조선을 "황량한 폐허" 그리고 그 시대를 "비통한 번민의 시대"라고 했다. 이

49) 서울의 기독교 지도자들은 3·1운동을 위해 각지에 대표를 비밀리에 파견, 지방 운동 상황을 점검하고 지방 지도자들을 선무하기도 했다. 김양선의 조사에 의하면 3·1운동 직전 81명이나 되는 대표를 각지에 파견하였다. 김양선, 윗글, 215쪽을 볼 것.

당시 조선은 "죽음이 지배하는 것 같다"라고도 했다.[50] 독립을 갈망하여 피 끓는 가슴으로 온몸을 던졌던 3·1운동이 좌절되자 조선사람들은 조선을 암흑과 사망이 깃드는 '폐허'처럼 생각하였다. 모두 민족이나 독립을 이야기하기 꺼렸고, 안으로 움츠러들어 자기만을 생각하는 사람들이 되었다.[51]

그러나 이 좌절, 실망, 낙담으로 가득 찬 '폐허' 위에도 조선사람들은 희망의 씨를 뿌리고 소망의 나무를 심어 갔다. "새 시대가 왔다. 새 사람의 부르짖음이 일어난다. 들어라 여기에 한 부르짖음이 저기에 한 부르짖음이 일어나지 않았는가? … 폐허에 새싹을 심어서 새 꽃을 피우게 하자"라고 서로 권유하고 나섰다.[52] 사람들은 좌절, 낙담, 실망의 늪을 빠져나와 폐허 여기저기서 새싹을 심어서 새 꽃을 피우러 나섰다.

3·1운동 이후의 조선 민족 독립운동은 이전과는 판이한 성격을 지닌다. 3·1운동 이후 일제강점통치 세력은 '문화정치'라는 깃대를 세우고 조선사람들에게 제한적이나마 집회, 결사, 언론의 자유를 허용하는 '계산된 정책 전환'을 하게 되었다. 이렇게 되자 이전에 종교의 보호벽이 필요하여 기독교를 비롯한 종교공동체 안에 들어와

50) 오상순, "시대고(時代苦)와 그 희생," 「폐허」 1권 1호(1920년 7월), 21-24쪽을 따 왔다.

51) 이광수, 『재생(再生): 이광수 전집 2』 (서울: 삼중당, 1963)을 볼 것. 이 소설은 1924년 11월부터 1925년 9월까지 「동아일보」에 발표되어 널리 읽혀졌다.

52) 동인, "상여," 「폐허」, 창간호(1920년 7월), 121-129쪽, 특히 122-123쪽을 볼 것.

활동하던 독립운동 세력들은 3·1운동 이후 '문화정치'라는 통치 정책을 이용하면서 종교공동체 울타리 밖으로 나가 사회·정치 단체를 만들어 활동하기 시작하였다. 무단통치기에 종교의 울타리 안에 갇혀 충분히 발산치 못한 사회·정치 활동의 욕구가 한꺼번에 봇물 터지듯, 1922년만 하더라도 3,000개나 넘는 사회, 정치 단체가 생겨날 정도였다.[53] 또한 「동아일보」, 「조선일보」가 세상에 나오고 「개벽」, 「폐허」, 「동광」, 「신생활」과 같은 잡지들이 발간되었다. 이러한 단체와 신문, 잡지를 통하여 사회주의를 포함한 여러 사상, 주의들이 소개되고 사회주의 운동을 비롯한 여러 이념, 정치 운동이 펼쳐졌다. 그야말로 '새 시대'가 온 것이다. 어떤 역사학자는 이때를 '민족운동의 르네상스'라고 하는가 하면,[54] 다른 역사학자는 '민족운동의 여명기'라고 일컫기도 한다.[55]

그러나 3·1운동 이후의 조선 독립운동은 이념적, 조직적으로 나누어져 있었다. 수많은 작은 집단들이 각기 다른 이념적 목소리를 내고 있어 운동의 다양화 현상을 보여주었으나, 상해 임시정부를 포함해서 어느 누구도, 어느 집단도 조직적, 이념적으로 소집단화된 독립운동의 여러 세력들을 조정하고 통합하지 못하였다. 이념적으로 오른편에는 문화적 민족주의 그룹이 있는가 하면, 왼편

---

53) 조선총독부 경무국, 『대정십일년 조선치안현황』(1922), 김정주(엮음), 『조선통치사료』 7권 (동경: 한국사료연구소, 1971), 76쪽.

54) Michael Robinson, *Cultural Nationalism in Colonial Korea* (Seattle and London: University of Washington Press, 1988), 48쪽.

55) 김준엽·김창순, 『한국공산주의운동사』 2권 (서울: 청계연구소, 1986), 100쪽.

에는 공산주의 세력이 있었다. 전략적으로는 외교 노선이 있는가 하면, 무장투쟁 노선도 있었다. 3·1운동 이후 해방까지 조선민족의 독립운동은 이념적, 조직적 그리고 전략적으로 분열되어 있었다. 이 역사가 해방 후 오늘에까지 이어지고 있는 것이다.

3·1운동 이전까지 개혁정치와 독립운동 전선의 맨 앞줄에 서 있던 기독교공동체는 바로 이 시기에 어떤 자리에서 어떤 역할을 하고 있었는가? 3·1운동 이후의 역사를 한번 훑어보면 기독교는 '순수 종교화' 작업에 열중하고 교회의 '비(非)정치화'에 몰두하면서 민족공동체의 여러 문제를 외면하고 있었음을 쉽사리 읽게 된다. 물론 기독교에 속한 인물들이 모두 민족 문제에 등을 돌렸다는 말은 아니다. 전도사였던 여운형, 와이엠씨에이 간사였던 박희도, 와이엠씨에이의 이대위 등이 사회주의나 공산주의를 소개하며 새로운 민족운동의 이념이나 방략을 계속 찾고 있었으며, 김규식, 이승만, 안창호 등도 교육, 외교를 통하여 독립을 쟁취하고자 계속 노력하고 있었다. 1930년대 말에 전개된 신사참배거부운동도 있었다. 심지어는 사회주의를 일찍 받아들이고 소개한 이들도 다 기독교 지성들이었고, 사회주의나 공산주의 운동을 먼저 펼친 이들도 다 기독교계 민족주의자들이었다. 이동휘, 여운형, 박용만, 한위건, 김원벽, 박희도, 이대위, 유경상 등이 고려공산당이나 조선공산당을 조직한 이들이거나 「신생활」, 「청년」 이라는 잡지를 통해 사회주의를 소개한 이들이다.[56)]

---

56) 김흥수 엮음, 『일제하 한국기독교와 사회주의』 (서울: 한국기독교역사연구소,

와이엠씨에이 간사였던 박희도, 목사 김병조, 언론인 강매 등은 「신생활」이라는 잡지를 통해 사회주의를 국내에 소개하였다. 이 잡지의 허가 과정과 운영에 연희전문에 와 있던 선교사 언더우드(Horace G. Underwood)와 벡커(Arthur L. Becker)가 깊이 관여하고 있었음도 흥미롭다.[57] 그러나 와이엠씨에이 기관지 「청년」을 통해 나온 이대위나 유경상, 김원벽 등의 글은 사회주의 사상이 인기를 더해 가던 당시 기독교 지성들이 지녔던 생각을 들여다볼 수 있는 귀한 자료들이다. 이대위는 "사회주의와 기독교의 귀착점이 어떠한가?"라는 글에서 다음과 같이 주장한다.

> 기독교는 본래 일종의 사회운동이니 그것은 기독 자신부터 사회증구자(社會拯救者)인 때문이다. 재언하면 압박을 받는 평민 계급의 증구자이라 하겠고 마르크스와 엥겔스 양씨가 공산당 선언 당시에 중인에게 분명히 공포한 것이 있으니 그것은 사회주의는 일종의 평민 운동(Proletarian movement)이라고 하였으니 역사상으로 보건대 이 양자는 다 평민 운동자임이 분명하다.[58]

1992).

57) 윤춘병, 『한국기독교 신문 · 잡지백년사 1885~1985』(서울: 대한기독교서회, 1984), 56-57쪽과 69쪽을 볼 것. 또한 「신생활」 창간호, 69-70쪽에 실렸던 '조직란'도 볼 것.

58) 이대위, "사회주의와 기독교의 귀착점이 엇더한가," 「청년」 3권 8호(1923년 9월)에 나누어 실려 있다. 따옴은 8호 첫 부분 9쪽에 실려 있는데, 읽기 쉽게 조금 다듬었다.

"사회혁명의 예수"라는 글도 쓴 바 있는 이대위는 기독교와 사회주의를 서로 반대되는 것으로 여기지 않았다.[59] 같은 잡지에 "사회주의자 예수"를 실은 유경상도 '예수는 상당한 사회주의자'라고 말하고 '건실한 사회주의자가 되려면 예수를 중심'하여야 한다고 주장한 바 있다.[60] 다시 이대위의 글, "사회주의와 기독교 사상"을 따와 보자.

> 오인(吾人)이 불만, 불평한 세계를 부인하고 오인이 동경하는 무슨 신세계를 조성코자 함에는 기독교 사상과 사회주의가 상동하다고 사유한다… 이 양자는 현 사회정서(程序)의 제반 폐해를 생각할 뿐만 아니라 또 이를 개조하기로 목적하는 자이기 때문이다. 양자가 아직도 그들의 정신을 전 세계에 표현치 못하였으나 여하간 이들은 국제성을 가지고 자유, 박애, 평등의 이상을 실현코저 함이라… 오인이 이상히 여길 바는 이 양자가 안으로는 동일의 목적을 품고 있고 외형으로는 절대의 반목시하는 것은 참으로 가소할 일이다.[61]

이대위 등 당시 기독교 지성들은 몰려오는 사회주의 사상이나 운동을 적대시하지 않고 오히려 기독교와의 연계, 연대를 시도하

---

59) 이대위, "사회혁명의 예수," 「청년」 8권 5호(1928년 6월), 17-19쪽.

60) 유경상, "사회주의자 예수," 「청년」 3권 7호(1923년 7~8월), 32-37쪽, 특히 32쪽을 볼 것.

61) 이대위, "사회주의와 기독교사상," 「청년」 3권 5호(1923년 5월), 9-15쪽, 특히 9쪽을 볼 것. 역시 읽기 쉽게 어귀를 조금 바꿨다.

고 있었다. 그래서 이대위는 "최대의 운동과 최고의 이상이 될 만한 것이 (조선에) 두 가지가 있다. … 하나는 기독교 이상이요, 또 하나는 사회주의의 실행이다. 그러나 한 가지 이상한 것은 금일의 기독교가 어찌하여 사회주의를 도외시하며 사회주의자는 어찌하여 기독교를 비상시하는가"라고[62] 양쪽의 닫힌 가슴을 애타게 두드렸다. '사회주의는 기독화'하고, '기독교는 사회화'하여 서로 '악수'하며 조선이 처한 여러 문제를 함께 풀어나가야 한다고 역설하기도 했다.[63] 1920년대 기독교 지성인들은 사회주의 사상이나 그 운동에조차도 열린 가슴으로 다가가고 있었다.

그러나 3·1운동 이후의 기독교는 이전과는 달리 민족공동체의 사회, 정치적 문제를 외면하기 시작했다. 교회는 이 세상 문제를 논의하는 곳이 아니라 '저 세상'을 바라다보는 곳이 되어 갔다.[64] 비교적 진보적인 목사 송창근조차도 교회와 사회정치 문제를 떼어 놓고자 했다. 그는 "교회는 결코 사회 문제, 노동 문제, 평화 문제, 국제 문제를 말하거나 혹은 사람들의 변변치 않은 지식이나 주서 모은 사상을 논하는 곳이 아니외다. 복음, 즉 예수 그리스도의 복음, 중생의 복음이 우리 교회의 중심"이라고 했다.[65] 이 글의 내용이 문제가

---

62) 이대위, "사회주의와 기독교의 귀착점이 엇더한가," 첫 부분 8쪽.

63) 윗글, 둘째 부분 12쪽.

64) 사회주의 세력의 기독교 배척 운동에 대해서는, 김권정, "일제하 사회주의자들의 반(反)기독교운동"(숭실대학교 사학과 석사학위 논문, 1995)을 볼 것.

65) 송창근, "오늘 조선교회의 사명" 주태익(엮음), 『만우 송창근』 (서울: 만우 송창근 선생 기념사업회, 1978), 153-160쪽에 실린 이 글은 1933년에 「신학지남」에 처음으로 실렸다. 따온 글은 『만우 송창근』, 153쪽에 기대었다.

아니다. 3·1운동 이전에는 교회 지도자들이 민족의 사회, 정치 문제에 앞서기를 꺼리지 않았고 또한 개혁과 독립운동을 위해 교회 조직과 활동을 활용하기를 주저하지 않았던 것과 너무나 다른 입장을 우리는 여기서 느낄 수 있다. 이른바 기독교와 독립운동 세력 사이에 엇물림의 조짐이 나타나기 시작한 것이다. 「신앙생활」을 내고 있던 김인서는 더 노골적이다.

> 조선의 교직자도 대답하라… 민족 사업을 위하여 예수를 따르냐? 그러면 물러갈 날이 있을 것이다. 민족을 더 사랑하는 자도 예수에게 합당치 아니하다. 사회개량을 위하여서 예수를 따르는가? 그러면 물러갈 날이 있으리라. 교회보다 사회를 더 사랑하는 자도 주에게 합당치 아니하다.[66]

3·1운동 이전까지 기독교가 '여기 그리고 지금'의 문제에 깊이 관여한 역사를 우리는 앞에서 살폈다. 3·1운동 이후 기독교계 지성과 민족주의자들이 개인적으로 여러 사회, 정치 운동에 참여, 주도적 역할을 하였지만, 기독교는 더이상 이들과 이념적, 조직적으로 이어지지도 않았고 잇고자 하지도 않았다. 그렇다면 기독교공동체와 민족 독립운동과의 관계에 나타난 이러한 변화의 원인은 무엇인가?[67]

---

66) 김인서, "너희도 또한 가고저 하느냐," 「신앙생활」 1권 7호(1932년 7월), 7-20쪽, 특히 9쪽을 볼 것. 그의 글, "조선교회의 새 동향," 「신앙생활」 1권 10호(1932년 10월), 4-6쪽도 함께 볼 것.

67) 다음 논의는 나의 학위논문과 "1920년대 "1920년대 개신교 지도층과 민족주

우리는 앞서 지적한 '변화된 환경'을 이야기할 수 있다. 3·1운동이라는 조선 민족의 거족적 대중시위가 일어나자 일제는 일단 무력으로 진압한 후 정책 전환을 하게 된다. 세계 강국으로서 국제사회에 실추된 모습을 바꾸기 위하여, 또한 분노하는 조선 민족을 달래려는 여러 목적의 '계산된 정책 전환'을 하게 된다. '문화정치'라는 이름으로, 비록 제한적이나마 조선 민족에게 집회, 결사, 언론의 자유를 허용하였다. 조선 민족의 독립운동 세력은 '변화된 환경'을 맞은 셈이다. 이전에는 종교의 보호벽이 필요했고, 그래서 기독교 등 종교공동체에 기대어 독립운동을 펼쳤으나, 이제는 종교의 울타리 밖에서도 사회·정치 단체를 조직하고 신문, 잡지를 발행할 수 있게 되었다. 앞서 말했지만 1920년대 초기에 3,000여 개나 되는 사회, 정치 단체들이 조직되었고, 수많은 신문, 잡지들이 세상에 나오게 되었다. 이러한 단체들이 이전에 기독교 등 종교공동체가 담당하였던 정치·사회적 사업과 역할을 하게 되었다. 따라서 기독교의 정치·사회적 역할은 그만큼 줄어들게 되었고, 더 이상 사람들이 이념적, 조직적으로 기대지 않아도 되는 상황이 전개된 셈이다.

그러나 오로지 3·1운동 이후의 역사적 환경이나 구조의 변화에만 기대어서 기독교가 민족 독립운동 전선에서 뒷전으로 물러선 역사를 인식하지 말아야 한다. 개혁이다 독립이다 하는 사회적, 정치적 기대를 가지고 교회에 들어와 개혁운동을 하고 독립운동을 펼치

의운동-그 만남과 결별의 사회사," 「역사학보」 134/135합집 (1992년 7월), 143-163쪽에 터함.

던 이들이 왜 3·1운동 후에 기독교를 떠나 단체를 만들고 활동하였을까? 또한 이전에 개혁세력이나 독립운동가들을 껴안고 있던 기독교가 3·1운동 이후에는 왜 그들을 저버렸는가를 우리는 따져야 한다. 3·1운동 이후 기독교와 민족운동 세력 사이에 엇물림의 조짐이 있을 때 기독교가 이전과는 달리 혹독한 비판의 표적이 되고 있었다는 사실을 눈여겨볼 필요가 있다. 그리고 그 비판에 터하여 이 엇물림의 역사를 설명하여야 할 것이다.

3·1운동 이전, 조선 민족의 최대 조직 공동체로 떠오른 기독교가 머지않아 '조선독립의 어머니'가 될 것이라고 기대해 마지않았던 김산(장지락)은 3·1운동 이후 이 종교를 날카롭게 비판하고 나섰다.

> 이 대사태(3·1운동 – 글쓴이 달음) 이후 내 신앙은 산산조각이 났다. 나는 하나님이 절대로 없다고 생각하게 되었으며, 그리스도의 가르침은 내가 태어난 투쟁의 땅에는 조금도 적용되지 않는다고 생각하게 되었다.[68]

김산은, 일제가 조선 민족을 짓누르고 있는 무단강점 상황에서 '오른쪽 뺨을 때리면 왼쪽 뺨도 들이대라'는 기독교의 비폭력 윤리에 회의를 품고, 일제를 비판하기보다는 조선 민족의 죄만을 이야기하는 교회 지도자들의 가르침 그리고 기도로 독립을 염원만 하는 교인들을 비판하였다. '나아가 싸우는 것만이 승리를 얻을 수 있다'고 확신한 그는 몸담고 있던 교회를 버리고 좌파 게릴라 전선에 뛰

68) Nym Wales and Kim San, *Song of Ariran*, 83쪽에서 따와 옮김.

어들었다.[69]

3·1운동 이전에 종교 자체를 무척 싫어했던, 그러나 기독교만은 긍정적으로 보았던 신채호도 3·1운동 이후에는 이 종교를 비판하기 시작하였다. 1928년에 그가 쓴 소설의 한 구절을 따와 본다.

> [기독은] … 늘 '고통자가 복 받는다'고 거짓말로 亡國민중과 무산민중을 거룩하게 속이어 적을 잊고 허망한 천국을 꿈꾸게 하여 모든 강권자와 지배자의 편의를 주셨으니… 그러나 이번에는 너무 참혹하게 피살하였을 뿐만 아니라 오늘의 자각의 민중들과 비 기독동맹의 청년들이 상응하여 붓과 칼로서 죽은 기독을 더 죽이니 今 이후의 기독은 다시 부활할 수 없도록 아주 영영 참사한 기독이다.[70]

신채호는 기독교가 '가진 자들의 종교'라고 꼬집고 그리스도를 저주까지 하고 있다. 기독교가 식민통치 세력과 돈 가진 자들의 종교가 되어 식민통치 아래 신음하고 나라 잃은 이들을 현혹시키고 고통의 '오늘'을 잊고 다가올 '천국'만을 기다리게 함으로써 식민통치 세력과 가진 자들을 도와주고 있다고 질타하였다.

기독교에 대한 이러한 비판은 김산이나 신채호와 같은 좌파에 속한 이들만의 것이 아니었다. 3·1운동 이후에는 민족주의 우파에 속한 이들도 혹독한 비판과 질타를 기독교에 퍼부었다. 1920년대

---

69) 윗글, 83-88쪽을 볼 것.

70) 신채호의 이 소설, "용과 용의 대격돌"은 『신채호전집』 별집에 실려 있다.

한 신문은 기독교 지도자들이 참혹한 현실을 보지 않고 권력계급이나 부자 편에 서서 그들의 기부금에만 관심이 있고 노동계급의 현실은 아예 무시하고 사회의 혁신을 외면하고 있다고 비판하였다. "모든 도덕과 인습과 존귀가 다 무엇인가. … 기독(그리스도)은 무엇을 말하였는가. '나는 칼을 들고 불을 던지러 왔다' 하지 아니하였는가. … 모든 사람이 평등이요 따라서 모든 사람이 가치의 절대주인공인 그 민중의 영광을 위하여 분투하며 축복하라."[71]

이 사설은 기독교 성직자들이 교회 울타리 안에 정착하여 찬송이나 부르고 기도나 하며 설교만 할 뿐, 자신들이 믿고 있다는 예수가 번민하고 투쟁한 일들은 외면하고 있다고 비판하였다. 또 이 때문에 기독교는 지배계급과 부자들의 종교가 되어 가난에 찌들고 권력에 눌려 사는 민중의 삶과 유리되었다고 꼬집었다. 그리고 부자와 권력 가진 이들이 만들어 낸 기존의 가치, 관습, 제도 안에 교회 지도자들이 안주함으로써 참 그리스도의 가르침을 저버렸다고 질타하였다.

3·1운동 이후에 빗발친 기독교에 대한 혹독한 비판과 질타는 교회 지도자들의 '비정치화' 작업과 이어져 있다. 3·1운동 이후 교회 지도자들은 독립운동과 같은 정치 운동과 기독교공동체 사이에 놓여 있는 이음새를 끊으려 했다. 이전에는 교회가 사회·정치적 세력을 껴안고 있었는데, 이제는 이들을 교회 울타리 밖으로 축출하

---

71) 「동아일보」, 1922년 1월 7일자 사설, "宗教家여, 街道에 出하라"를 따옴. 한문과 옛 어투를 조금 손질하였고, 괄호 안은 글쓴이 달음.

고자 했다. 1920년대에 치솟기 시작한 기독교에 대한 비판은 바로 교회 지도자들이 전개한 교회의 비사회화, 비정치화 작업에 대한 하나의 반응이었다. 그렇다면, 그렇게도 민족 문제에 앞장서서 열정을 쏟던 기독교 지도자들이 왜 3·1운동 이후에는 교회와 독립운동 등 사회, 정치 운동 세력과 관계를 끊고자 했는가? 왜 이들은 교회와 사회 사이에 담을 높이 쌓아 그 속에 안주하려 했는가 하는 질문이 따라 나온다.

1920년대부터 나타나기 시작한 기독교 지도자들의 이러한 정치적 입장 변화는 여러 시각과 수준에서 설명되어야 한다. 앞서 지적한 3·1운동 이후의 일제의 식민통치 정책 전환, 이에 따른 역사 환경의 변화도 거론할 수 있을 것이다. 또한 종교적 지식인의 한계나 개개인의 허약한 성격까지도 말할 수 있을 것이다. 이를 고려하면서 나는 기독교 지도자들 역시 '종교적 지식 계급'이기에, 그들의 변화된 사회·정치적 입장을 그들의 계급적 속성과 관련하여 설명한 적이 있다.[72]

1920년대에 이르면 기독교공동체는 엄청난 수에 달하는 '봉급 받는 사람들'을 가지게 된다. 1924년에 장로파와 감리파만 해도 1,266명의 성직자와 1,844명에 이르는 행정 요원들이 교회에 경제적으로 기대고 있었다.[73] 1919년에 1,517명이던 교회 계통 학교 선

72) 나의 여러 글들을 볼 것.

73) T. Stanley Soltau, *Korea: The Hermit Nation and Its Response to Christianity,* 114쪽

생과 행정 요원이 1926년에는 2,789명으로 늘어났다.[74] 바로 이들이 25만 명이 넘은 신도들과 수천의 교회와 수백의 학교를 운영하고 가르치는 지도자들이었다. 기독교공동체에 경제적으로 기대고 있는 이들이 바로 이 종교를 운영하는 지도자들인 것이다. 교육자로서, 문화 계급으로서, 종교 지도자로서 사회적 지위와 명망을 얻고 있던 이들이다. 옛 양반들처럼 이들도 교인과 일반 사람들에 대하여 지적, 문화적, 사회적 우월감을 갖고 이들 위에 군림하려는 태도를 보이기 시작한 것이다.[75]

기독교공동체 안에서조차 지도자들이 점점 상층 계급에만 관심을 가지고 그들과 짝하여 간다는 비판이 나올 정도였다.[76] 김원벽은 "기독의 주의와 복음을 선전하는 것을 사명으로 삼는 교역자 제군아, 언제 예수가 부자를 옹호하여 약자를 억압하라 하였더냐? 제군이 교회 중대 문제를 해결할 때에 언제 부자의 의견을 꺾은 때 있으며 빈자의 생각을 채용한 적이 있느냐?"고 교회 지도자들을 비판하였다.[77]

기독교 지도자들은 경제적으로 보아 자산가도 아니고 정치적으로 보아 지배세력은 아니었다. 그러나 그들은 종교적 지식이나

---

74) 이능화, 『조선기독교급외교사』(서울: 학문각, 1968), 220쪽과 223쪽을 볼 것.

75) 이광수, "금일 조선의 야소교회의 결점," 「청춘」 11호, 77-81쪽, 특히 77쪽을 볼 것.

76) 김창제, "현하 기독교운동의 방향," 「기독신보」 1932년 1월 20일.

77) 원벽, "현대사상과 기독교," 「청년」 3권 7호(1923년 7~8월), 22-24쪽. 23쪽을 따와 읽기 쉽게 풀어씀.

이 종교 덕에 얻은 지식을 '자본'으로 일자리를 얻고 사회적 지위를 확보한 종교적 지식계급 또는 문화계급이다. 우리가 익히 보았듯이, 이들의 대다수는 하층민 출신으로 기독교공동체에 들어와 이 종교가 베푼 교육과 정치 훈련을 받고, 이 공동체 안에서 일자리를 얻은 사람들이었다. 이들은 자기들이 경제적, 사회적으로 기댄 기독교가 순수한 종교로 성장하기를 바라는 이들이다. 다시 말하면 자기들의 일자리, 사회적 지위를 보호하고 유지하려 했다. 이러한 계급적 속성이 이들로 하여금 독립운동을 비롯한 사회·정치 문제에 등을 돌리게 했다는 말이다. 3·1운동 이후 기독교공동체 안팎에서 치솟기 시작한 기독교에 대한 비판과 질타의 내용은 바로 교회 지도자들의 사회적 지위 향상, 이에 따른 현실 안주 그리고 그들이 경제적으로 기댄 교회를 사회·정치 운동과 격리시켜 안전하게 보호하려 했음을 직접, 간접으로 우리에게 알려주고 있다. 1920년대 이후에 나타나기 시작한 기독교와 조선 민족운동 세력과의 엇물림은 바로 이런 맥락에서 읽고 설명되어야 할 것이다.

5. 꼬리글

일제강점 초기 기독교는 나라를 잃고 허탈해하는 조선사람들을 끌어들여 계속 성장하여 갔다. 기독교는 식민지 백성들이 애타게 기다렸을, 출애굽의 이야기를 비롯한 소망, 해방, 위로의 성서적 상징과 언어를 가지고 있었다. 또한 집회, 결사, 언어의 자유를 박탈당한 식민지 백성들이 만나서 서로를 위로하며 소속감을 느낄 '만남의 터'도 가지고 있었다. 바로 이 때문에 조선사람들은 줄지어 이 종교공동체로 들어갔다. 그러니까 이 시기의 기독교의 성장은 조선사람들의 조직 공동체의 확대이고 자연히 반일 독립운동 세력의 심리적, 조직적 토대의 확장을 의미했다. 신민회운동, 3·1운동과 같은 일제강점 초기의 반일독립운동이 자연히 기독교공동체 안팎에서 이 종교의 지도자들과 조직망에 기대어 펼쳐지게 되었다.

일제강점 후기에는 기독교—이념의 오른쪽이나 왼쪽에 관계없이—와 거의 모든 반일 독립운동 세력 사이에 엇물림의 조짐이 나타나기 시작했다. '문화정치'라는 식민통치 세력의 정책 전환이 몰고 온 변화된 역사 환경이 이 엇물림에 한몫을 했을 것이다. 이를테면, 문화정치로 제한적이나마 집회, 결사, 언론의 자유를 갖게 된 조선의 여러 사회·정치세력은 이전과는 달리 종교공동체 울타리 밖으로 나가 수많은 단체를 조직, 활동하게 되었다. 이들이 이전에 종교공동체들이 해 오던 여러 사회·정치 활동과 역할을 떠맡음으로써 종교공동체의 활동과 역할을 축소시켜 결국에는 기독교를 비롯한 종교공동체가 조선사람들의 사회·정치 운동 전선의 뒷전으로 물러나게 되었을 가능성을 나는 부인하지 않는다.

그러나 이에 더하여, 아니 이보다도 일제강점 후기 기독교와 반일 독립운동을 비롯한 여러 사회·정치 세력 사이에 나타나기 시작한 엇물림은 사회적 조직체로서의 기독교와 사회 계급으로서의 기독교 지도자들의 변화된 성격 및 자리와 이어서 이해되어야 할 역사 현상임을 강조하고 싶다. 구한말에 들어와 개혁적 사회세력과 만나고 일제강점 초기 독립운동 세력과 깊게 맞물려 있었던 기독교는 조선사람들의 기대를 한 몸에 받으며 거대한 종교집단으로 성장하였다. 기독교 성장이란 단순히 신도수와 교회당 수의 증가만을 뜻하지 않는다. 이는 이 종교에 사회적, 경제적으로 기댄 지식, 문화, 종교계급의 수적 증가를 사회·정치 운동에 바로 이들이 기독교를 이끌고 운영하는 지도자들이었다. 바로 이들이 3·1운동 이후 기독교를 사회, 정치로부터 격리시켜 보호, 육성하려 했다. 이들은 자신들이 사회경제적으로 기대고 있는 기독교가 사회·정치 운동에 휘말려 박해나 탄압을 받게 되는 상황을 지극히 염려하는 '지식 봉급쟁이들'이었던 것이다. 바로 이들이 3·1운동 이후 기독교를 이끌면서 '순수종교화'라는 깃발을 들고 교회 안에 있는 사회·정치 세력을 뽑아내는 작업을 벌였고, 이는 또한 교회 안팎의 여러 사회·정치 세력으로부터 혹독한 비판과 질타를 불러일으켰다. 기독교와 독립운동을 비롯한 여러 사회·정치 세력 사이에 엇물림이 시작된 것이다.

사회이론가로 널리 알려진 박영신은 이를 '성장이 몰고 온 평범화 과정'이라고 하였다. "기독교의 사회발전 운동이 낳은 열매"를 따먹으며 기독교 지도자들은 "사회적 상승이동"을 하게 되었다. 기독교가 베푼 교육과 새 정치 훈련을 받고 그 안팎에서 자리를 얻어 "사회적 사다리"를 재빨리 올라 "권위적이고 위계적인" 지도자 그룹을 형성했다. 이에 따라 그들이 이끄는 기독교공동체는 사회변혁 에너지를 잃고 "별난 예수쟁이"의 것이 아니라 "보통사람"의 것이 되어 갔는데, 이것이 바로 그가 말하는 '기독교의 평범화 과정'이다.[78]

기독교의 평범화 과정은 요즈음 젊은이들이 말하듯이 해방 후 미군정 때나 이승만 정권 때 시작된 것이 아니다. 이 평범화 과정은 오래전, 바로 3·1운동 이후 개혁적 사회세력이나 독립운동을 비롯한 여러 정치세력과 기독교 사이에 나타나기 시작한 엇물림의 역사와 함께 이미 시작된 것이다.

* 이 글은 박정신이 쓴 "구한말 '기독교 민족주의' 논의," 『한국 기독교사 인식』 (서울: 혜안, 2004), 75-94쪽에서 일부를 그리고 "일제강점기의 기독교와 민족운동: 그 물림과 엇물림의 사회사," 『맞섬과 초월의 눈으로 본 한국기독교역사』 (서울: 말, 2017), 96-123쪽에서 일부를 따와 엮었다.

78) 박영신, "기독교와 사회발전," 『역사와 사회변동』 (서울: 민영사/한국사회학연구소, 1987), 10장에도 실려 있다.

뒤틀린 해방과 분단 그리고 남·북 기독교 — 그 너머의 역사를 그리며

1. 머리글

모든 학문이 그러해야 하지만, 역사학은 반드시 '눈의 학문'이어야 한다. 어떤 역사·사회현상이나 사건을 연구할 때 이런저런 자료를 들추어내어 짜깁기하거나 연대 또는 사건에 기대어 흥미 있게 이야기를 만드는 것은 내가 말하는 '눈의 학문'으로서의 역사학이 아니다. 연구 주제를 어느 시각으로 바라볼 것인가를 이야기하는 것, 다시 말해 어떤 사관에 비추어 역사·사회 현상이나 사건을 바라보고 해석하고 설명하는 것이 역사학이다. 역사에 기대어 논문과 책을 쓰고 강연을 하면서 밥벌이하는 사람들이 이 땅에 수없이 많지만, '눈'을 가지지 않고 역사를 말하는 이들은 '역사 이야기꾼'이지 역사학자는 아니다.

우리가 사는 이 세상이 혼란스럽다. 어떤 인물, 어떤 사건, 어떤 역사·사회 현상을 바라보는 '눈' 때문이다. 파란 색안경을 끼고 보면 파랗고, 빨간 색안경을 끼고 보면 빨갛다. 이들이 각자 자기가 본 대로 세상은 파랗다느니 빨갛다느니 우겨댄다. 체제 안에서 바라본 세상과 체제 밖에서 바라본 세상이 같을 수 없다. 왼쪽 '외눈'을 가지고 바라본 세상과 오른쪽 '외눈'을 가지고 바라본 세상도 다르다. 이들은 한쪽에서 '외눈'으로 세상을 보았지만, 자기가 본 것이 옳다고 우긴다. 서로 편을 갈라 칸막이를 세우고, 칸막이 너머를 향해 삿대질한다. 아니, 서로 죽이기까지 한다. 그래서 이 세상이 시끄럽고 사람들은 혼란과 혼동 속에서 삶을 꾸린다. 전혀 '외눈'을 가졌다고 생각하지 않는 이들은 적어도 자신이 외눈박이임을 아는 '외눈박이 물고기'보다 못한 사람들이다.

외눈박이 물고기처럼 살고 싶다
외눈박이 물고기처럼
사랑하고 싶다
두눈박이 물고기처럼 세상을 살기 위해
평생을 두 마리가 함께 붙어 다녔다는
외눈박이 물고기처럼
사랑하고 싶다

류시화 시인의 <외눈박이 물고기의 사랑>이라는 시의 한 구절이다. 시인은 외눈박이 인간들을 질타하고 있다. 외눈박이 인간인 줄도 모른 채 세상을 바라보고 한쪽으로 기운 생각을 하면서 그 생각에 확신을 가지고 행동하는 인간들 말이다. 이와는 달리 외눈박이인 줄 아는 물고기는 다른 쪽 외눈박이 물고기와 항상 붙어 다니며 '두 눈'으로 세상을 보고 삶을 꾸린다. 이 '두 외눈박이 물고기'의 삶을 시인은 그리워하는 것이다. 그렇다, 체제 안의 눈과 체제 밖의 눈, 이념적으로 왼쪽의 눈과 오른쪽의 눈, '두 눈'을 가지고 세상을 보자는 것이다. 왼쪽 외눈박이가 본 세상, 오른쪽 외눈박이가 본 세상이 아니라, 이 두 외눈박이가 함께 서로 사랑하며 세상을 보자는 말이다.

그러나 우리는 여기에 머물지 않는다. 아니, 머물 수가 없다. 물론 외눈박이 홀로 세상을 보는 것보다는 두 외눈박이가 함께 서로 사랑하며 세상을 보는 것이 더 온전하게 세상을 보는 것일 수 있다. 하지만 오른쪽 눈과 왼쪽 눈으로 함께 세상을 보는 그 수준에 우리를 묶어 둘 수 없다. 그 두 눈 '너머의 눈'으로 세상을 보아야 한다. 인간의 두 눈, 그 눈으로 본 세상이 온전하고 완전하다고, 이상에 가깝다고 생각하지 않기 때문이다. 아니, 현상을 분석하고 이해하고 인식하는 수준에서 흡족할 수가 없기 때문이다. 현존질서, 현존체제, 그래, 이 세상을 있는 그대로 바라다보는 '두 눈 그 너머의 눈'으로 세상을 보고자 한다. '두 눈'으로 세상을 치우침 없이 바라보고, 그러면서도 '그 너머의 눈'으로 세상을 논하고 시대를 평하여야 한다. 외눈박이로 살던 습성, '그 너머'를 잃어버린 채 세상과 한통속이 되어 살던 관성을 성찰하고 말갛게 씻긴 눈을 다시 떠야 한다. 그 너머의 눈으로 세상을, 역사를, 시대를 바라보지 않는다면 '이제 여기'의 삶은 언제나 지옥이 될 터이다.

오늘 이 땅의 역사가 여전히 갈등과 분열, 불안과 위협 속에 머무는 이유가 여기에 있다. 오른쪽, 왼쪽 외눈박이들에 의해 역사가 왜곡되어 있다는 말이다. 한 겨레가 나뉘어 '사탄'이라고 저주하거나 또는 외세의 주구라고 멸시하며 서로를 말살시키려고 한 전쟁도 우리는 겪었다. 아니, 아직도 나뉘어 서로 삿대질하고 총부리를 겨누며 '핵'과 '미사일'을 앞세운 '전쟁 상황'에서 우리는 삶을 꾸리고 있다.

그래서 나는 1945년 8월 15일 일제가 항복한 그날, 아니 그 이전의 역사에 잇대어, 그 날의 해방이 참 해방이 아니고 '뒤틀린 해방'[1]이었고, 그래서 겨레와 강토가 분단되었으며, 그 분단이 전쟁으로 이어졌다는 시각에 터하여 역사 논의를 펼치고자 한다. 여전히 '휴전' 상태인, 그래서 언제 전쟁으로 나아갈지 모르는 엄중한 상황 그 너머의 '새 날'을 그리고 기리면서 말이다.

이런 시각으로 기독교가 이 땅에 들어와 엮어낸 각별한 역사를

---

1) 일찍이 나는 '뒤틀린 해방'이라는 화두로, 일제의 신사참배 강요에 맞서 자진폐교를 감행한 숭실대 이야기를 조명한 바 있다. 박정신, "'뒤틀린 해방'의 기억: 숭실대 이야기," 「현상과인식」 34권 3호 (2010년 겨울), 97-112쪽을 볼 것. 이 글은 내가 숭실대학교 학부 교양과목으로 개설한 〈숭실과 기독교〉를 위해 쓴 책, 『숭실과 기독교』 (서울: 숭실대학교출판부, 2011), 171-190쪽에도 실려 있다.

읽을 때는 먼저 북한 기독교 역사에 눈길을 주지 않을 수 없다. 아니, 이 땅의 기독교 역사는 아예 '북한 기독교 역사'로부터 시작되었다고 말해야 한다. 적어도 1945년 해방이 될 때까지 이 땅의 기독교는 '북한 기독교'가 이끌어 왔다. 이러한 주장의 근거를 살핀 다음, 일제식민통치 36년(또는 40년)의 질곡으로부터 해방된 1945년 8월 15일, 그 해방이 도대체 어떠했기에 분단과 6·25전쟁으로 이어졌는지, 이 과정에서 이 땅의 기독교, 특히 북한의 기독교는 어떠했는지를 살펴볼 것이다. 결국 북한 기독교는 이 땅에서 벌어진 특수한 역사 전개 과정에서 '(북한) 체제의 종교'로 자리매김하고 있다고 나는 읽는다.

바로 이 대목에서 나의 역사관이 작동한다. 공존의 역사학, 평화의 역사학, 나아가 통일의 역사학이 들어선다는 말이다. '뒤틀린 해방'이 낳은 분단과 6·25전쟁을 겪으며 내면화된 적대, 증오, 죽임의 역사 경험을 넘어 용서, 화해, 사랑의 '새 역사'를 내다본다. '이제 여기'에 머물지 않고 '그 너머'의 세상을 그리고 기리자는 말이다. 그러기 위해서는 북한 기독교가 체제의 종교에서 체제 '그 너머'의 존재에 잇댄 종교가 되어야 할 것이다.

2. 주체적 수용사관에서 본 북한 기독교

나는 여러 글에서 단순히 '선교사관'에 기대어 읽어서는 한국기독교의 놀라운 성장과 역동성을 설명할 수 없다고 주장하면서 '주체적 수용사관'에 터해 이 놀라운 역사·사회 현상을 인식할 것을 주문하였다.[2)] 실제로 이 땅의 기독교 역사는 19세기 말 서양 선교사들이 아니라 우리(조선사람들)에게서 먼저 시작되었다. 한국기독교사를 개척한 역사학자 김양선의 글을 따와 보자.

> 선교사들이 들어오기 전에 우리나라 사람들이 국외로 나아가 기독교를 받아들인 일은 세계선교사상 유례가 없는 일로서 한국기독교의 특징이기도 하며 자랑이기도 하다.[3)]

그렇다. 김양선의 말대로 한국기독교의 역사는 서양 선교사들이 이 땅에 들어오기 전 조선사람들이 먼저 복음을 수용함으로 시작되었다. 이 주체적 수용사는 '이수정'과 이른바 '서북청년들'의 이야기로 시작된다.

이수정은 상인 출신이다. 그는 1882년 임오군란 이후 수신사 박영효와 함께 신사유람단을 따라 일본으로 갔다. 정식수행원이 아니고 사절단의 일행인 민영익의 서생으로, 말하자면 그의 개인수행원으로 따라간 것이다. 이후 그는 일본에 남아 동경외국어학교의 한국어 교사로 일하면서 일본 기독교 지식인들과 그곳에 와 있

---

2) 박정신, "교회사학자, 김양선은 어디 있는가,"「한국기독교역사연구소소식」 제31호 (1998년 1월 10일).

3) 김양선, "한국기독교사 하: 개신교사,"『한국문화사대계』, XI: 종교, 철학사 (서울: 고려대학교 민족문화연구소, 1965), 574쪽.

던 미국 선교사들과 교류하면서 기독교로 개종하고 세례를 받았다. 미국 청교도 사상이 방황하는 자신과 당시 조선사람들을 구원할 수 있다고 믿고 기독교를 '수용'한 것이다.[4]

이수정은 일본에서 조선 선교를 준비하던 미국 선교사들의 성서번역 사업에 참가하였다. 1885년 초 마가복음이 우리글로 세상에 나오게 된다. 그 후 계속 성서를 번역하는 한편, 조선에서 선교사역이 시작될 수 있도록, 일본에 있던 미국 선교사 낙스(George W. Knox), 맥클레이(Robert S. Maclay) 그리고 루미스(Henry Roomis)를 설득하여 「세계선교잡지」(*Missionary Review of the World*) 등에 조선 선교를 위한 글을 싣게 하는가 하면, 스스로 「세계선교잡지」에 조선 선교를 역설하는 글을 쓰기도 하였다. 조선사람 이수정의 이러한 노력으로, 미국 감리교는 1884년 맥클레이 선교사를 조선에 파견하여 선교지 사전답사를 하게 하였고, 미국 장로교는 1884년 중국에 파견된 의료선교사 알렌을 조선 선교사로 파송하게 되었다.

조선에 오기 위해 1884년 일본에 도착한 언더우드(Horace Underwood) 선교사가 이수정이 참여한 성서번역 프로젝트의 결실인 우리말로 번역된 마가복음을 들고 왔다는 사실이 중요하다. 우리 역사학자들에게 '수용사관'으로 이 땅의 기독교 역사를 읽어야 한다고 일러주고 싶은 보기다. 1885년, 안수받은 목사로서 최초로 조선

---

4) 그가 감명받은 미국 청교도, 그들의 신앙과 사상을 상세히 보기 위해서는, William R. Hutchison, *Errand to the World: : American Protestant Thought and Foreign Mission* (Chicago: University of Chicago Press, 1987)과 박정신, 『숭실과 기독교』, 4장을 읽을 것.

에 들어온 언더우드가 이수정이 참여한 번역사업의 결과물인 마가복음을 가지고 왔을 때, 이미 기독교인이 되어 전도하고 있던 조선사람이 찾아와 수백 명의 조선사람들이 세례받기 위해 기다리고 있다는 말을 전했다. 바로 그 대목을 주목하고, '주체적 수용사관'으로 이 땅의 기독교 역사를 읽어야 한다고 나는 주장하는 것이다.[5)]

이러한 시각을 가지고 이 땅의 기독교 역사를 읽으면, '서북청년들'의 이야기가 이수정의 것보다 더 중요하게 다루어지고 서술되어야 한다. 이 이야기는, 1872년 만주 우장(牛莊)에서 선교활동을 하던 스코틀랜드 출신 로스(John Ross)와 맥킨타이어(John MacIntyre)와 생업을 위해 그곳에 간 '서북청년들'과의 만남으로 시작된다. 조선 선교에 관심이 있던 이 선교사들과 유교 질서, 한양 중심 질서, 양반 지배질서로부터 오래도록 차별받아온 서북지방의 청년들답게 19세기 말 이 지배질서의 붕괴를 내다보고 새로운 세상이 오기를 갈망하는 이들과의 만남은 절대 우연이 아니었다. 한국기독교사를 개척한 김양선의 글귀를 따와 보자.

> 로쓰 목사는 고려문에서 많은 한국사람들을 만나 보았다. 그들은 떼를 지어 로쓰 목사의 여관을 찾아가서 서양에 관한 새 지식을 얻으려고 하루종일 필담을 나누었다. 대원군의 가혹한 쇄국정책에도 불구하고 지식을 세계에 구하려는 강렬한 욕망은 시민들의 가슴에 불타고 있었다. 로쓰 목사

5) 달음 1과 박정신, 『맞섬과 초월의 눈으로 본 한국기독교역사』 (서울: 말, 2017), 2강을 볼 것.

> 가 한국인의 '가난과 무지'에 크게 실망하면서도 그 이듬해 봄에 다시 고려문을 찾아간 것은 그들의 신지식에 대한 강렬한 욕망과 행동에 깊은 인상을 받은 때문이다.[6)]

이응찬, 백홍준, 이성하, 김진기, 서상륜과 같은 서북출신 청년들은 선교자금이 탐나서 접근한 사람들이 아니다. 선교사들의 의료나 교육사업에 매료되어 찾아온 사람들이 아니다. 암울하고 가혹하기 짝이 없는 양반 지배질서, 유교 획일 질서, 한양 중심 질서에 맞서 '차별받는 서북사람', '천대받는 상인'으로서 삶을 꾸리던 조선 젊은이들이 열정적으로 새 지식, 새 문명 그리고 새 세상에 대한 '강렬한 욕망과 대담한 행동'을 했기 때문에 이루어진 만남이었다. '하루종일 필담'을 나눌 정도로 그들의 적극성과 진지함이 잉태한 만남이었다. 이 만남과 대화는 서북청년들의 개종으로 이어져 이른바 '압록강 세례'로 이어졌으며 조선 선교를 위해 준비하던 스코틀랜드 선교사들과 함께 성서를 우리말로 옮기는 사업에 참여, 1882년에는 누가복음과 마가복음이 간행되었다.[7)]

바로 이 서북청년들이, 생업을 위해 조선사람들이 번번이 오고 가던 고려문을 비롯, 그들의 고향인 소래, 의주, 선천, 서북지방 각지로 돌아다니며 이른바 '쪽복음'을 들고 전도하기 시작한 것이다. 모두 서양 선교사들이 오기 전의 일이다. 앞서 말한 바와 같이, 1885

---

6) 김양선, 『한국기독교사연구』(서울: 기독교문사, 1971), 49쪽에서 따옴.
7) 윗글과 함께 달음 2에 있는 김양선의 글도 볼 것.

년 언더우드 목사가 조선에 왔을 때 세례를 받기 위해 기다리고 있던 조선사람들은, 바로 만주에서 스코틀랜드 선교사 로스와 맥킨타이어를 만나 개종하고 성서를 우리말로 옮긴 이들의 적극적이고 능동적인 활동의 결과, 곧 이 서북청년들에게 전도를 받아 개종한 이들이었다. 이들의 전도활동으로 조선사람들의 교회가 만주 땅에 그리고 황해도 소래(松川)에 들어선 것도 다 서양 선교사들이 오기 전에 일어난 일이다.[8] 요즘으로 말하면, '북한'에 살았던 이들에 의해 북한에서 이루어진 일이라는 말이다.

그래서 이 땅의 기독교 역사는 '북한 기독교의 역사'로 시작되었다고 나는 주장하는 것이다. 그 후 북한 기독교, 특히 서북지방 기독교가 놀라운 성장을 보이면서 이 땅의 기독교 역사를 만들어 갔다. 조선왕조 500년 동안 차별받던 서북지방 사람들은 한양 중심 질서, 유학(주자학)의 가르침, 양반 지배질서와 정치·사회·문화 등 모든 면에서 '거리'가 있었다. 이 지역에는 반(反)유교, 반(反)양반, 반(反)한양의 정서가 깊고 넓게 퍼져 있었다. 그래서 '새 가르침', '새 생각', '새 세상'의 도래를 꿈꾸는 이들이 '새 종교'인 기독교를 열광적으로 수용해 놀라운 성장을 하게 된 것이다.[9] 북한의 중심지 평양이 "동양의 예루살렘"(Jerusalem in the East)이라 일컬어지기도 하고 "조선기독교의 성지"(The Holy City in Korea)라 불릴 정도였으며,

---

8) 구미정, "김양선의 눈으로 본 '이 땅 최초의 교회'," 2016년 10월 8일 한국기독교역사문화학회 학술대회 자료집, 5-26쪽을 볼 것; 김양선의 윗글들과 달음 4에 있는 박정신의 글도 볼 것.

9) 박정신, 『숭실과 기독교』 99-104쪽.

최초의 근대 대학인 숭실이 문을 연 것도 모든 것의 중심지인 한양이 아니라 평양이었다.[10] 조선 선교에서 가장 역동적으로 중심 역할을 한 미국 북장로교가 신학교를 세울 때 한양이 아니라 평양에서 이른바 '평양신학교'를 세운 것도 눈여겨보아야 할 대목이다.

"말은 제주로, 사람은 한양으로 보내라"라는 속담이 있던 시대다. 그러나 이 땅의 초기 기독교 역사에서 중심은 북한, 서북지방이었다. 새 정치, 새 교육, 새 문화, 새 사회 운동이 시작되고 활발히 전개된 곳도 북한, 서북지방이었다. 19세기 말 이 땅에서 펼쳐진 '시민운동의 효시'라고 불리는 독립협회운동을 보기로 삼아도 그렇다. 기독교로 개종한 서재필, 윤치호 등이 1884년 갑신정변 때의 실패를 거울삼아 '위로부터'가 아니고 '아래에서부터 개혁'을 해 보자고 서울에서 독립협회를 결성하였다. 그러다가 1889년 공주, 평양, 선천, 의주, 강계, 북청, 대구, 목포 등 여덟 개의 도시에 지부를 설치하며 전국적인 개혁운동으로 확장하게 된다. 공주 지부는 협회 중앙간부이자 당시 친기독교 인사, 그 후 기독교로 개종한 이상재와 지석영이 자신들의 고향 지방에 지부가 설치되기를 바라 설치되었고, 나머지 일곱 개 지부는 그 지방, 그 도시에 사는 이들의 열화 같은 요청으로 설치되었다. 여기서 강조하고자 하는 것은 이 일곱 개 지부 가운데 다섯 개가 북한에 설치되었다는 점이다.[11]

---

10) 윗글과 함께 달음 4에 있는 박정신의 글도 볼 것.

11) Chung-shin Park, *Protestantism and Politics in Korea* (Seattle and London: University of Washington Press, 2003), 125-128쪽에 기댐.

짧게 이야기하면, 1945년 해방될 때까지, 다른 영역은 몰라도 기독교만 보면, 교세의 절반 이상이 북한(서북지방 중심으로)에 있었다. 교인수도, 교회수도 그리고 기독교 학교도 절반 이상, 어떤 통계는 거의 2/3가 북한에 있었다. 그래서 독노회를 비롯한 전국 규모 기독교 회합의 절반 이상이 서울이 아닌 평양 등 북한 지역에서 개최되었던 것이다.[12)]

3. 뒤틀린 해방과 '해방공간' 그리고 남 · 북 기독교

그러다가 해방을 맞이했다. 1945년 8월 15일 일본 천황 히로히토(裕仁)가 연합군에게 '무조건 항복'을 선언했다. 40여 년의 식민통치를 받아온 우리 겨레는 '이 날'을 어떻게 맞이했는가? 민족시인 심훈은 1930년 3월 1일 삼일만세운동 기념일을 맞아 해방의 '이 날'을 기다리는 우리 겨레의 마음을 다음과 같이 시로 담아냈다.

> 그 날이 오면, 그 날이 오며는
> 삼각산(三角山)이 일어나 더덩실 춤이라도 추고
> 한강(漢江)물이 뒤집혀 용솟음칠 그날이
> 이 목숨이 끊기기 전에 와 주기만 할 양이면
> 나는 밤하늘에 날으는 까마귀와 같이

---

12) 윗글, 97-99쪽을 볼 것.

종로(鐘路)의 인경(人磬)을 머리로 드리받아 울리오리다

두개골이 깨어져 산산조각이 나도

기뻐서 죽사오매 오히려

무슨 한(恨)이 남으리까[13]

<그 날이 오면>에서 해방이 오기를 울부짖던 심훈은 1937년 해방을 보지 못하고 세상을 떠났다. '숭실의 사람' 윤동주[14]도 '별 헤는 밤'을 지새다 1945년 해방을 앞두고 일본 후쿠오카 감옥에서 죽어갔다.[15] 이처럼 우리 민족의 서사에는 '해방'을 온몸으로 그리고 또 기리는 몸부림이 있었다. 지역으로 보아 남쪽에 살든 북쪽에 살

13) 심훈, 『그날이 오면』 (서울: 한성도서, 1949).

14) 연세대 교정에 윤동주의 시비가 있다. 우리의 '뒤틀린 역사'에 의문을 가지고 있지 않은 이들은 '연세의 사람들'과 더불어 윤동주를 '연세의 사람'으로 기억한다. 그래, 그는 '연세의 사람'이다. 그러나 그가 '연세의 사람'이 되기 전에 이미 그의 벗 문익환과 더불어 '숭실의 사람'이었다는 것을 기억하는 사람은 드물다. 윤동주는 문익환과 함께 북간도 용정에서 어린 시절을 보내다 평양 숭실중학교에 입학하였다. 서울에 있는 학교로 가지 않고, 열렬한 민족해방, 새로운 교육 열정, 순수한 기독교 정신이 용해된 숭실중학교에 들어갔다. 그때는 중학교와 대학교가 오늘처럼 떨어져 있지 않았다. 한 교정에서 숭실대학 교수가 숭실중학에서도 가르쳤다. 그야말로 교수와 교사, 대학생과 중학생의 구분이 없었다. 여기에서 문익환과 윤동주는 양주동과 같은 숭실대 교수들을 통해 문학에 눈을 뜨고 시작(詩作)을 하였다. 윤동주와 문익환의 해맑은 신앙심과 시심이 어우러져 시를 쓰게 된 것 그리고 윤동주가 시단에 나선 것, 모두가 숭실의 교수 양주동 등의 사사와 추천에 힘입었다는 역사를 기억하는 사람은 드물다. 1938년 신사참배거부로 폐교되자 용정으로 돌아가 있다가 윤동주는 연희로, 문익환은 일본으로 가 공부하게 된다. 숭실대학교, 『인물로 본 숭실 100년』 1, 2권(서울: 숭실대학교, 1997), 145-146쪽.

15) 윤동주, 『하늘과 바람과 별과 시』 (서울: 정음사, 1948).

든, 동쪽에 살든 서쪽에 살든, 이 땅에 살든 남의 땅에 살든, 또는 이념의 잣대로 보아 오른쪽에 있든 왼쪽에 있든, 모두가 해방을 그리고 기렸다. 그러다가 해방을 맞이한 것이다. 벽초 홍명희는 해방의 환희를 이렇게 노래했다.

> 아이도 뛰며 만세
> 어른도 뛰며 만세
> 개 짖는 소리 닭 우는 소리까지
> 산천도 빛이 나고
> 해까지도 새 빛이 난 듯
> 유난히 명랑하다[16]

그의 <눈물 섞인 노래>의 한 구절이다. 그렇다. 이 시에서 우리 겨레가 얼마나 애절하게 해방을 그리고 기렸는지를 읽게 되고, 그러다 맞이한 해방에 얼마나 기뻐했는지를 느낄 수 있다.

그러나 한평생 해방을 위해 모든 것을 버리고 살다 중국 충칭(重慶)에서 상해임시정부를 이끌던 김구는 1945년 8월 15일 점심식사를 하다가 일본 천황의 항복 선언을 전해 듣고 "큰일 났구나"라고 반응한다. 이 해방의 소식이 김구에게는 "하늘이 무너지고 땅이 꺼지는 일"이었다.[17] 자신과 가족의 안녕을 위해, 입신양명을 위해,

---

16) 홍명희, 『해방기념시집』(서울: 중앙문인협회, 1945).
17) 김구, 『백범일지』(서울: 동명사, 1947), 350-353쪽.

그래서 출세와 명예를 위해 잔꾀로 처세하지 않고, 고난을 겪으며 고난의 눈으로 우리 역사를 읽어낸 함석헌도 "도둑처럼" 뜻밖에 해방이 왔다고 했다.[18] 시인 오소백은 "아아! 우울한 해방"이라고 한탄의 시를 썼다.[19]

한쪽에서는 해방을 환희하며 만세를 부르는데, 다른 한쪽에서는 태산 같은 걱정을 하고 있다. 도대체 이 '해방'은, 이 해방의 이야기는 무엇인가? 어떻게 기록하고 기억되어야 하는가? 해방을 맞아 우리 민족, 이 산하가 기뻐 춤추고 이 땅의 모든 생명체가 환희하였다. 그러나 우리 힘으로 쟁취하지 못하고 외세가 일본제국을 퇴패시킴으로 이루어진 해방이니, 외세가 장차 우리 민족의 앞날을 결정할 터였다. 우리가 해방을 충분히 준비하지 않은 상태에서 '도둑같이' 온 까닭에, 이념이나 정치지향 따위로 나뉘어 서로 삿대질하며 싸우는 혼란이 우리 민족에게 몰아닥칠 것을 내다보았기 때문에 도리어 '우울한 해방'을 걱정한 것이다.

세계 역사를 읽거나 우리 역사를 읽노라면, 이러한 시기에는 항상 시류를 교묘하게 이용하는 '꾼들'이 등장하기 마련이다. 인류보다는 나, 민족보다는 나, 공동체보다는 나를 위하여 시류에 따라 권력의 내용이나 본질과는 상관없이 그것에 빌붙어 '생존'하면서 삶을 꾸려온 이들이, 인류를 내세우고 민족을 거론하며 공동체를 운운하면서 다시금 자신의 가문이나 자신이 속한 집단의 자리를 지키

18) 함석헌, 『뜻으로 본 한국역사』 (서울: 한길사, 2008), 357-358쪽.
19) 오소백, "아아! 우울한 해방," 『세대』 4-1 (1966년 1월).

며 이익을 추구하려고 획책하는 것이다. 이런 짓을 하는 것을 자신들의 조상으로부터 익히 전수받은 이들이다. 구한말에도, 일제강점기에도 그렇게 하는 것이 몸에 익숙한, 이른바 '기득권자들'이다. 친일하며 자리 지키고, 친일하며 자식 공부시키고, 친일하는 데 아무런 양심의 가책을 느끼지 않던 그들은 시류를 자기중심으로, 자기 무리 중심으로 바꾸고자 했다. 이런저런 명분을 내세워 여론을 그렇게 만들었다. 이를테면, "뭉치면 살고 흩어지면 죽는다" 따위의 명분이다. 해방된 조국의 건설을 위해서는, 친일행위를 했든지 민족운동을 했든지, 기왕에 해방이 되었으니 더이상 문제 삼지 말고 하나가 되자는 꼬드김이다. 살아남는 술수를 아는 그들은 친일파와 그 후예들과 더불어, 자기들, 자기 정파의 자리나 이익을 추구했다. 반민족특별위원회가 무산된 것도 이 때문이다.

'참 해방'이 되어, 친일하며 이른바 잘먹고 잘살아온 이들, 친일하며 일제가 세운 학교 다니면서 엘리트로 삶을 꾸린 이들, 친일하며 자식들을 교육시켜서 계속 엘리트로 자리매김해온 이들에 대한 청산이나 성찰 또는 반성의 기간은 '찰나'에 지나지 않았다. '뒤틀린 해방'의 시작이다. 이 '뒤틀린 해방'은 여기에서 멈추지 않고 줄곧 이어진다. 시류 따라 생존과 기득권 유지를 태생적으로 익힌 이들과 그 후예들이 '체제의 지식인'으로 또는 권력자로 탈바꿈해 우리 사회의 담론을 생산·재생산하는 과정에서 일제강탈기에 식민통치세력에 의해 핍박받느라 '공부를 많이 하지 못했다'고, '새 시대에 필요한 인재가 아니라'고 독립운동세력과 그 후예들을 소외시키고 무시하며 그들을 우리 사회의 '비주류'로, 변방으로 몰아냈다.[20] 우리의 '뒤틀린 해방'의 기억이다. 그 시대를 산 김대중은 해방공간을 "한마디로 혼돈과 혼란 그 자체"였다고 했다.[21]

하여튼 제2차 세계대전이 끝났지만 그리고 우리 겨레는 해방을 맞이했지만, 새로운 전쟁, 이른바 동서냉전(The Cold War)이 시작되었다. 그래서 해방된 1945년부터 남과 북에 각기 다른 정부가 들어선 1948년까지, 이른바 우리의 '해방공간'은 혼란스럽고 우울하였다. 『한국전쟁의 기원』이라는 연구로 우리에게 널리 알려진 브루스 커밍스(Bruce Cumings)는 이 해방공간을 "한국 사람들의 시기" (The Korean Period)라고 한다. 미국과 소련이라는 외세가 남·북에 주둔하고 있었지만, 우리 겨레가 말할 수 있고 행동할 수 있었던 시기라는 말이다.[22]

이 해방공간에서 주목받던 지도자들은 대부분 기독교인들이었다. 이승만, 김구, 조만식, 여운형, 김규식 등이 그들이다. 이 가운데 여운형과 조만식을 우리는 주목하고자 한다. 해방을 내다보면서 우리 겨레 지도자들은 자기가 사는 마을과 지방의 치안을 위해 자치회(自治會), 인민위원회(人民委員會)와 같은 조직을 결성하여 해방을 준비하였는데, 여운형과 조만식이 바로 이러한 여러 조직

---

20) 김대중, 『김대중 자서전』 1(서울: 삼인, 2010), 67-68쪽.

21) 윗글, 58-69쪽과 62쪽.

22) Bruce Cummings, *The Origins of the Korean War, vol. 1, Liberation and the Emergence of Separate Regimes, 1945~ 1947* (Princeton NJ.: Princeton University Press, 1981).

을 흡수하고 이념의 좌우세력을 아우르며 남·북에 걸친 전국 조직으로 등장한 '조선건국준비위원회'와 이 기관의 북쪽 지부격인 '이북오도인민정치위원회'의 지도자였기 때문이다.[23)]

남쪽에서는 건국준비위원회가 해방 정국을 주도했다.[24)] 우리 학계에 잘 알려지지 않았지만 그리고 누구도 강조하기를 꺼리고 있지만, 이 건국준비위원회도 전국에 퍼져 있는 교회와 깨어난 기독교인들에 기대어, 또 교육, 사회, 정치 지도자로 이미 떠올라 있던 성직자와 평신도 지도자들의 적극적인 참여에 힘입어 급속히 조직화되었다. 건국준비위원회의 지도자로 맹활약한 여운형은 평양신학교에서 신학을 공부하고 한때 서울 인사동에 있는 승동교회 전도사로 시무하다가 민족독립운동전선에 뛰어들었다. 그는 <공산당선언>을 우리말로 번역도 하고 고려공산당(高麗共産黨)을 만들기도 한 기독교계 인물이었다. 1919년 독립선언서에 서명한 목사 김창준을 비롯하여 목사 이규갑, 이만규, 기독교 지성인 이동화, 가나안농군학교로 유명한 장로 김용기 등 수 많은 기독교계 지도자들이 건국준비위원회의 중앙지도부에 참여하였다.

지방 조직도 마찬가지다. 이를테면, 강원도 평창군의 건국준비위원회 위원장은 목사 황회수, 수원시 위원장은 목사 이하영, 가평군 위원장은 목사 김광노였다. 1946년 대구를 중심한 10월 사건으

---

23) 자세한 것은 Chung-shin Park, *Protestantism and Politics in Korea*, 161-167쪽을 볼 것.

24) 이 부분은 윗글, 여섯째 마당 후반부에 기대었다.

로 유명한 목사 최문식과 이재복도 그 지역 건국준비위원회에 지도자로 참여하였다. 1946년 목사 조향록이 강연을 위해 경상남도를 방문하였는데, 어디를 가나 인민위원회나 건국준비위원회가 조직되지 않은 곳이 없었으며 "위원장이란 자는 거의 모두가 목사 아니면 장로인 데서 깜짝 놀랐다"라고 회고하기도 했다.[25)]

그러나, 아래에서 논의하겠지만, 북쪽 교회가 조만식이 이끈 이북오도인민정치위원회를 대대적으로 지지한 것과 달리, 남쪽 교회가 여운형의 건국준비위원회를 전폭적으로 지지한 것은 아니었다. 여기에는 몇 가지 이유가 있는데, 우선 여운형은 남쪽에서 해방정국을 주도하던 이승만, 김구, 김규식, 신흥우 등 여러 기독교계 정치지도자 가운데 하나에 지나지 않았기 때문이다. 또 남쪽에 주둔한 미국이 북쪽에 진주한 소련과 이념적으로 친화적인 건국준비위원회를 지원할 리 없었다. 이후 이승만이 '반공'을 천명하며 미국의 지원을 받게 되자, 남쪽에서 남·북의 여러 정치세력을 아우르는 이들의 설 자리는 점점 좁아지게 되었다. 그러다가 1946년에 여운형이 암살당하고, 1947년에 김구가 암살당하게 된다. 이제 이승만 홀로 남쪽의 강력한 지도자로 등장하게 되면서 '반공' 기조가 더욱 강화되었다.

1948년 1월 미국 장로교의 한 회의에서 이승만은 자신의 정부와 한국(남한) 기독교가 "남쪽을 공산화"하고, "기독교를 말살"하려는 "소련이 훈련시킨 붉은 군대"를 막아야 하는 중차대한 과업을 수행

---

25) 장병욱, 『6 · 25 공산남침과 교회』(서울: 한국교육공사, 1983), 155쪽.

해야 한다고 연설했다. 이어서 그는 미국 기독교가 한국에서 이룬 지적, 정신적 개화를 파괴하려는 공산집단에 함께 맞선 자신의 정부와 한국의 기독교인들"을 지원해 달라고 호소했다.[26] 여기서 우리는 이승만이 자기 자신과 한국 기독교를 함께 묶고 있음을 보게 된다. 다분히 미국 기독교계와 미국 사회의 지원을 겨냥한 '정치연설'이지만, 이러한 그의 행보는 그와 한국교회가 함께 간다는 것을 노골적으로 드러내고 있는 것이다. 우리가 익히 아는 대로 2차대전 후 동서 냉전 구조가 등장했던 당시의 미국은 '맥카시주의'(McCarthyism)라 불리는 좌파 숙청의 광기에 휩싸였다. 그렇기에 이승만의 반공투사적 연설은 큰 반향을 불러일으켰다. 특히'자신의 정부와 한국의 기독교인들'이 함께 손잡고 반공전선에 나섰다는 연설은 한국에 기독교를 전파한 미국 기독교회의 적극적인 지원을 유도하였다. 이 연설은 기독교회와 이승만 세력과의 사이에 이념적, 정치적 연대가 이즈음 이미 이루어졌다는 증거이기도 하다. '서북청년단'을비롯한 북쪽에서 남하한 기독교인들이 이승만 세력에 합세한 것은 두말할 필요도 없다. 반공검사로 유명한 기독교인 오제도와 '피난민교회'로 시작하여 한국 최초의 대형교회가 된 영락교회가 그 좋은 보기이다.

한편, 해방공간에서 북쪽 기독교는 어떠했는가? 그 동향을 살

---

26) 이 회의는 1948년 1월 4일부터 7일까지 오하이오주 콜롬버스에서 개최되었다. 연설 내용을 다음 자료에서 읽을 수 있다. *The Foreign Missionary Boards and Committees, Conference Report* (New York: E. O. Jenkin's Printing House, 1949), 61쪽.

피려면, 조만식과 이북오도인민정치위원회 이야기를 하지 않을 수 없다.[27] 해방 당시 북쪽의 종교 상황을 보아도, 기독교의 조직과 영향력은 그 어떤 세력도 따라올 수가 없었다. 1946년에 나온 『조선중앙연감』을 보면, 기독교를 중요하게 다루고 있다(<표> 참고).

〈표〉 해방 당시 종교 실태[28]

종교	교회수	신도수	비고
기독교	1,400여개	12만 명	평양인구 40만 명 중 신자 2만 명
천주교	3개 교구 50여개 성당 수도원(전국 8개 교구)	5만 명	평양교구, 함흥교구, 덕원교구
불교	9개 대본산 400여 개 막사	3만 5천 명	승려 1,000여 명
천도교		286만 명	전국 400만 신자의 66%

천도교 신도가 더 많은데도 기독교를 첫 항목에 넣고 있다는 것이 눈길을 끈다. 다른 자료에 의하면, 북한 기독교인의 수가 약 30만 명이고, 교회의 수가 약 2천 교회라고 한다.[29] 하여튼 위에서 논의했지만, 북한에서 새 정치, 새 문화, 새 사회, 새 교육 운동을 기독교 공동체가 주도했기 때문에, 해방 후 이른바 '해방공간'에서도 조만식을 비롯한 기독교 지도자들이 이러한 조직과 교세를 가지고 앞장

---

27) 이 부분은 한국기독교역사연구소북한교회사집필위원회가 펴낸 『북한교회사』 (서울: 한국기독교역사연구소, 1990), 376-401쪽과 Chung-shin Park, *Protestantism and Politics in Korea*, 161-167쪽에 기댐.

28) 통일원, 『북한개요』 91(서울: 통일원조사연구실, 1990), 333쪽.

29) 윗글, 같은 부분.

서고 있었던 것이다.

평양을 중심으로 북쪽에서 이북오도인민정치위원회를 이끈 조만식은 '조선의 간디'로 알려진 교회 장로였다. 그는 좌파의 현준혁과 더불어 기독교세가 유독 강한 평양을 근거지로 삼고, 이북 각지의 교회조직과 기독교 지도자를 중심으로 이 인민정치위원회를 조직, 소련군이 주둔할 북쪽에서 새 나라를 우리의 힘으로 세우고자 하였다.

그러나 조만식은 소련군과 함께 귀국해 주둔군의 지원을 받고 있던 김일성 세력에게 떠밀려 인민정치위원회에서 물러나게 되었다. 그래서 그를 따르는 공산주의자 최용건 및 김책과 함께 1945년 말 조선민주당(朝鮮民主黨)을 창당하여 김일성 세력과 맞서고자 하였다. 이북 전역의 기독교조직과 교회 지도자들이 이 당의 근간조직이었고 당원이었다. 조만식이 이끈 조선민주당과 더불어 이북에 등장한 기독교사회민주당(基督教社會民主黨)도 지방 인민위원회를 주도하고 있던 목사 한경직과 장로 이유필이 창당하였고, 기독교자유당(基督教自由黨)도 목사 김화식, 목사 신석우, 목사 송정근 등이 결성하였다. 이처럼 기독교세가 선교 초기부터 강했던 이북에서 소련을 등에 업은 김일성 세력이 득세하기 전에는 교회 지도자들이 해방정국을 주도하였던 것이다.

기독교 지도자들이 사회정치 지도자로 떠오르자, 이북교회도 조직을 재정비하고 신자들의 정신적 또는 신앙적 연대를 강화하고자 하였다. 1945년 10월, 이북오도연합회(以北五道聯合會)를 결성하여 종교 문제와 사회정치 문제에 집합 행동으로 대응하기로 하였다. 이 연합회의 관장 아래 각 지방을 순회하며 부흥회를 개최한 후 그 열기를 몰아 평양에서 독립기념전도대회를 개최, 안으로 신도들을 단합하고 밖으로 기독교의 세를 과시하였다.

이북 전역에 조직을 가지고 하나의 신앙체계로 뭉친 신도들 그리고 높은 교육을 받은 지도자들을 가진 기독교공동체는 소련 주둔군의 지원을 받으며 친소 정권을 수립하려는 김일성 세력에게는 위협적인 집단이 아닐 수 없었다. 1946년 초, 창당 3개월 만에 약 50만 명의 당원을 확보한 조만식의 조선민주당이 「평북민보」, 「황해민보」, 「강원민보」를 발간할 정도로 당세가 재빨리 뿌리내려 가지 쳐 간 것은 바로 활성화된 기독교의 조직과 단합된 신도들 때문이었다. 그 당시 4,530명의 당원을 가진, 그러나 소련 주둔군의 전폭 지원을 받고 있던 김일성 세력과 약 300,000명의 신도 및 2,000여 개의 교회를 가진, 거대한 조직을 발판으로 정치세력화해 가는 기독교 세력은 갈등의 길을 걸었다.

1946년에 기독교 지도자들이 평양에서 3·1운동 기념행사를 개최했을 때, 기독교사회당 용암포 지부 결성 때, 반공을 부르짖은 신의주 학생시위 때를 비롯하여 교회 안팎에서 펼쳐진 크고 작은 기독교 행사와 기독교인들의 활동에 대해 김일성 세력은 민감하게 반응, 물리적으로 탄압하였다. 이와 더불어 같은 해에 목사 강양욱, 목사 홍기주, 목사 김응순, 목사 김익두 등을 내세워 조선기독교연맹(朝鮮基督教聯盟)을 결성하여 지원하고, 자기를 반대하는 이북오도

연합회와 그 연합회 소속 교회 및 성직자들을 탄압하였다. 이북오도연합회를 중심으로 한 기독교 세력은 김일성의 더해만 가는 탄압에 강렬하게 저항하였다. 그러나 주둔군의 전폭적 지원과 물리적 힘을 가진 김일성 집단과 싸운다는 것은 순교적 저항이었지, 승리를 담보한 싸움은 아니었다.

김일성 세력과 종교적, 정치적으로 맞서 싸운 기독교 신자들은 길게 논의할 필요도 없이 전투적 반공주의자들이었거나 또는 적어도 대항 과정에서 반공주의자들이 되었다. 친소 정권을 창출하려는 김일성 세력의 끊임없는 감시와 탄압을 받게 된 이들은 기독교를 전해준 미국이 주둔하고, 이승만, 김규식, 김구, 여운형 등 기독교 지도자들이 정국을 주도하고 있던 남한으로 탈출하게 된다. 이른바 '종교의 자유'를 누리기 위한 종교적 이주였다.

1948년 북한 정권이 수립된 이후에도 이러한 이주는 계속되었다. 그러다가 이북에 남아있던 기독교인들은 6·25전쟁 때 떼를 지어 남쪽으로 이주하게 되었다. 미국의 역사학자 클락(Donald N. Clark)은 이를 "장관의 대탈출"(spectacular exodus)이라고 부른다.[30] 이후 이북 기독교는 '가정교회'와 '지하교회'로 잔존했다(미세한 집단으로 남게 된 제도권 교회는 여기서 논의하지 않겠다).[31]

---

30) Donald N. Clark, *Christianity in Modern Korea* (Lanham and New York: The Asia Society/University Press of America, 1986), 18쪽.

31) 상세한 것은 한국기독교역사연구소, 『북한교회사』, 6장을 볼 것.

4. 분단과 전쟁 그리고 남·북 기독교

앞서 말했지만, 1945년 8월 15일 일본제국의 항복, 연합군의 승리로 우리 겨레는 일제식민통치의 멍에를 벗어날 수 있었다. 그러나 우리는 남·북으로 나뉘어 쟁투함으로 눈물과 고난의 세월을 보내게 되었다. 그리고는 끝내 서로 죽이고 죽임을 당하는 전쟁의 역사를 만들었다. 제2차 세계대전의 종식과 더불어 또 다른 전쟁, 이른바 동서냉전이 시작되었다. 두 진영을 대표하는 소련과 미국 두 외세가 각각 남과 북에 진주해 '냉전체제'를 구축하는 책동을 벌이게 되었다. 한 발짝도 물러설 수 없는 그들의 '세계전략'이 불행히도 한반도에서 펼쳐진 것이다.[32]

사실대로 솔직하게 그래, 자기성찰의 눈으로 우리 역사를 읽어보자. 마이클 로빈슨(Michael E. Robinson)이 지적한 대로,[33] 우리 겨레는 이념적, 정치적으로 이미 1920년대부터 나뉘어 있었다. 1910년 강제병합 뒤, 일제식민통치세력은 군대와 경찰의 힘으로 조선을 통치하며 언론·결사·집회의 자유를 박탈한 이른바 '무단통치'를 실시하였다. 그러다가 1919년 3·1만세운동 이후, 오로지 무력으로만 통치할 수 없다고 판단하여 '문화정치'를 펼치게 되었다. 말하자면, 우리 겨레에게 제한적이나마 언론, 결사, 집회의 자유를 허용

32) 나의 영문 저서, *Protestantism and Politics in Korea*, 일곱째 마당을 볼 것.
33) Michael E. Robinson, *Cultural Nationalism in Colonial Korea, 1920~1925* (Seattle and London: University of Washington Press, 1988).

한 것이다. 그래서 신문과 잡지가 나오고 수많은 단체들이 등장하게 되었다. 1922년 조선총독부 통계에 의하면, 무려 3,002개에 달하는 단체들이 등록되어 활동하였다.[34)]

바로 이 '문화정치' 시기에 여러 종류의 급진적 사상들이 들어오고 운동들이 시작되었다. 특정 나라나 지역의 역사를 연구하는 역사학자들과 달리 세계 역사의 큰 흐름을 관찰하고 연구하는 역사학자들은 이 1920년대를 '주의의 시대'(the period of isms)라고 부른다. 그 무렵, 탐욕스런 자본주의 경제체제의 병폐들이 나타나고, 세계적으로 이른바 '경제 대공황'이 불어 닥쳤다. 이에 따라 이 시기의 탐욕스런 자본주의를 비판하며 대안을 내놓는 지적, 정치적 논의가 활발하게 이루어졌다.[35)] 그러면서 여러 종류의 사회주의와 공산주의가 대안으로 떠올라 세계 각 지역으로 퍼져나갔다. 이리하여 '주의의 시대'가 도래하게 된 것이다. 미국이나 유럽의 여러 나라는 물론이고, 우리 겨레를 식민통치한 일본제국에서도 그러하였다.

일제식민통치로부터 해방되어 독립된 나라를 꾸릴 수 있기를 꿈속에서조차 그리던 우리 겨레에게도 이 '주의의 시대'가 피해 가지 않았다. 그래서 독립과 해방에 대한 논의가 '문화정치' 시기에 활발히 전개되었다. 바로 그 시기에 독립과 해방의 '방략'이 여러 갈래로 나누어졌다. 좌파와 우파, 진보와 보수, 사회주의 계열과 민족주

---

34) 상세한 것은 나의 영문 저서, 윗글, 108-109쪽을 볼 것.

35) 나의 논문, "탐욕의 역사, 파멸의 역사: 역사학에 기대 본 한국교회 개혁방향," 「국제한국사학」 창간호(2013년 6월), 35-66쪽도 그 한 보기다.

의 계열로 나뉘어 서로 정치적, 이념적으로 삿대질하게 되었다. 아니, 일제식민통치세력이라는 '적'보다 서로를 더 증오하게 되었다.[36)]

물론 1927년, 일제라는 '적'으로부터 해방되려고 '좌우합작'(the United Front)을 꾀한 '신간회'가 나오기는 했지만, 이 움직임은 지속되지 못했다. 좌우가 존경하는 '신간회'의 지도자 이상재의 죽음으로 좌우합작의 해방운동이 좌절되었다.[37)] 그래서 이념적, 정치적으로 나뉘어 서로 적대하는 상황에서 해방을 맞이하게 되었다 로빈슨이 지적한 것은 바로 1945년 해방과 더불어 미·소라는 외세의 개입으로 우리 겨레가 나뉜 것이 아니라, 이미 1920년대부터 나뉘어 서로를 '증오'했다는 것이다.[38)]

하지만 사실은 이렇다. 해방된 1945년부터 남·북에 서로 다른 정부가 들어선 1948년까지, 그러니까 브루스 커밍스가 말한 '우리 겨레가 몸부림칠 수 있던 시기'에 서로 삿대질만 하지는 않았다. 우리 겨레가 아무 생각도 없이 어떤 행동도 하지 않은 게 아니라는 말이다.[39)] 이 시기에, 그래, '해방공간'에서 이념과 정치의 진영을 넘

---

36) Michael E. Robinson, *Cultural Nationalism in Colonial Korea*, 1920~1925, 윗글, 여러 곳과 나의 영문 저서, 윗글, 여러 곳을 볼 것.

37) 박정신, "한국지성사에서 읽은 이상재: 실학의 막내에서 근대 시민사회 건설의 앞섬이로," 「시민문화춘추」 제2호(한국시민문화학회, 2006, 가을), 55-72쪽; 이 글은 박정신, 『역사학에 기댄 우리 지성사회 인식』(서울: 북코리아, 2008), 48-66쪽에도 실려 있다.

38) Michael E. Robinson, 윗글을 볼 것

39) 정시우 엮음, 『독립과 좌우합작』(서울: 삼의사, 1946); 민주주의민족전선 엮

어 '좌우합작'을 도모하는 등, 통일된 정부를 수립하기 위해 노력한 이들이 있었다. 이를테면, 1946년 극좌와 극우를 막론하고 우리 겨레의 지도자라는 이들이 자기와 자기 무리들의 이권을 위해, 앞서 말한 친일세력의 생존을 위해 서로 엉키고 뒤엉키는 과정에서, 이념적, 정치적으로 극좌와 극우를 지양하며 남·북으로 주둔한 외세와 그 외세에 기댄 세력에 맞서 여운형, 김규식, 안재홍, 김구 같은 지도자들은 '통일민족국가 건설'을 위해 온몸을 던지기도 했다.[40)]

1946년부터 움튼 '한겨레, 한나라'의 운동은 '좌우합작위원회'로 우리 역사에 나타나게 된다. 두 번째 좌우합작의 통일전선 모색이라고 할 수 있다.[41)] 그런데 그 중심인물인 여운형이 1947년 10월 19일에 암살되고, 1948년 김구까지 암살되어 '좌우합작운동'이 무너진다. 신간회에 이어 두 번째 '좌우합작'이 무산된 것이다. 그래서 분단이 되었다. 우리 겨레가 목소리를 내고 행동할 수 있었던 그 '해방공간'에서 이념이나 정파의 이권을 넘어서려는 움직임이 좌절되었다는 말이다. '한 목소리'를 내지 못하고 '냉전'이라는 또 다른 형태의 전쟁을 펼치며 한반도에 주둔한 미·소 두 외세와 손잡은 '꾼들'이 득세하게 되었다. 그런 뜻에서 우리 겨레의 '나뉨'은 외세의 획책을 막고 우리 겨레의 '하나됨'의 염원을 설득하지 못한 우리의 실책

음, 『조선해방1년사』(서울: 문우인서관, 1946); 김희곤, 『대한민국임시정부의 좌우합작』(서울: 한울, 1995); 강만길, 『항일독립투쟁과 좌우합작』(서울: 한울, 2000) 등을 볼 것.

40) 이기형, 『여운형 평전』(서울: 실천문학사, 2000), 469쪽.

41) 나의 영문 저서, 윗글, 여섯째 마당을 볼 것.

이다. '두 눈'으로 우리 역사를 보면 그렇다.

이 대목에서 다른 나라, 곧 미국의 역사학자가 그렇게 이야기하는 것은 '미제국주의자들'의 세계지배 전략을 옹호하는 것이라고 주장하는 이가 있을 수 있다. 아직도 미제국주의자들의 패권을 정당화시키는 세계지배 전략이라고 이야기할 수 있다. 그러기에 '외눈'의 역사읽기를 멈추자는 것이다. 그래야만 자기성찰에 터한 우리 역사 읽기가 가능하고, 이를 바탕으로 미래를 향해 나아가는 '두 눈 그 너머의 눈'으로 역사를 바라볼 수가 있다. 모든 것을 외세나 다른 사람들의 탓으로 돌리며 역사를 이야기하는 것은 '또 하나의 역사 선동'에 지나지 않는다.

이러한 '선동'을 넘어, '뒤틀린 해방', 겨레의 나뉨, 서로 간의 경쟁과 긴장, 갈등과 반목의 결과로 1950년 6월 25일에 발발한 전쟁을 이야기해보자. 앞서 살펴본 1920년대 이후 해방과 독립을 위한 방략과 운동에서 이념적, 정치적으로 나뉘어 있던 역사, 그래서 '뒤틀린 해방'을 맞이하게 된 역사의 눈으로 보면, 이 전쟁은 어떤 전쟁이었나?

여기서 누가 삿대질을 먼저 하고, 누가 총부리를 먼저 들이댔으며, 누가 38선을 먼저 넘었는가를 따지는 것은 계속해서 삿대질하고 총부리를 들이대며 '전쟁'을 하자는 말이다. 우리는 어떤 전쟁이든지, 그것을 '성전'(the Holy War)이라 부르든, '십자군전쟁'(the Crusade)이라 부르든, 전쟁을 미화하는 생각 자체를 거부하고 그러한 생각으로부터 해방되어야 한다고 주장한다.[42] 나아가 우리는 '모든 전쟁, 어떤 전쟁'도 '악'이라고 선포한다. 미국이 어떤 생각과 목적을 가지고 있든지, 러시아나 중국이 어떤 생각과 주장을 가지고 전쟁을 하든지, 이슬람 국가나 불교 국가 그리고 기독교 국가가 어떤 생각과 목적을 가지고 전쟁을 하든지, 그래, 어떤 '성스럽고 정의로운 깃발'을 내걸고 '전쟁'을 하든지, 모든 전쟁은 '악'이라고 보는 역사 읽기를 하고자 한다.[43] 그래야만 '외눈'이나 '두 눈'을 넘어서 역사를 읽게 되고, 또 그렇게 읽어야 하는 것이다.

이렇게 '두 눈 그 너머의 눈'으로 이 땅에서 벌어진 남·북전쟁을 되돌아보자. 2009년 '보수' 성향 신문 「국민일보」의 보도에 따르면, '보수'적 기독교 지도자들의 단체인 '6·25진실알리기운동본부'가 밝힌 통계로, 6·25전쟁 때 남·북군인 250만 명, 민간인 350만 명이 죽었고, 전쟁고아와 이산가족, 피난 이재민이 390만 명에 이르렀다.[44] 이렇게 귀한 생명들이 죽어가고 가족이 파괴되어 한 겨레가 아직도 총부리를 겨누고 있다. 이렇게 수많은 사람이 죽었는데, 아직도 적대하고 '전쟁'이 오기를 바라는 듯한 언행을 하는 사람들이 우리 사회의 '지배엘리트'들이다.

---

42) 이 대목에서 구미정, "평화의 카이로스: 일상의 폭력 극복을 위한 기독교윤리학적 성찰," 「신학논단」 제65집(2011), 7-41쪽도 살피고, 무슬림 지하드(Jihad)나 크리스천 십자군(the Crusade)의 역사를 재음미하기를 권한다.

43) 박정신, "칸막이를 허무는 교회: 역사학에 기댄 한국교회 개혁을 위한 제안," 「현상과인식」 제37권 4호(2013, 겨울), 63-83쪽을 볼 것.

44) 「국민일보」 2009년 6월 25일자, "6·25는 현재진행형"이라는 보도를 볼 것. 여기서 남·북 군인의 숫자에는 미국을 비롯한 연합군이나 중국군의 경우는 포함되지 않았다.

남·북전쟁 시기에 남·북 기독교가 펼친 전쟁 지원 활동을 짧게나마 살펴보자. 앞서 본 바와 같이 해방공간에서 남·북한 교회와 교인들은 새 국가건설 과정에 적극적으로 참여하였다. 이 과정에서 기독교는 정치적 상황과 이해에 따라 분열되었고, 분단에 대한 정치적 입장도 달리 취하게 되었다. 북한체제에 반대하는 기독교인들이 대거 남한으로 내려온 이후 북한 교회는 조선기독교연맹을 중심으로 재구성되었고, 소수이지만 남한체제에 반대하는 기독교인들이 북한으로 넘어간 이후 남한 교회는 친기독교적인 남한에서 친체제 성향을 지니게 되었다.[45]

남·북전쟁이 일어나자 북한 교회는 김일성 세력을, 남한 교회는 이승만 세력을 적극적으로 지원하였다.[46] 북한 교회는 '미제국주의자들의 지배로부터 조국을 해방시키려 한다'는 북한 정권의 주장에 적극적으로 동조하였다. 해방 전 장로회 총회장이었던 목사 김익두가 군사기금으로 10만 원을 헌금하였는가 하면, 1950년 8월 5일에는 장로교, 감리교, 성공회, 성결교 등 각 교파의 성직자들이 성문밖교회에 모여 전쟁승리를 호소하는 궐기대회를 열기도 했다. 북한 인민군이 서울에 입성하자, 북한 교회는 월북한 기독교 지도자들과 그들에 동조하는 일부 남한 기독교 지도자들을 묶어 기독교민주동맹(基督教民主同盟)을 재건하여 인민군환영대회, 국방헌금

45) 나의 영문 저서, 윗글, 여섯째 마당에 기댐.

46) 이 부분은 김흥수, 『한국전쟁과 기복신앙확산연구』(서울: 한국기독교역사연구소, 1999), 제3장에 기대었다.

모금, 노동력 동원, 신도궐기대회 등을 통해 북한의 전쟁을 지원하였다.

남한 교회의 활동도 그러했다. 1950년 7월 3일 피난지 대전에서 한경직, 김병섭, 황금천, 손두환, 임병덕 등 교회 지도자들은 대한기독교구국회(大韓基督教救國會)를 결성, 전선을 따라다니며 국군을 선무하고 기독 청년을 모집, 전선으로 내보냈다. 1950년 9월 28일 서울을 수복한 다음 날, 중앙청 광장에서 수복기념회가 열렸을 때, '하나님 은혜'로 싸워 '하나님의 도우심'으로 수복하게 되었다고 믿는 기독교 지도자들과 신도들이 대거 참석하였음은 물론이다. 이와 함께 남한 교회는 대중집회를 열어 미국 대통령, 유엔 사무총장 등에게 지원을 요청하는 메시지를 채택, 전달하였는가 하면, 빈번한 부흥회를 열어 전쟁승리를 열렬히 기도하였다.

여기서 남·북 교회의 전쟁 지원에 대한 논의를 계속하는 것은 큰 의미가 없다. 그보다는 전쟁 과정과 그 이후에 나타난 남·북 교회의 특징을 헤아리는 것이 발전적인 논의를 위해 도움이 될 것이다. 먼저 북한의 경우를 보자. 북한 정권의 탄생과 남·북전쟁을 거치면서 북한의 기독교는 한마디로 '체제의 종교'가 되어 갔다. 기독교를 비롯한 종교 자체를 마르크스의 도식대로 간주하게 되었다. 이를테면, 조선노동당이 1967년에 펴낸 『김일성 저작전집』 1권 73쪽에는 다음과 같은 글이 있다.

종교는 일종의 미신입니다. 예수를 믿든지 불교를 믿든지 그것은 본질상다 미신입니다. 종교는 역사적으로 지배계급의 수중에 장악되어 인민을 기만하고 착취, 협박하는 도구로 이용되었으며 또 근대에 들어와서는 제국주의자들이 후진국가 인민들을 침략하는 사상적 도구로 이용되었습니다.[47]

왼쪽 외눈으로만 본 종교관이다. 긴 인류의 역사를 읽으면, 종교가 기존체제에 맞서 '인민'을 일깨워 혁명의 길을 연 보기들이 수없이 많다. 동학의 인내천(人乃天)이라는 가르침도 그러했고, 로마제국 유대교 질서에 맞선 예수운동도 그러했다. 여하튼 이를 부인하는, 북한 사회에 존재하는 기독교를 포함한 모든 종교는 '체제의 종교'로 전락했다.

남한도 예외가 아니다. 이승만 정권의 탄생과 남·북전쟁을 거치면서 남한의 기독교도 '체제의 종교'가 되었다. 다른 글에서 지적했지만,[48] 그러한 모습은 크게 세 가지 특징으로 나타난다. 천박한 물량주의와 이기적 기복신앙, 전투적 반공주의가 그것이다. 남한교회의 이런 모습은 그 자체로도 심각한 신앙의 위기이지만, 남·북협력과 평화통일 시대의 도래를 내다보는 시각에서는 더더욱 문제가 아닐 수 없다.

---

47) 통일원, 『북한개요』 91, 332-333쪽.

48) 박정신, "6 · 25전쟁과 한국 기독교 — 기독교공동체의 동향과 변화를 중심으로," 『한국 기독교사 인식』 (서울: 혜안, 2004), 181-215쪽, 특히 201-214쪽을 볼 것. 또한 박정신, 『맞섬과 초월의 눈으로 본 한국기독교역사』 (서울: 말, 2017), 제7강, 특히 152-168쪽도 볼 것.

다른 것은 접어두고라도, 전투적 반공주의에 대해서는 여기서 다시 언급할 필요가 있다. 기독교 윤리학자 정하은은 일찍이 다음과 같이 말한 적이 있다.

> 6·25동란으로 우리의 마음속에 반공세력은 정치적 정통세력으로 받아들이게 되었고, 반공, 그것이 바로 국민의 정치의식과 가치관에 부합되는 정통적 사고방식임과 동시에 행동방식이라고 믿게 되었다. … 그리하여 반공이라는 것이 민주주의를 수호하기 위한 방편이라기보다도 민주주의의 상위에 놓이게 되었다. … 민주주의를 반사적 요건으로 하고 반공을 본질적 요건으로 하여 한국 정치사상의 정통성이 구축되어 간 것은 6·25를 기점으로 해서였다.[49]

앞서 논의한 것처럼, 한국기독교는 일제강점기 후반에 사회주의를 비롯한 좌파 사상과 운동에 거리를 두기 시작했지만, 해방정국에서 보듯이 기독교 지도자와 신자 가운데 수많은 좌파 인사들이 많았다. 그러나 미군이 주둔하면서 이승만을 비롯한 기독교계 인물들이 득세하고, 사회분위기가 친기독교적으로 변하면서 기독교 안의 '좌경'세력은 급속히 약화되어 갔다. 특히 김일성 세력에게 감시와 탄압을 받던 이북의 기독교인들이 대거 남하하게 되자, 기독교는 '반공'의 종교공동체로 변화되었다. 정하은이 말한 것처럼, 남·

49) 정하은, "6·25에서 본 한국정치의 정통성,"『신상』 4권 제2호(1971년 여름), 9-14쪽, 특히 10-12쪽을 볼 것.

북전쟁으로 북쪽에서 엄청난 사람들이 남으로 피난하였는데, 이들이 반공의 맨 앞줄에 서게 되고, 반공의 깃발을 높이 쳐든 이승만 정권과 이념적으로, 정치적으로 연대하게 되었다. 이때 교회에는 '공산주의=반기독교', '기독교=반공'의 등식이 깊이 뿌리 내리게 되었다.

특히 남·북전쟁 중 임시수도 부산에서 있었던 이른바 '기독교와 용공정책 팜프렛사건'을 살펴보자. 이것은 기독교와 이승만 정부와의 유착을 보여주는 사건이기도 하지만, 반공주의가 어떻게 교회 안에 깊게 뿌리내렸는지를 보여주는 사건이다. 1951년 피난지 부산에서 이승만은 목사 송상석, 목사이자 국회의원인 이규갑, 평신도 지도자이자 국회의원인 황성수를 그의 임시관저로 불렀다. 그는 한국교회협의회(Korean National Council of Churches: KNCC)와 연대하고 있는 세계교회협의회(World Council of Churches: WCC)의 용공정책에 관한 팸플릿을 이들에게 주면서 한국교회도 세계교회의 용공적 움직임에 주목하고 대처해야 한다고 주문했다. 이들은 이를 번역하여 22명의 국회의원의 서명을 받아 교계와 정계에 배포하였다.[50] 우리가 이 사건을 주목하고자 하는 것은 집권세력과 기독교 지도자들이 연합하여 반공운동을 펼쳤다는 점이다. 이미 교회는 남·북전쟁을 '악마와 천사 간의 대결'로 인식하였고, 공산당 퇴치 전쟁을 십자군전쟁에 비유했다. 그래서 이승만의 북진통일 정책을 교회가 지지하게 된 것이다.[51] 종교학자 강인철은 남·북전

50) 자세한 논의는, 나의 영문 저서, *Protestantism and Politics in Korea*, 일곱째 마당을 볼 것.

쟁을 거치면서 한국기독교가 '우익의 탁월한 상징'으로 떠오르게 되었다고 주장할 정도다.[52]

한국기독교에서 보수신학의 대부로 일컬어지는 박형룡은 교회에 '붉은 세력'이 침투하고 있다며, 세계교회협의회(WCC)를 겨냥해 기독교와 공산주의는 함께 자리할 수 없다고 설파했다.[53] 여기에 그치지 않고, 미국의 민권운동가 마틴 루터 킹(Martin Luther King Jr.) 목사를 공산주의자들과 결탁하여 방화와 폭동을 일으켰다는 식으로 호도하고, 월남전에 반대한 이른바 '반전가수' 죠안 바에즈(Joan Baez)를 '유명한 공산주의자'로 취급한 미국의 극우 반공단체의 잡지들을 즐겨 읽으며, 또 이러한 미국의 극우 반공주의의 흐름을 한국기독교, 특히 보수적인 교회들에 줄기차게 소개하였다.[54] 그는 고려신학교, 장로회신학교 그리고 총회신학교의 신학적 토대를 닦고 수많은 목회자들을 배출하였다. 그의 제자들이 한국의 최대 교파인 장로교 교회에 다니는 이들에게 이러한 전투적 반공주의

---

51) 강인철, 『한국기독교회와 국가 · 시민사회, 1945~1960』 (서울: 한국기독교역사연구소, 1996), 270-272쪽을 볼 것.

52) 윗글, 272쪽.

53) 박형룡, 『박형룡박사저작전집』 제9권 (서울: 한국기독교교육연구원, 1981), 87-90쪽을 볼 것; 이와 함께 박정신, "우리 지성사에서 본 신학자 박형룡," 「한국개혁신학」 21권(2007), 48-66쪽도 볼 것. 이 글은 나의 논문집, 『역사학에 기댄 우리 지성사회 인식』, 67-86쪽에 실려 있다.

54) 특히 윗글, 107, 117쪽을 볼 것. 박형룡을 비롯한 한국기독교 보수파 지도자들과 미국의 극우파 기독교 지도자인 칼 맥킨타이어(Carl McIntire)와의 관계에 대해서는 장동민, 『박형룡의 신학 연구』 (서울: 한국기독교역사연구소, 1998), 383-388쪽을 볼 것.

를 주입시켜 온 것이다. 그의 제자들은 전국 방방곡곡에 있는 교회에서 공산주의자들은 '적그리스도'라고 가르치게 되었다.[55]

보수적이고 반공적인 한국기독교는 반공을 '국시'로 삼은 남한 정부와 친화적 관계를 형성하게 된다. 이승만의 독재정권, 박정희-전두환-노태우로 이어지는 군사정권은 반공적이고 친정부적인 보수파들의 활동을 적극적으로 도왔고, 이에 보답하기라도 하듯이 보수파 교회들은 공산주의자들이 그리스도의 진정한 적이며, 공산주의와 싸우는 정권은 하나님의 뜻에 따라 세워진 합법적 권력이라고 적극 지지하고 나섰다. '연례국가조찬기도회'와 같이 정치지도자들과 기독교 지도자들이 고급호텔에 모여 독재정권을 위해 기도하고 설교한 것은 너무도 잘 알려진 행사이다.[56]

짧게 말하면, 반공 문제에 관한 한 '정치적'이었던 교회는 그 밖의 문제에 대해서는 '비정치적'이었다. 그들에게 반공은 체험에서 나와 종교적 신념의 중요한 부분이 되었기 때문에 종교적인 것이지, 이데올로기가 아니었다. 반공 문제를 제외하면, 한국기독교, 특히 절대 다수를 차지하는 보수적 교회들은 사회정치 문제에 무관심하다. 이러한 전투적 반공주의는 남·북협력과 평화통일을 그리고 기리는 이때 교회 안팎에서 심각하게 논의하여야 할 문제다.

---

55) 그의 제자이자 크리스천 저널리스트인 채기은이 이의 좋은 보기이다. 채기은, 『한국교회사』 (서울: 예수교문서선교회, 1977), 225쪽을 볼 것.

56) 나의 영문 저서, *Protestantism and Politics in Korea*, 둘째 마당, 특히 "Late Fundamentalism in South Korea"와 여섯째 마당, 특히 "The Church in the South"를 볼 것.

5. 꼬리글: 체제의 기독교, 그 너머의 역사를 기리며

이 땅의 기독교 역사 초기, 북한에서 그토록 번성하고 정치, 경제, 사회, 문화, 교육 등 거의 모든 영역에서 막대한 영향력을 지니고 있던 기독교가 지금은 북한에 이름만 남아있을 뿐, 그 존재가 아주 미약하다. 19세기 말 '이제 여기'의 수직적 유교 가치와 질서에 맞서 '하나님 앞에서 모두 평등하다'는 수평적 가르침으로 그리고 일제강점기에는 '이제 여기'의 식민지배 가치와 질서에 맞서 '새 하늘과 새 땅'을 그리는 '출애굽'의 공동체로 뿌리내리고 가지 쳐 뻗어나갔던 북한 기독교는 해방과 분단, 김일성 정권 수립과 남·북전쟁을 거치면서 '초월'의 차원을 잃어버렸다. 체제에 의한, 체제를 위한, 체제의 종교가 되었다는 말이다. 남한 기독교의 발걸음도 다르지 않았다. 해방과 분단, 이승만 정권 수립과 남·북전쟁을 거치면서 물신숭배와 기복신앙에 함몰된 남한 기독교 역시 '체제의 종교'가 되었다.

그런데 우리 겨레의 역사에 참담하고 우울한 일들만 있었던 것은 아니다. 심훈이 '그 날'을 그리워한 것처럼, 윤동주가 감옥에서 별을 헤며 '그 날'을 기다린 것처럼, 타는 목마름으로 '새 날'이 오기를 기다린 이들이 있었다. 이를테면, 이승만의 12년 독재에 맞서 민주와 통일의 깃발을 들고 일어섰던 4·19혁명이 그렇다. 그러나 이 혁명은 탱크를 앞세운 박정희의 5·16 군사쿠데타로 좌절을 맛볼 수밖에 없었다. 이후 박정희-전두환-노태우로 이어지는 오랜 군사정권 시대가 이어졌다. 그러나 우리 겨레는 그 긴 시간 동안 민주, 인권, 통일을 이루어내려는 투쟁을 멈추지 않았다. 수많은 사건과 운동이 일어났고, 수많은 깨어난 학생, 청년, 성직자들이 죽기도 하고 감옥살이도 하며 억압을 받았다. 마치 일제식민통치 시기에 독립운동을 한 사람들처럼 삶을 꾸렸다. 일제강점기에 나라 안에서 그리고 이주하거나 망명하여 살던 연해주, 만주, 중국, 미국 등지에서 독립과 해방을 위해 몸부림쳤던 것처럼, 오랜 군사독재통치 시기에도 나라 안팎 어디에 살던 우리 겨레는 인권, 민주, 통일을 외쳐왔다.[57]

그 결과 1987년 6월 29일 군사독재정권의 대통령 후보 노태우가 이른바 '6·29선언'을 하게 된다. 박정희의 10월 유신 이래 체육관에서 찬반투표로 대통령을 선출하던 것을 국민이 직접선거로 뽑겠다고 선언한 것이다. 집권세력인 군부가 우리 겨레에게 인권과 민주 그리고 통일을 염원하는 그 숭고한 '꿈'을 같이 꾸자고 한 것이 아니다. 이 '선언'은 그들의 회개에 터한 것이 아니었다. 우리 겨레가 인권, 민주, 통일을 위해 오래도록 투쟁해온 결과다. 1987년 1월 14일 대학생 박종철이 이를 위해 투쟁하다 구속되어 고문으로 사망한 사건으로 우리 겨레는 두 눈을 다시 부릅뜨고 들고 일어섰다. 그래, 그의 사망 소식 이후 13일 만에 전국 37개 도시에서 100만 명이

57) 박정신, "미주 한인사회와 '한국 민주화 운동': 기억과 기록에 대하여," 국사편찬위원회 엮음, 『북미주 한인의 역사』 하(서울: 국사편찬위원회, 2007), 103-126쪽을 볼 것.

넘는 이들이 밤늦게까지 시위를 벌였다. 그러니까 노태우의 6·29 선언은 깨어난 우리 겨레의 투쟁에 항복한 선언이었다.[58] 그래서 우리 겨레는 인권과 민주의 시대에 들어서게 되었다. 그래, 민주주의는 피를 먹고 자란다는 말은 우리 역사에서도 증명되었다.

조금만 생각이 달라도 '종북좌빨'이네 '빨갱이'네 하면서 사람을 사회적으로 매장하고 죽이는 이 땅에서 함부로 '통일'을 이야기할 수가 없었다.[59] 그러나 이럴 때는 항상 깨어난 사람, 위험을 무릅쓴 사람들이 나타난다. 인류 역사에서, 이를테면, 중국의 춘추전국시대라는 혼돈의 시대에 등장한 공자나 로마식민통치시대 팔레스타인 땅에 나타난 예수 그리고 1960년대 미국의 킹(Martin Luther King, Jr.) 목사가 그 보기다. 우리 역사에도 어김없이 이러한 사람들이 등장하여 '새 날'을 열었다. 이들의 역사를 읽어보자. 19년 전, 2000년 6월 15일, 남·북 분단 이후 첫 남·북정상회담을 위해 평양에 도착한 남쪽의 김대중 대통령에게 북쪽의 김정일 국방위원장이 건넨 인사말이 인상적이다.

> 대통령께서는 무서움과 두려움을 무릅쓰고 용감하게 평양에 오셨습니다. 전방에서는 군인들이 총부리를 맞대고 방아쇠만 당기면 총알이 나갈 판인데, 대통령께서는 인민군 의장대 사열도 받으셨습니다. 이건 보통 모

---

58) 「시사월간 윈」 1999년 3월; 「월간조선」 1992년 1월.

59) 2013년 11월 16일 국제한국사학회 주관으로 "한국전쟁 전후 시기 이념과 국경을 넘나든 한국인들"이라는 주제 아래 열린 제2회 국제학술회의 자료집을 볼 것.

순이 아닙니다. 그렇지 않습니까?[60)]

이 <선언>이 나오기까지 뒤에서 이를 성사시킨 당시 통일부 장관의 회고를 여기에 옮겨보자.

> 그렇다. 김 대통령은 지난 반세기 동안 우리 민족이 겪어온 '모순'을 해결하는 길을 찾기 위해 위험을 무릅쓰고, 적대관계에 있는 상대방의 심장부에 찾아가는 모험(을) 단행했다. 오랜 역사를 통해 한 민족, 한 국가로 살아온 우리 민족이, 외세에 의해 강요된 분단을 반세기 넘도록 지속하는 모순, 우리를 분단과 냉전으로 몰아넣었던 나라들이 냉전을 끝냈는데도 불구하고, 우리 민족만이 아직도 불신과 대결의 냉전을 지속하는 모순, 이런 모순들을 해결하기 위하여 평양(을) 방문(하여) 민족의 앞길을 밝히는 〈6·15남·북공동선언〉(을) 합의(하고) 화해(와) 협력의 새 시대(를) 여는 큰 성과(를 이루었다.)[61)]

그렇다. 불신과 대결, 그 가운데 나온 적대 그리고 무서움과 두려움을 넘어 '새 날'을 그리고 행동하지 않는다면 이런 모험을 할 수가 없다. 우리 겨레의 '모순'에 대한 깊은 통찰력과 역사의식이 없다

---

60) 임동원, "6·15 공동선언을 회고하며 — 평화와 통일의 길," 신한대 한민족평화통일연구소 주최 특강(2014년 6월 16일).

61) 윗글. 여기 괄호 안에 있는 용어들(연결조사와 동사 등)은 내가 넣은 것이다. 그의 강연원고가 완성된 글이 아니라 그야말로 강연을 위한 초안이어서, 읽는 이를 위해 그렇게 하였다.

면 '종북좌빨'이네 '빨갱이'네 하는 비난, 비방 그리고 음해를 넘어설 수 있는 정치인이 없었던 그때, 38선을 경계로 총부리를 맞대며 언제든 방아쇠를 당길 수 있는 그때, 평양으로 가 인민군 의장대의 사열을 받은 김대중 대통령의 모습은 '새 날'을 맞이하기 위해 죽음을 넘어선 행보였다. 그냥 '새 날'을 그리고 기다리는 사람이 아니라, 죽음을 넘어서는 생각과 행보를 하는 사람에 의해 '새 날'이 오는 것이다. 그래서 <6·15 남·북공동선언> 5개 합의 내용이 나왔다.

1항. 남과 북은 나라의 통일문제를 그 주인인 우리 민족끼리 서로 힘을 합쳐 자주적으로 해결한다.

2항. 남과 북은 남측의 연합제안과 북측의 낮은 단계의 연방제안이 서로 공통점이 있다고 인정한다.

3항. 남과 북은 2000년 8월 15일에 즈음하여 흩어진 가족, 친척 방문단을 교환하며 비전향장기수 문제를 해결하는 등 인도적 문제를 조속히 풀어 나가기로 합의한다.

4항. 남과 북은 경제협력을 통하여 민족경제를 균형적으로 발전시키고 사회, 문화, 체육, 보건, 환경 등 제반 분야의 협력과 교류를 활성화하여 서로 신뢰를 도모한다.

5항. 위의 네 개항의 합의 사항을 구체적으로 이행하기 위해 남과 북의 당국이 빠른 시일 안에 관련 부서들의 후속 대화를 규정하여 합의 내용의 조속한 이행을 약속한다.[62]

---

62) 김근식, "남·북정상회담과 6·15공동선언: 분석과 평가," 「북한연구학 회보」

이것이 <6 · 15 남 · 북공동선언> 내용이다. 그러나 '한 겨레, 한 나라'를 그리며 오래도록 살아왔던 이들이 이러한 <선언>을 한결같이 박수하며 반긴 것은 아니다. '종북좌빨', '빨갱이'의 책동으로 치부하는 이들도 많았다. 깨어난 역사의식과 신념을 가지고 목숨을 건 행보를 한 김대중에게 세계는 환호하며 '노벨평화상'을 주어도, 우리 겨레는 두 진영으로 나뉘어, 한쪽에서는 박수했으나 다른 한쪽에서는 '돈을 주고 샀다'고 비방하였다. 이것이 우리의 자화상이다. 아직도 생각이 다르면 서로 죽이려 든다.

다시 강조하지만, '새 날'은 그냥 오지 않는다. 정의와 평화가 강물처럼 흐르는 '새 날'은 그 날을 머리와 가슴으로 그린다고 저절로 오지 않는다. 손과 발로 부지런히 만들어가야 하는 것이다. 그래, 우리 겨레의 '새 날', 평화와 통일의 그 날은 "용서와 화해, 사랑과 나눔"을 통해 온다고 임동원은 말했다.[63] 정의와 평화가 강물처럼 흐르는 '그 날'을 그리지만 말고, 우리 겨레가 남쪽에 있든 북쪽에 있든, 이 땅에 살든 세계 어느 곳에 살든, 서로 용서하고 화해하고 사랑하고 나누는 삶을 실천하자는 말이다. 증오하고 적대하는 삶, 남을 미워하며 나만 잘먹고 잘살겠다는 이기적인 삶에서 '새 날'이 오지 않는다.

여기에 거짓 가르침이 아니라 참 가르침이 들어선다. 칸막이를 치고 증오와 적대의 삿대질을 하며 미움과 배척을 일삼는 이 땅의

제10권 제2호(2006년 겨울), 39-56쪽에서 다시 따옴.

63) 임동원, 윗글, 6쪽.

기독교의 가르침은 '새 날'을 열지 못한다. 성서에 보면 "평화를 이루는 자는 복이 있다. 하나님이 그들을 자기의 자녀라고 부르실 것이다"(마태복음 5:9)라는 가르침이 나온다. 여기 등장하는 '평화를 이루는 자'(peacemaker)는 평화의 '새 날'을 마냥 그리는 자가 아니라 '그 날', 그래, '새 날'을 만들어가는 사람이다. 희랍어 '에이레노포이오스'(*eirenopoios*)를 우리말 성경에서는 '평화를 이루는 자'(표준새번역) 혹은 '화평케 하는 자'(개역개정)로 옮겼지만, 독일어 성경에서는 '평화를 준비하는 사람'(die Friedfergigen) 또는 '평화를 중재하는 사람'(die Friedenssifter)으로, 불어 성경에서는 '평화를 창조하는 사람'(creen la paix) 또는 '평화를 얻어다가 주는 사람'(procurent la paix)으로 옮겼다.[64] 모두 적극적인 행동을 포함한 말들이다. 달리 말하면 '깨어난 시민', '행동하는 양심'이 '새 날'을 여는 주인공이라는 뜻이다.

"칼을 쳐서 보습을 만들고, 창을 쳐서 낫을 만"(이사야 2:4)드는 사람이 나와야 한다. 적대 대신에 화해, 증오 대신에 용서, 미움 대신에 사랑을 행하는 사람이 나와야 한다. '새 날', 그래, '그 날'이 오면 "밤하늘에 날으는 까마귀와 같이/종로(鐘路)의 인경(人磬)을 머리로 드리받아 울리오리다./두개골이 깨어져 산산조각이 나도/기뻐서" 죽어도 좋다는 '우리'가 있어야 하고, 또 그 '우리'가 행동에 나서야 한다. 참으로 '새 날'을 맞이하려면 그렇게 하여야 한다는 말

64), 구미정, "평화의 카이로스: 일상의 폭력 극복을 위한 기독교윤리학적 성찰," 31쪽.

이다.

정의와 평화가 강물처럼 흐르는 세상이 어떻게 오는지를 우리는 알고 있다. 그러나 '앎'이 '삶'으로 나아가지 못하면 아무런 소용도 없다. 죽은 앎은 세상을 바꾸기는커녕 기껏해야 관념의 유희이거나 권력의 시녀밖에 되지 못한다. 머리와 가슴으로 '새 날'을 그리고 손과 발로 '새 날'을 살아가는 사람이라야 참된 '삶앎'이며 '사람'이다. 사람이 사람답게 사는 세상은 그런 '삶앎'의 사람들이 차곡차곡 쌓아가는 '새 날'을 통해 온다. '새 날'이 우리를 부르고 있다. 손에 땀 한 방울 묻히지 않고, 발에 흙 한번 닿지 않은 채 '새 날'을 누리려고 한다면, 그것이야말로 '무임승차'요 '도둑질'이다.

그러므로 오늘 우리의 생각과 행보부터 정직히 살필 일이다. 우리는 '새 날'의 사람들인가? 이제 여기서 '새 날'을 이미 살고 있는가? 그 '새 날'을 위해 어떤 대가를 치렀으며, 또 치르고 있나? 뒤틀린 해방체제 '그 너머의 날', 참혹한 분단체제 '그 너머의 날'을 위해 우리는 무엇을 하고 있고, 무엇을 할 것인가? 광복 70년의 역사를 되돌아보고, 이후 70년의 역사를 내다본 한 역사학도의 '외로운 외침'이다.

* 이 글은 박정신이 쓴 "뒤틀린 해방체제, 그 너머," 「현상과인식」 39권 4호(2015년 겨울), 73-91쪽과 "한국기독교역사: 선교사로 읽을 것인가, 수용사로 읽을 것인가," 『맞섬과 초월의 눈으로 본 한국기독교역사』 (서울: 말, 2017), 31-49쪽 그리고 "6·25전쟁과 한국기독교," 『한국 기독교사 인식』 (서울: 혜안, 2004), 181-215쪽에서 따와 엮었다.

칸막이를 허무는 교회
— 역사학에 기대 본 한국교회 개혁 방향(하나)

1. 머리글

역사란 무엇인가. 널리 알려진 대로 카(Edward H. Carr)가 질문하고 대답한 책 이름이다. 그만이 이를 논의한 것이 아니다. 역사학자가 아니더라도 자신의 삶에 대한 깊은 성찰이 있는 사람이라면 이런 질문을 던진다.[1] 하여튼 "모든 역사는 현대사"라고 한 크로체

1) 이제 나의 역사학을 정리하여 우리 지식사회에 내놓을 때가 되었다. 역사학에 몸담은 지도 꽤 오래되었고, 역사학에 기대어 나라 안팎에서 가르치고 연구했으니 '나의 역사학'을 내놓지 않으면 나는 역사학에 기대어 밥벌이한 단순한 직업꾼이 될 터이다. 한평생 넓디넓은 역사학이라는 큰 바다를 항해하면서 이런저런 역사학자들의 이런저런 시각과 방법론을 접했다. 단순히 이들의 것을 학생들에

(Benedetto Croce)도 있고, 앞서 말한 카 역시 역사란 "과거와 현재와의 끊임없는 대화"라고 했다. 헤겔(G. W. F. Hegel)은 "이데아(Idea)가 끊임없는 정반합(正反合)의 과정을 통하여 발전하는 것"이라고 했으며, 칼 마르크스(Karl Marx)는 "계급 없는 사회를 이루어가는 과정, 그 과정에서 계급 사이의 지속적인 투쟁"이 곧 역사라고 했다. 토인비(Arnold J. Toynbee)는 역사란 "끊임없는 도전과 응전의 과정"이라고 했으며, 우리의 민족주의 사학자 신채호는 "우리(我)와 우리 아닌 이들(非我) 사이의 끊임없는 쟁투"라고 했다.

오늘을 사는 사람들이 어제의 사람들의 삶에 대하여 관심을 가지고 연구한다는 것은 오늘의 문제를 풀기 위한 지혜를 찾자는 것이다. 그리하여 오늘의 관심과 시각으로 어제를 보니, "모든 역사는 현대사"라고 한 크로체의 말도 일리가 있고, 역사란 "과거와 현재와의 끊임없는 대화"라는 카의 설명도 설득력이 있다. 정신사나 사상사의 시각에서 자유정신과 같은 이데아는 다른 생각이나 비판적 생각과 서로 부딪치면서 변증적으로 더 나은 단계로 발전한다는 헤겔

게 가르치고 논문이나 썼다면, 나는 지식 전수꾼으로 밥벌이 해온 사람에 지나지 않는다. 그러나 나는 학문의 항해를 하면서 그리고 오늘까지도 줄곧 나의 생각, 나의 시각, 나의 방법론, 그래, '나의 역사학'을 언제인가 정리해 내어놓을 '꿈'을 가지고 있었다. 그래서 역사학에 헌신하도록 '부르심'을 받은, 그래서 '축복' 받은 자로서 정말 열정을 다해 학생들을 가르치고, 남의 학설이나 주장의 소개가 아니라 나다운 시각과 방법론을 고민하며 연구하면서 우리 지식사회에 나다운 글을 발표하고자 했다. 어떤 것도 완전하고 온전한 것이 없다. 그렇다, 어떤 역사학자의 업적도 완전하고 온전한 것이 아니다. '나의 역사학'도 완전하거나 온전한 것이라고 우길 생각이 전혀 없다. 다만 '초월'에 기대어 역사학이라는 큰 바다를 오래도록 항해했으니, 지금 그 항해에서 얻은 바를 우리 지식사회에 내어놓는 것이 이 일에 부름받은 내가 마땅히 해야 할 일이 아니겠는가.

의 역사철학도 그럴듯하고, 산업화 이후 자본을 가진 자들이 실제 생산에 종사하는 이들을 착취하고 횡포를 부리는 현실을 예리하게 관찰하며 분석하고 헤겔의 변증론을 거꾸로 빌려와 노동자와 무산대중의 계급투쟁을 통해 자본가들의 경제적 토대와 그들의 지배구조를 허물고 '계급 없는 사회'를 건설하는 과정으로 역사를 본 마르크스의 주장도 매력적이다. 그뿐만 아니라 토인비의 '도전과 응전'이라는 역사론도 흥미로우며, 제국주의와 민족주의가 첨예하게 부딪치고 있던 시대, 특히 식민지 백성으로 독립투쟁에 뛰어들었던 신채호의 삶을 생각하면, 역사란 '우리'와 '우리 아닌 이들'과의 쟁투라고 읽은 그의 마음도 충분히 이해가 간다.

이들의 역사관을 두루 살피며, 역사학이라는 '큰 바다'를 오래도록 항해해온 나는 역사를 '인간의 활동공간 확장과정'이자 동시에 끊임없이 '칸막이를 허무는 과정'이라고 정의하고자 한다. 그러니까 이 글은 역사를 바로 인간의 활동공간 확장과 그 과정에서 이루어지는 여러 칸막이들을 허무는 과정으로 본 나의 역사학에 기대어 한국기독교의 개혁과제의 큰(한) 틀을 제시하려는 것이다.

2. 공간 확장의 역사, 칸막이 허무는 역사

나는 어느 특강에서 인류의 역사를 다음과 같이 정의한 적이 있다.

> 고대부터 오늘에 이르기까지, 아니 인류의 역사가 종언을 고할 때까지 인류의 역사는 인간의 활동공간 확장의 역사로 읽고, 인간의 활동공간 확장 과정에서 이전에 있던 여러 칸막이를 허무는 것이 인류 역사[다].[2]

역사학자나 인류학자들은 인류의 조상들을 '호모 사피엔스'(Homo sapiens)라고 하는데, 이들은 빙하기를 지나 이 산 저 산을 돌아다니며 수렵채취를 하며 살았다. 남자들이 한 달 또는 두 달 먼 산으로 사냥하러 간 사이에, 동굴과 같은 주거지에서는 여자들과 아이들이 살림을 하면서 주변의 과일이나 열매를 채취하며 살았다는 말이다.[3]

이러다가 '여성 호모 사피엔스들'이 농업기술을 알게 되었다. 바로 동굴과 같은 주거지 주변에 쌓여있는 쓰레기 무덤을 오랫동안 관찰한 결과였다. 그곳에는 먹다 버린 열매나 과일이 있었고, 동물의 뼈도 있었을 터이다. 그곳에서 여러 종류의 과일과 열매를 맺는

---

2) 박정신, "역사학에 기댄 공정사회 인식: 공간 확장과 칸막이 허무는 인류 역사 논의," 2011년 9월 29일, 한국양성평등교육진흥원 주최 경찰공무원 교육 3기 기조강연 자료집, 3-18쪽, 이 따옴은 4쪽에 있다. 이 특강은 다문화 사회를 내다보고 경찰 간부(경위급 이상)를 대상으로 기획된 것이다.

3) 인류의 초기 역사에 대해서는 다음 글들에 기대었다. Albert M. Crag, William A. Graham, Donald Kagan, Steve Ozment and Frank M. Turner, *The Heritage of World Civilization*, vol. I. (New York: Macmillan Publishing Co., 1986) ; Hugh Thomas, *A History of the World* (New York: Harper and Row, 1979) ; Stanley Chodorow, Hans W. Gatzke and Conrad Schirokauer, *A History of the World*, Vol. Ⅰ (San Diego and New York: Harcour Brace Jovanovich, 1986).

나무가 자라고 여러 가지 과일과 열매가 달리는 것을 관찰하였다. 주거지 주변에 이런 과일이나 저런 열매 나무를 심고 가꾼다면, 또는 이런저런 채소들을 심는다면 그리고 쉽게 다룰 수 있는 개와 닭과 같은 동물을 사육한다면, 남자들이 오래도록 사냥을 떠나지 않아도 된다는 생각을 하게 되었다. '생각하는 여성들'이 오랜 과학스런 관찰을 통해 농업의 지혜를 터득한 것이다. 이것이 인류 역사 최초의 과학혁명(The First Scientific Revolution)이다.[4]

인류의 역사를 보면 새로운 기술은 새로운 사회로 나아가게 한다. 나중에 또 말하겠지만, 18세기 과학혁명이 산업혁명을 가져와 산업사회로 이끌었고, 20세기 말 지식정보기술혁명이 전 지구가 하나가 되는 사회로 이끌었다. 그런데 농업기술을 터득하고도 당시 인류는 곧바로 새로운 사회로 나아가지 못했다. 기왕에 해오던 수렵과 채취에 익숙한 이들이 '새로움'을 두려워했기 때문이다. 아니, 이 익숙한 삶을 '보수'하는 것이 새로운 것을 시도해 보거나 새로운 사회를 꿈꾸는 '진보'보다는 더 안전하였기 때문이다. 인류는 이처럼 처음부터 '보수'스러웠다.[5]

그러나 수렵채취의 삶을 '보수'하려는 공동체는 결국 위기에 봉착하였다. 인구가 증가해, 이전의 수렵채취 방식에 기대서는 공동체 구성원들에게 식량을 댈 수가 없었다. 그래서 오랫동안 관찰해

---

4) Hugh Thomas, *A History of the World,* 3장; Stanley Chodorow (들), *A History of the World,* 16-18쪽.

5) 이것은 내가 인류 역사를 거시적으로 읽고 나서 든 생각이다.

알아낸 농업기술을 활용해 주거지 주변 산기슭에서 농사를 짓기 시작하였다. 멀리 이 산 저 산 무리지어 사냥을 나가지 않아도 그리고 몇 달을 가족과 떨어져 지내지 않아도 식량을 마련할 수 있었다. 한동안 이들의 삶은 마냥 즐겁고 행복했다. 식량문제를 해결하였을 뿐 아니라, 고된 사냥길에 나서지 않아도 되었기 때문이다. 이제 사냥은 향락이 되어갔다. 무엇보다도 이들에게 만족감을 준 것은 아내를 비롯한 가족들과 함께 삶을 꾸릴 수 있는 정착의 삶(a settled life)이었다. 이전에는 동물을 많이 포획하게 해 달라고 자신들의 신들에게 기도했는데, 이제는 농사가 잘되게, 적당한 비와 적당한 햇빛을 달라고 기원하였다. 모든 것이 변한 삶이었다.

그러나 산기슭에서 농업을 하며 정착의 삶을 꾸리게 된 초기 '산기슭 농업공동체'에 또다시 위기가 닥쳤다. 인구가 급증했기 때문이다. 사냥을 나가지 않아 함께 살게 되었으니 부부 접촉이 잦게 되었고, 그래서 인구는 이전 수렵채취 시대의 인구증가와 비교할 수 없을 정도로 급상승 곡선을 그리며 증가하였다. 산기슭에서 농사를 지어서는 급증하는 인구를 먹일 수가 없었다. 넓고 비옥한 그리고 적당한 햇빛과 물이 있는 곳, 강가로 이주하기 시작하였다. 동쪽의 이 산 저 산에서, 서쪽의 이 산 저 산에서, 북쪽의 이 산 저 산에서 그리고 남쪽의 이 산 저 산에서 같은 강가로 내려온 것이다. 앞서 이야기한 대로, 인간 활동공간이 좁은 산기슭에서 넓디넓은 강가로 확장하였다는 말이다.[6)]

---

6) Stanley Chodorow (들), *A History of the World*, Vol. Ⅰ, 16-22쪽.

풍부한 강물 덕에 더 넓은 토지를 경작할 수 있었고, 정착생활로 인해 인구가 증가하여 풍부한 노동력을 공급할 수 있게 되었다. 더 넓은 경작지가 생기고 농업에 필요한 기술도 발전하여 더 많은 수확을 얻게 되자 더욱 풍족한 삶을 꾸리게 되었다. 강 주변에 이른바 '농업도시들'(agricultural cities)이 형성된 것이다. 우리가 익히 알고 있는 4대 고대문명(중국, 이집트, 메소포타미아, 인도)이 강가 농업도시를 중심으로 잉태되었다. 문명(civilization)이라는 라틴어가 '씨빌리스'(*civilis*)이고, 도시라는 라틴어 '씨비타스'(*civitas*)와 말 뿌리가 같은데, 이것은 바로 도시가 있는 곳에 문명이 생성하고, 도시가 없으면 문화는 있으되 문명은 없다는 말이기도 하다. 고대 문명은 도시화의 산물, 그렇다, 농업도시화의 산물이었던 것이다.7)

강가에 들어선 이 농경사회에 문제가 지속적으로 들이닥쳤다. 또 위기다. 이처럼 인류의 역사는 위기의 연속이었고, 이 위기가 '진보'의 기회였다. 하여튼 가장 시급한 문제는 비가 많이 올 때 강이 범람하고 홍수가 나, 밤낮 쉬지 않고 땀 흘려 경작하고 있던 논밭을 쓸어버리는 것이었다. 때로는 혹심한 가뭄도 있었다. 이러한 자연재해를 고대 사람들은 신이 노해서 내리는 재앙이요 징벌로 여겼다. 어떤 무리는 이 노여움을 피하기 위해 산기슭으로 되돌아가기도 하고, 어떤 무리는 이 재앙을 피하려고 신에게 이런저런 형태로 제사를 지내기도 했다. 그런 가운데 어떤 이들은 자연재해는 신의 노여움에서 비롯된 것이 아니라, 많은 비로 인해 강이 범람한 것이

7) 윗글, 25-26쪽.

니 미래를 대비해 강둑을 쌓으면 된다는 합리적인 주장을 하고 나섰다. 처음에는 황당하다는 반응이 많았겠지만, 그야말로 '과학적인' 해결책이었다. 그들은 댐을 건설하고 강둑을 쌓았으며 저수지를 만들었다. 그래서 강가 농업도시는 점점 더 확장되었다. 새 기술도 따라 발전하였다.[8]

이렇게 농업혁명 후 잉태된 농업도시를 중심한 고대문명은 번성하여 갔다. 그 후 유럽의 왕조국가들이 좁은 유럽에 갇혀 있지 않고, 미지의 세계에 대한 호기심과 탐험정신, 발전된 항해술과 배 건조기술에 기대어 아프리카, 아시아, 아메리카로 진출하였다. 15세기에 들어서면서 일어난 일이다. 역사가들이 세계가 '더 작아지기 시작했다'(the world began to grow smaller)고 말하는 것은 세계 여러 지역이 서로 이어지게 되었다는 말이다. 통상이 이루어지고 각지의 특산 농업종자가 다른 지역으로 옮아가기 시작한 것도 다 이즈음이다.[9]

그러다가 인류의 역사는 두 번째 과학혁명과 더불어 일어난 산업혁명(The Industrial Revolution)으로 인해 산업사회로 이어졌다. 앞선 영국을 뒤따라 유럽 여러 나라가 다투어 산업화에 박차를 가하게 되자, 산업화에 필수인 더 많은 자원과 더 넓은 시장을 앞서거니 뒤서거니 하며 찾아 나서게 되었다. '국민국가'(nation-state)를 건

---

8) 윗글, 같은 부분. 한편, 토인비는 이들을 '창조적 소수'(creative minority)라고 부른다.

9) Peter N. Stearns, *World History: Patterns of Change and Continuity* (New York, Cambridge, Washington, London: Harper and Row, 1987), 2장

설한 이들은 경쟁적으로 아메리카로, 아시아로 그리고 아프리카로 진출하게 된다. 15세기의 진출과는 달리 이번의 진출은 제국주의적이었다.

인류의 역사는 이처럼 공간의 끊임없는 확장의 역사였다.[10] 정보기술(Information Technology) 혁명으로 지식정보화시대가 열린 지금은 그래서 지금은 모두가 세계화의 물결을 타고 '하나의 지구촌'(a global village)에서 살고 있다. 인간의 활동 영역이 여기까지 확장되어 온 것이다. 그래서 나는 '인간의 활동공간 확장'의 시각으로 인류문명사를 읽는다.

그런데 이 '공간 확장의 역사'는 그 과정에서 무수히 다른 형태로 나타나는 칸막이들과 부딪치게 되고, 그 결과 이들 칸막이들이 허물어지는, 또는 의도적으로 허무는 과정이기도 하다. 다시 말해 '공간 확장의 역사'는 '칸막이를 허무는 역사'이기도 하다는 말이다. 내가 거시적으로 바라본 인류 역사다.

이를테면, 농업혁명으로 수렵채취단계에서 농경단계로 인류 역사의 공간이 확장되면서 '칸막이' 문제가 대두되었다. 산에서 강가로 내려와 건설한 농업도시공동체 안팎에서 일어난 구성원 사이의 경제, 사회, 문화, 정치 등 인간 삶의 모든 영역에서 이전부터 있었던, 또는 새로 생겨난 여러 칸막이들 때문에 서로 갈등하고 다투

---

10) Stanley Chodorow (들), *A History of the World*, Vol. II, 26, 29, 34장. 서양 제국들의 아프리카, 아시아, 아메리카 등지로 진출한 것이 '도덕적으로' 옳은 것인지 그른 것인지의 문제는 여기서 다루지 않는다. 그리고 그 어떤 윤리에 기대어 이렇게 저렇게 이 '공간 확장'을 재단하는 것이 이 글의 목적도 아니다.

게 되었다. 이 산 저 산, 각기 다른 곳에서 같은 강가로 내려온 다른 씨족, 다른 부족 사이에 언어가 다르고 관습이 다르며 믿는 바도 달라 서로 이해하고 소통하지 못해 모두가 어색하고 불편하였다. 또는 누가 저수지의 물을 먼저 사용하는가의 문제를 놓고 다투기도 했다. 먼저 정착한 무리가 우선권 또는 기득권을 가진다는 주장과 늦게 왔으나 더 큰 무리, 더 강한 무리가 물을 차지한다는 주장 사이의 경제적, 정치적인 다툼과 갈등이 있었다. 언어가 다르니 이런 다툼과 갈등은 점점 깊어만 갔다. 견제하고 싸우고 심지어는 힘으로 다른 무리를 억누르고 제압하려고 했다. 어떤 무리는 '낯선 이들'과 긴장하고 갈등하기보다 자기 씨족끼리 평화롭게 생활하던 '산기슭'으로 다시 돌아가기도 했고, 어떤 무리들은 지속적으로 힘으로 문제를 풀고자 했다.

하지만 그런 가운데 어떤 무리는 넓디넓은 그리고 풍요를 가져다준 이 농업도시를 포기하고 산(과거)으로 되돌아가지 않고서도, 이 농업도시 구성원들이 '다름'이나 '차이'를 극복하고 칸막이를 낮추거나 허물며 함께 살 수 있다고 믿었다. 이들은 서로가 언어, 문화, 풍습, 종교, 피부색 따위의 '다름'을 넘어설 수 없다고 생각하지 말고, 그 '다름'을 인정하고 함께 더불어 살 수 있는 방안을 모색할 수 있다고 주장했다. 농업도시공동체에 드리워진 언어 칸막이, 관습 칸막이, 종교 칸막이, 인종이나 부족의 칸막이를 서서히 허물 수 있다고 설득했다. 인내심을 가지고 남의 언어, 관습, 종교를 서로 배우고 그리고 이해하자는 말이다. 경제나 정치의 다툼이나 갈등도 제도를 만들고 법을 만들어 어떤 무리의 전횡을 막고 또 스스로의 욕망을 제어하는 장치를 만들자는 것이다. 이들이 인류 역사의 주인공들이다. 인내와 타협 그리고 상생하자는 것이다. 여러 칸막이를 사이에 두고 서로 적대하고 충돌하기도 했지만, 시기가 다를 뿐 결국에는 이들을 갈등케 한 칸막이들이 허물어져 갔다.

앞서 짧게 언급했지만, 과학혁명에 뒤이어 일어난 산업혁명으로 인류의 활동공간이 더욱 확장되었다.[11] 이 단계에서도 여러 칸막이가 있어 서로 긴장하고 갈등하였다. 여기서도 언어의 칸막이, 문화의 칸막이, 인종의 칸막이, 종교의 칸막이 등 여러 칸막이들이 있었다. 힘 있는 인종이나 국가의 언어, 문화, 종교 따위를 우월한 것으로 강요하여 토착민으로부터 저항을 받는 갈등의 역사가 연출되었다. 제국주의와 민족주의가 대결하는 시대가 열렸다. 아프리카에서도, 아메리카에서도 그리고 아시아에서도 제국주의 세력과 민족주의 세력이 한 치의 양보 없이 쟁투하였다. 서로 죽이거나 죽임을 당하는 시대였다.

그러나 이러한 긴장, 갈등 그리고 쟁투의 시대를 통해 칸막이들이 허물어져 갔다. 때로는 무력으로 칸막이를 허물기도 했지만, 칸막이를 사이에 두고 다른 쪽에 있는 무리들이 서서히 서로를 이해하고 인정하는 마음가짐을 가지게 되었다. 서로가 함께 죽기보다는 서로 더불어 살아가는 길을 모색하였다. 서로 다른 이들의 언어, 문화, 종교를 배우고 연구하며 '다름'을 이해하고 인정하기 시작하

---

11) 윗글, 같은 부분.

였다.

특히 정보통신혁명으로 세계가 하나가 되어 살아가야 하는 역사단계에서는 이전의 칸막이들이 쓸데가 없게 되었다. 요즈음 우리나라에도 유럽, 아프리카, 아메리카, 아시아 여러 나라 사람들이 일하고, 공부하고, 또는 여행하고 있다. 우리나라 사람들도 세계 여러 지역, 여러 나라에서 일하고, 공부하고 여행한다. 아니 나라의 칸막이, 민족의 칸막이, 문화나 종교의 칸막이, 심지어 인종(피부색)의 칸막이를 넘어, 아니 허물며 가정을 이루고 삶을 꾸리는 시대다.[12]

그렇다. 큰 눈으로 읽으면 인류 역사는 인간 활동공간이 확장되어간 역사이고, 또한 이 과정에서 언어, 문화, 나라, 민족, 인종의 다름에서 생겨난 여러 칸막이들을 사이에 두고 서로 긴장하고 갈등을 겪는 역사, 그러나 종국에는 이러한 칸막이들이 허물어져 간 역사이다. 이렇게 큰 눈으로 인류 역사를 읽을 때, 궁극적으로 올 '새 시대'를 두려워하는 이들이 나타나게 되어 있다. 이들은 지금까지 해온 것, 그래서 '익숙한 것'을 '보수'하려고 한다. 이들의 의식구조는 이분법적이다. 도 아니면 모, 흑 아니면 백이다. 변화를 거부하는 선

12) 다문화, 다인종 가족이 세계 도처에, 우리 사회에 급속히 증가하고 있다. 이를테면, 1997년에 38만 명이었던 외국인이 2007년에는 100만 명을 넘었고, 2010년에는 121만 명에 달했다. 법무부의 자료인데, 나는 홍성환, "한국사회 다문화가정 증가에 대한 지역교회의 역할 연구"(숭실대 기독교학대학원 기독교사회학과 석사논문, 2011년), 1쪽에서 빌려왔다. 정부 자료에 터한 이 연구에 따르면, 2009년 결혼이주자는 16만 7천 9십 명인데 2050년에는 다문화가족이 2백 16만 4천 8백 6명으로 늘어날 것이라고 정부가 추산하고 있다. 또 2050년에는 영아 0~2세) 3명 가운데 1명이 다문화가정 출신이 된다고 한다.

동가들도 이런 시대에 나타나고, 테러도 이럴 때 나타난다.

헌팅턴(Samuel P. Huntington)의 『문명의 충돌』도 바로 새 시대를 두려워하는 미국 사람들이나 이들의 사조에 익숙한 이들의 마음을 선동하였다.[13] 불티나게 팔려나갔다. 우리가 익히 아는 바와 같이, 동서 냉전질서는 무너지고, 미국의 세계 주도권이 흔들리고 있다. 이 불확실한 미래세계를 헌팅턴이 예측하고 구상한 것이 바로 이 책이다. 나라의 경계와 민족이나 인종 사이의 칸막이는 허물어졌지만, 이 때문에 야기되는 분쟁이나 충돌은 큰 문제가 되지 않을 것이다. 오히려 미래세계는 중화권이다, 이슬람권이다, 서구권이다 하는 여러 문명권으로 나누어질 것이고, 바로 이 문명권들이 충돌할 것이다. 이를 위해 서구권이 단결하고 준비해야 한다는 것이 헌팅턴의 미래세계 구상이고 예측이다. 단순하고 이분법적이다. 선동적이다. 그래서 무섭고 위험하다. 헌팅턴의 글을 따온다.

> 딥딘(Michael Dibdin)의 소설 「죽은 못」(Dead Lagoon)에 등장하는 베네치아의 민족주의적 선동가는 이 새로운 시대의 음울한 세계관을 잘 표현하였다. "진정한 적수가 없으면 진정한 동지도 있을 수 없다. 우리 아닌 것을 미워하지 않는다면 우리 것을 사랑할 수 없다. …" 이 해묵은 명제에 담겨 있는 불행한 진실을 정치인과 학자는 묵과하고 넘어가서는 안 된

---

13) 새뮤얼 헌팅턴/이희재 옮김,『문명의 충돌』(서울: 김영사, 1997). 이 책은 Samuel P. Huntington, *The Clash of Civilization and Remaking of World Order* (New York: Simon and Schuster, 1996)를 옮긴 것이다.

다.[14)]

'적수가 반드시 필요하며, 잠재적으로 가장 위험한 적수'를 가져야 한다는 헌팅턴의 미래역사 예측은 위험하다. '우리 대 그들'이라는 단순성과 대결구도는 불확실성의 시대에 서구 지배질서의 몰락으로 공황상태에 빠진 사람들을 선동하여 테러케 한다. 내가 말하는 공간 확장의 역사와 칸막이 허무는 역사와 대척점에 선 주장이 헌팅턴의 "마니교적 정치학"[15)]이다. 적이 없으면 가상의 적이라도 만들어야 하는 '우리 대 그들' 사이의 냉전 대결을 선동하고 있다. 기독교 정치학이나 역사학이라고 할 수 없다.

우리가 잘 아는 대로, 1960년대 킹 목사(Martin Luther King, Jr.)를 중심으로 한 민권운동으로 미국은 엄청나게 변했다.[16)] 법적으로 변하고 제도적으로 변하기도 했지만, 이 대중운동으로 많은 백인들의 생각이 달라지기 시작했을 뿐 아니라, 흑인을 비롯한 소수민족들이 정치적, 사회적으로 깨어난 것이 무엇보다도 중요한 변화다. 차별을 받으면서도 그냥 참고 지내던 옛 태도를 버리고, 스스로 모임을 만들어 자신들의 목소리를 내기 시작했다. 민권운동가인

---

14) 윗글, 18쪽.

15) 하랄트 뮐러/이영희 옮김, 『문명의 공존』 (서울: 푸른숲, 2000), 33-34쪽. 이 책은 Harald Müller, *Das Zusammenleben der Kulturen: Ein Gegenentwurf zu Huntington* (Frankfurt: Fischer-Taschenbuch-Verlag, 1999)를 옮긴 것이다.

16) 박정신, 『상식의 역사학, 역사학의 상식』 (서울: 북코리아, 2008), 72-79쪽.

잭슨 목사(Jesse Jackson)가 1984년 민주당 대통령 후보 지명전에 나설 수 있었던 것도 그처럼 칸막이를 허무는 역사의 움직임의 결과였다.

그러나 그럴수록 헌팅턴스러운 사람들은 늘 나타난다. 백인 대 흑인, 백인 대 소수민족의 칸막이가 사라지는 것에 불안을 느끼는 극우 백인집단이 다시, 더욱 극렬하게 결집하기 시작했다. 내가 미국 오클라호마 주립대학에서 가르치던 때에도 미시간, 아이다호, 뉴멕시코, 아리조나 주 등 미국 곳곳에 백인 우월주의자들이 모여 살면서 민병대를 조직하여 '백인의 왕국'을 건설하려고 군사훈련까지 하는 광경을 종종 접했다. 그들은 결코 무지하기만 한 백인들이 아니었다. 교육받은 백인들 중에도 백인 우월의식을 버리지 않은 사람들이 많았다(지금도 많다). 겉으로 드러내지 않고 교묘하게 소수민족을 차별한다. 아무리 우수한 소수민족 사람이 백인 못지않게 일을 잘해도 백인처럼 진급하지 못하고 백인처럼 월급 받지 못하는 일들이 매일매일 일어난다.

심지어 대학교수인 나도 이런 인종차별을 받았다. 주말에 연구실로 걸어갈 때 누가 어디서 던졌는지 모를 돌을 맞은 적이 한두 번이 아니다. 이른바 미국에서 가장 열린 공간이라는 대학촌에서 벌어진 일이다. 어떤 때는 연구실 문 앞에 붙어 있는 내 이름표가 사라진 적도 있다. 백인 학생들을 가르치는 '노랭이' 교수, 아니 잘난 체하고 인기 있는 '노랭이' 교수를 받아들이지 못하는 '미개한' 백인들이 벌이는 교묘하고 천박한 인종차별이다. 내가 나서서 주장하고 요구하지 않으면 진급도 늦고 봉급 인상도 해주지 않는다.

이런 행태는 역사의 명백한 퇴행이다. 다시 강조하지만, 역사는 인간 활동공간의 확장이자 칸막이를 허무는 역사다. 칸막이를 설치하자, '그들'이 없더라도 있다고 생각하고 새 칸막이를 설치하자는 헌팅턴은 어제의 냉전에서 해방되지 못했다. 칸막이 허물기를 기피하며 '산기슭'으로 올라간 순진한 이도 아니다. 그는 칸막이를 허무는 무리 뒤를 따라오며 새 칸막이를 설치하는 사람이다. '새로움'에 대한 두려움, 미국의 세계 주도권 상실에 대한 허탈감에 대한 '보수적 반응'이다. 하랄트 뮐러(Harald Müller)의 글을 따온다.

> 파란색 선글라스를 쓴 사람은 세상을 파랗게 볼 수밖에 없고 그렇게 한동안 지내다 보면 세상이 정말 파랗다고 믿게 된다. 날씨가 화창한 날 하늘을 올려다볼 때 파란색 선글라스는 현실을 왜곡하지 않는다. 하지만 시선을 아래로 돌리게 되면, 사물의 색채에 대해 잘못된 발언을 하게 된다. … 안경은 현실을 왜곡시킨다.[17]

칸막이를 치는 이들은 현존질서에서 '힘이 있는 이들'이다. 남자들·부자들·권력 가진 자들·많이 배운 사람들의 특권이 허물어져 갈 때, 그래서 여자들·가지지 못한 이들·힘이 없는 이들·많이 배우지 못한 이들이 '권력'을 나누어 가지려고 할 때, 이들은 자기들의 권력 상실을 우려해 칸막이를 치고 '보수'의 설교를 해 댄다. 자

---

17) 하랄트 뮐러, 『문명의 공존』, 23쪽.

신들의 시대에 '종말'이 오고 있다는 불안으로 적을 만들고, 적이 없으면 가상의 적이라도 만들어 공포 분위기를 조성한다. 미국의 패권이나 권력(교회 권력도 포함)에 기댄 헌팅턴 류의 지식꾼들이 등장한다. 이전의 칸막이들이 무너져가는 새 시대, 새로움에 대한 두려움, 이제까지 누리던 패권이나 권력 상실에 대한 불안감이 이들을 엄습한다. 수많은 헌팅턴이 나오고, 그들에게 선동 받는 자들이 테러에 나선다.[18]

3. 초기 한국기독교의 확장과 칸막이 허무는 역사

한국기독교의 확장(성장)도 이 시각으로 재구성할 수 있다. 19세기 말 이 땅에 들어온 작은 복음의 씨앗이 척박한 유교 토양에 떨어졌지만, 그 씨앗은 재빨리 뿌리 내리고 무럭무럭 자라서 가지를 치며 뻗어 나갔다.[19] 기독교가 조선에서 확장되어 간 것이다. 또 이

---

18) 2011년 여름 노르웨이 오슬로에서 77명의 무고한 목숨을 빼앗은 연쇄살인범 아르네스 베링 브레이비크는 다문화, 다인종 사회의 등장, 다시 말해서 인간 활동공간의 확대에 따른 이전의 문화, 인종의 칸막이가 무너져 갈 때 그와 그의 무리들이 누리던 '자리'에 대한 불안감에서 폭력을 행사한 것이 우리 인류 역사에 나타난 수많은 보기 가운데 하나다. 이에 윤리학자 구미정은 칸막이가 허물어진 시대의 윤리로 '낯선 덕'을 제시한다. "옮긴이 해제", 버나드 오드니/구미정 옮김,『낯선 덕: 다문화 시대의 윤리』(서울: 아카넷, 2012), 491-505쪽.

19) 중국이나 일본보다 뒤늦게 조선에 소개된 기독교가 왜, 어떻게, 어떤 과정을 거쳐 뿌리 내리고 가지 쳐 뻗어나가 세계 선교사상 유례가 없는 성장을 했는지에 대한 설명은, Chung-shin Park, *Protestantism and Politics in Korea*

확장의 역사는 칸막이를 허무는 역사이기도 하다. 그 이야기를 한 번 해보자.

서양 제국들이 교역하자며 나라의 문을 두드리고, 이른바 민중들이 기존 유교 질서에 항거하는 민란을 끊임없이 일으키고 있을 때, 그래서 유교 질서가 흔들리고 있을 때였다. 산업화를 이룬 서구 세력들이 새 자원과 새 시장을 찾아 세계 각 곳으로 진출할 때, 그 물결이 우리에게도 닥쳐왔고, '문을 열자, 말자'는 논쟁 끝에 (서구화한 일본에게) 강압에 못 이겨 문을 열게 되었다. 불안의 시작이지만, 이제 조선은 중화주의의 종주국인 중국으로부터 '해방'되는 전기를 맞은 것이다. 중국을 비롯하여 일본, 미국, 러시아, 독일, 영국 등 서양 여러 나라와 싫든 좋든 상종해야 했다. 불편하고 불안하지만 우리의 활동공간이 확장되는 계기였다.

우리의 활동공간의 확대 과정에서 서양 사람들을 야만이라 했고, 그들은 우리를 미개하다고 보았다. 우리와 그들 사이에는 편견, 몰이해, 차별, 우월의식과 같은 여러 칸막이가 있어서 불편한 다툼과 갈등이 있었다. 우리의 불편하고 불행한 이야기는 일제 식민통치로 이어져 해방, 분단, 전쟁, '한 민족, 두 체제'의 긴장, 경쟁과 갈등의 역사로 이어졌다. 우리의 활동공간 확장의 역사가 평탄치 않은 것은 남 탓도 있을 것이고 우리 탓도 있을 터이다. 하여튼 우리의 논지와 이어서, 평탄치는 않았지만 우리의 활동공간도 확장되어

(Seattle and London: University of Washington Press, 2003), 둘째 마당을 볼 것; 박정신, 『근대한국과 기독교』(서울: 민영사, 1997), 1장도 볼 것.

왔고, 그 과정에서 우리와 그들 사이에 놓였던 여러 칸막이가 낮아지거나 허물어졌다는 사실은 누구도 부인하지 못한다. 이 특별한 역사 흐름에 기독교가 들어섰다. 이 기독교가 조선의 유교사회에서 무엇을 했기에 재빨리 뿌리내리고 가지 쳐 뻗어나갔는지 살펴보자.

불교 왕조 고려를 군대의 힘으로 무너뜨린 이성계와 그의 부하들은 1392년 조선이라는 새 왕조를 창건하면서 '억불숭유'(抑佛崇儒)의 깃발을 쳐들었다. 이들은 권력과 유착하여 타락한 불교를 억제하고 유교를 새 통치이념으로 채택하였다. 유교의 가르침에 터하여 정치, 경제, 문화, 사회 등 모든 분야를 재구성(개혁)하고자 하였다. 이른바 '유교화'(Confucianization)가 당시 개혁의 꼴과 결이었다. 그래서 역사학자들은 조선시대 500년을 유교 시대라고 부르기도 하고 조선왕조를 유교 왕조라고 일컫기도 한다.[20] 바로 이 유교 왕조가 안팎의 도전으로 몰락의 징후를 드러낸 구한말에 기독교가 들어왔다. 다시 말하면, 19세기 말 이 견고한 유교적 질서에 틈이 생기기 시작하였고, 이 틈새를 비집고 기독교가 들어온 것이다.

기독교와 유교 사회와의 만남은 바로 갈등과 긴장의 만남이었다.[21] 기독교가 유교적 조선 사회에 뿌리를 내리고 가지를 쳐 뻗어

---

20) 조선의 유교화와 유교 질서에 대한 체계적인 연구를 보기 위해서는 다음 글들을 읽을 것. Martina Deuchler, *The Confucian Transformation of Korea: A Study of Society and Ideology* (Cambridge, Mass.: Council of East Asian Studies, Harvard University Press, 1992); James B. Palais, *Confucian Statecraft and Korean Institution: Yu Hyongwon and the Late Choson Dynasty* (Seattle and London: University of Washington Press, 1996).

21) 나의 영문 저서, *Protestantism and Politics in Korea*, 둘째 마당을 볼 것.

나간 역사는 바로 기독교와 유교 질서와의 긴장, 갈등 그리고 충돌의 역사였다. 왜냐하면, 둘 사이에 허물 수 없는 높다란 칸막이가 있었기 때문이다. 이를테면, '삼강오륜'(三綱五倫)처럼 사람 사이의 문제에 관심을 가지는 '인학'(人學)인 유교가 그리는 '세상'과 하나님과 사람 사이의 문제에 관심을 가지는 '신학'(神學)의 기독교가 추구하는 '세상'이 다르고, 이 다른 '세상'에 다가가는 여정에서의 삶의 내용과 형식이 다를 수밖에 없는 것이다. 요컨대, '하나님 앞에서 모두가 평등하다'는 기독교와 '사농공상'(士農工商)이라는 신분 차별에 터한 조선의 유교 사회와의 만남을 뜻했다. 수직적 유교 사회와 수평적 기독교 가치가 만났다는 것은 둘 사이에 필연적인 갈등과 긴장의 역사가 시작되었음을 의미한다.[22] 수직적 유교 질서와 수평적 기독교의 가르침 사이에는 적어도 이론적으로는 '접목'이나 '유착'이나 '융합'이 있을 수 없다.[23]

수직적 조선 사회에서는 남자와 여자가 구분되고 차별되었으며, 나이 많은 사람과 나이 적은 사람이 구분되고 차별이 있었다. 하는 일에 따라 신분의 높낮이가 구분되고 차별이 있었다. 농업에 종사하는 이들을 평민 또는 상민이라 하는데, 이들을 '상놈'으로 불러

---

22) 윗글, 첫째 마당과 넷째 마당을 볼 것; 나의 책, 『한국기독교사의 새로운 이해』(서울: 새길, 2008), 2-3강과 이 책을 다시 펴낸 『맞섬과 초월의 눈으로 본 한국기독교역사』(서울: 말, 2017), 2-3강도 볼 것.

23) 양반이나 상놈 그리고 천민은 모두 영혼을 하나씩 가지고 있다. 나이 많은 이나 나이 어린 이나, 남자나 여자나 모두 영혼을 하나씩 가진 인간이라고 기독교는 본다. 그리고/그렇기에 이들은 모두 다 똑같이 하나님의 구원대상이다. 그래서 이들은 모두 평등하다.

댔다. 그 밑에 공업이나 상업에 종사하는 이들을 천대하여 '쟁이'니 '장사치'니 하고 불렀다. 신분에 따라서 말하는 법이 달랐고 결혼을 금지하였다. 차별과 억압의 사회였던 것이다. 이처럼 유교 사회의 구성원들 사이에 수많은 칸막이들이 놓여 있었다.

이러한 사회에서는 '군림'이 삶의 목표가 된다. 모두가 과거시험을 보아 부, 권력 그리고 명예를 누릴 수 있는, 그래서 다른 사람 위에 군림하고 뻐길 수 있는 양반이 되고자 한다. 그러나 이 과거에 합격하고 관직에 올라 본인은 물론 온 집안이 떵떵거리며 살 수 있는 사람은 가난한 하층 신분의 사람들이 아니다. 가난한 이들은 공부할 틈이 없다. 본인과 가족의 생계를 위해 논밭으로 일을 나가야 하기 때문이다. 오로지 부유한 양반 아들이나 일하지 않고 좋은 선생 밑에서 좋은 교육을 받아 과거에 합격하고 양반이 되었던 것이다. 양반은 자자손손 세대를 이어 군림하는 자리를 계속 누리게 된다. 위에 있는 자들은 항상 위에, 아래에 있는 자들은 항상 아래에 있게 된다는 말이다.

칸막이를 여기저기 쳐놓고 구분하고 차별하는, 이러한 유교 사회에 들어온 기독교는 유교적 칸막이들을 인정하지 않았다. 이를테면, 신분의 구분과 차별, 성의 구분과 차별 그리고 나이의 구분과 차별을 하는 조선 유교의 가르침, 관습 그리고 제도를 '인간이 만든 것들'이라고 규정하고 이러한 수직적 사회 구조를 혁파해나가는 공동체로 뿌리내리게 되었다. 유교적 신분 사회에 대한 기독교의 비판과 가르침은 자못 전투적이었다. 당시의 선교보고서 한 구절을 따와 보자.

> 조선의 [유교적] 스승들은 여자는 남자보다 못하다고 가르쳤다. 기독교는 이를 정면으로 부인함으로써 충돌이 있게 된다. 이들은 어떤 사람들은 다른 이들보다 더 우월하다고 가르치는데 우리는 역시 이에 동의하지 못한다.[24)]

당시 기독교는 이러한 불평등과 차별의 제도, 습속을 소극적으로 피한 것이 아니다. 심지어 당시 교회는 사람을 구분하여 차별하는 유교 질서를 '사악한 것'(the evil) 또는 '이방의 가르침'(heathenism)이라고 간주하며 적극적으로 부딪혀 바꾸기를 선포한 종교공동체였다. 유교적 사회 질서와 타협하고 유착하여 안주하고자 한 종교공동체가 아니었다. 유교 체제가 여기저기 쳐놓은 칸막이를 허무는 일에 앞장서 나갔다.

이처럼 구한말 이 땅에 뿌리를 내리기 시작한 '적은 무리의 작은 기독교공동체'는 유교 질서라는 세상과 충돌하고 긴장하는 것을 피하거나 두려워한 공동체가 아니었다. 오히려 유교 질서와 긴장하고 충돌하는 것이 교회의 사명이며, 이 질서를 혁파하고 '하나님 나라'의 법도와 기준에 터한 새로운 사회 질서를 건설하는 것이 그리스도인들과 교회의 사명이라고 굳게 믿고 있었다. 그래서 구한

---

24) George H. Jones, "Open Korea and Its Methodist Mission," *The Gospel in All Lands* (1898년 9월), 391쪽.

말에는 교회 안팎에서 유교적 조선 사회질서가 부정되고 혁파되는 소리와 움직임이 일어나게 되었다. 당시 기독교로 개종한 한 양반의 고백을 따와 보자.

> 넉 달 전 나는 이 사랑방[예배처소-글쓴이 달음]에 있는 것이 부끄러웠다. 교인들이 모여 무릎 꿇고 기도할 때 나는 기분이 매우 언짢아 똑바로 편히 앉아있었지만, 얼마 후 나도 무릎 꿇기 시작했는데, 부끄러운 마음이 모두 사라져버렸다. 하나님은 나에게 믿는 마음을 주신 것이다. 내 친구들은 내가 미쳐버렸다고 말하면서 찾아오지도 않는다. 그러나 참 하나님을 경배한다는 것은 미쳐버린 징조가 아니다. 사실 나는 양반이지만 하나님께서는 어떤 이는 양반으로, 또한 어떤 이는 상놈으로 만드시지 않았다. 인간들이 그러한 구분을 지은 것이다. 하나님께서는 모든 사람들을 평등하게 만드시었다.[25]

유교적 조선 사회에서 여러 특권을 누리던 양반이 기독교로 개종하여 '사랑방'이라는 비좁은 예배 처소에서 이미 개종한 '상놈'들, 여자들 그리고 어린아이들과 함께 자리한 것, 바로 그 자체가 유교적 칸막이 질서에 대한 도전이고 그래서 개혁적이고 혁명적인 모습이다.

---

25) S. F. Moore, "An Incident in the Streets of Seoul," *The Church at Home and Abroad* (1894년 8월), 120쪽. 이 글은 한 양반의 고백을 무어 선교사가 영어로 옮긴 것이다.

여기서 '역사학적 상상력'을 한번 발휘해 보자. '사랑방'이라는 예배 처소(구한말 기독교공동체)에 개종한 양반 부부와 자녀들, 개종한 상놈 부부와 자녀들 그리고 개종한 백정과 같은 천민 부부와 자녀들이 함께 있는 모습을 상상하여 역사 그림을 그려보라. 이 모습은 신분 구분을, 성의 구분을, 나이 구분을 넘어서 초월적인 하나님께 예배드리고 기도하며 함께 한 성경을 읽고 한 목소리로 찬송을 부르는 모습이다. 이 사랑방에는 신분, 나이, 성의 다름을 구분하기 위해 친 칸막이가 하나도 없었다. 초월에 기대어 세상의 것들을 넘어선 '초월 공동체'의 모습이다.

양반이 친구들의 조롱과 멸시를 개의치 않고 새로운 종교공동체로 들어선 것도 눈여겨볼 대목이다. 하나님은 모든 사람들을 평등하게 지으셨다는 양반의 고백도 그러하거니와, 무엇보다 크게 위세를 부리던 양반이 천대받던 상놈과 부녀자들과 함께 자리하여 무릎 꿇고 한 하나님을 향해 기도하고 찬송을 부른 행위도 혁명적이었고 신분을 초월한 그 모임 자체도 당시로서는 혁명적이었다. 세상 친구들의 조롱을 우습게 여기고 '세상 것'을 초월하여 더 높은 수준의 삶을 추구하겠다는 당시 기독교 신자들의 깊은 신앙심과 자부심이 위의 따온 글 밑에 깔려있음도 느낄 수 있다. 특히 이 글에서 우리는 양반과 상놈을 구분하고 차별하는 제도를 '사람이 만든 제도'라고 한 것을 중히 여기고자 한다. 절대자인 하나님이 만든 것이 아니라 인간이 만든 것은 인간이 파기할 수 있다는 믿음을 초기 개종자들은 가지고 있었던 것이다. 예수가 유대의 율법을 대하듯이 말이다. 절대화된 유교적 신분 제도와 그에 터한 질서를 세상의 것, 사람이 만든 것으로 상대화시키며, 이는 혁파할 수 있다고 규정한 것이다. 이처럼 초기 기독교공동체는 초월에 기대어 유교적인 것, 세상의 것과 맞서 긴장을 두려워하지 않았던 무리들의 종교공동체였다.

그래서 이 사랑방공동체에서는 신분에 관계없이 모두가 '하나님의 자녀'로서 서로를 '형제자매'라고 불렀다. 이런 소문을 들은 상민이나 백정과 같은 천민들이 줄지어 교회로 들어오기 시작하였다. 짧게 말하면, 구한말 기독교공동체는 유교적 칸막이 질서와 타협하거나 유착되고자 하지 않았고, 융합되어 세상 질서에 안주하려고 하지도 않았다. 오히려 그 칸막이 질서를 하나님 나라의 가르침으로 뒤엎으려고 했다. 유교의 가르침에 터한 세상과 확연히 구분되는 그러한 종교공동체였다. 신분이나 나이, 성별 따위의 다름에 칸막이가 사라진 교회와 유교적 칸막이로 가득 찬 세상 사이에는 긴장이 있었다.

물론 구한말 유교적 사회에 기독교가 뿌리내리고 가지 쳐 뻗어나갈 때 여러 가지 갈등을 안팎에서 겪었다. 1893년 문을 연 서울의 곤당골교회를 한번 보자.[26] 무어(S. F. Moore) 선교사가 시작한 이 교회는주로 양반 계층이 많았다. 그러다가 백정 박가(세례를 받고

---

26) 홍치모, 『승동교회백년사 1893~1993』(서울: 승동교회, 1996), 64쪽; 김권정, "초기 한국교회와 신분 갈등: 홍문동교회의 사례를 중심으로,"「한국교회사학회지」11집(2002년 10월), 67-99쪽도 볼 것.

나서 성춘이라는 이름을 얻었다)가 이 교회에 다니기 시작하였다. 처음에는 별다른 문제가 없다가 1895년에 그가 세례를 받자, 양반 교인들 사이에 원성이 더해졌다. 그들은 무어 선교사를 찾아가 백정과 한 자리에서 예배를 드릴 수 없다고 호소했다. 하지만 받아들여지지 않았다. 결국 양반들은 곤당골교회를 떠나 새로 홍문동교회를 세웠다.[27] 아직까지 백정과 양반 사이의 칸막이가 완전히 허물어진 것이 아니었다. '사농공상' 사이에 높게 쳐진 칸막이가 교회라고 해서 하루아침에 허물어질 리가 없었고 유교적 신분질서와 의식이 기독교로 개종한다고 하루아침에 사라질 리가 없었다. 오랜 세월 지녀온 신분질서와 의식이 개종자들과 더불어 교회 안으로 들어왔다. 그래서 이른바 '양반교회'와 '백정교회'로 나누어진 것이다. 이 두 교회는 각기 따로 성장하다가 1898년 곤당골교회에 원인 모를 불이 나 예배당이 없어지자, 홍문동교회 교인들이 손을 내밀었다. 교회 안에서 세상의 칸막이를 세우려 한 자신들의 행동을 회개한 까닭이다. 그렇게 다시 합친 뒤 두 교회는 1904년에 승동교회로 이름을 바꾸고 새 출발을 다짐했다. 그리고는 마침내 박성춘을 장로로 선출하니, 1911년의 일이다. 여기서 보듯이 인간이 만든 신분제도가 이 종교공동체에서 하루아침에 사라진 게 아니라 서서히 사라지는 과정을 우리는 간과해서는 안 된다.

---

27) 홍문동의 옛 이름은 홍문석골, 홍문수골, 홍문선골 등 다양했는데, 갑오개혁 이후 홍문동이 되었다. 한국교회사를 다룬 여러 책에서 홍문동교회의 이름이 다양하게 등장하는 것은 이 때문이다.

4. 다시 칸막이를 치는 오늘의 한국기독교

이 땅에 들어온 기독교는 세계선교사에서 그 유례를 찾기 어려울 정도로 짧은 시기에 놀라운 성장을 하였다. 바로 유교에 터한 칸막이 질서를 허물면서 뿌리를 내렸기 때문에 칸막이 사회에서 소외되고 억압받으며 차별받는 이들이 줄지어 기독교로 들어온 까닭이다.

그런데 오늘의 한국기독교는 위기다. 언제부터인가 교회 안에 이런저런 칸막이가 들어섰다. 구한말 '초월의 공동체'에서는 한반도 남쪽의 하나님과 북쪽의 하나님이 따로 있지 않았다. 남자의 하나님과 여자의 하나님이 따로 있지 않았다. 부자의 하나님과 빈자의 하나님이 따로 있지 않았다. 경상도의 하나님과 전라도의 하나님이 따로 있지 않았다. 진보의 하나님과 보수의 하나님이 따로 있지 않았다. 이들이 믿는 하나님은 지역, 성, 신분이나 계급, 이념을 초월한 '모두의 하나님'이기 때문이다. 그런데 언제부턴가 지역, 성, 신분이나 계급, 이념의 칸막이들이 기독교공동체 안에 무수히 설치되었다.

우리가 본 바와 같이, 구한말 기독교공동체는 유교 사회의 칸막이 질서와 맞섰고, 그래서 교회와 세상 사이에 긴장이 있었다. 비록 '적은 무리의 작은 종교공동체'였지만 유교 사회의 칸막이 질서와 타협하고 야합하여 그 질서에 안주하기를 거부하였기 때문이다. 유교적 칸막이 질서와 문화를 사람이 만든 질서와 문화라고 규정하고, 이를 혁파하여 '하나님 나라'의 기준에 따라 새 질서와 문화를 만들려고 했던 사회변혁공동체가 당시의 기독교였다. 그러나 그렇게 세상 질서에 맞선 만큼 응집력이 강하였고, 세상 것을 초월한 만큼 자존감이 넘쳤으며, 또 그만큼 역동적(dynamic)인 공동체였다. 교회 지도자들이 교회 안팎에서, 특히 진취적인 개혁세력으로부터 존경받고 있었던 것은 바로 교회가 '세상의 칸막이들'을 허물고 세상 가치와 질서와 맞서고 초월했기 때문이다. 바로 이 '맞섬'과 '초월'이 교회다움의 내용이다.

그런데 오늘의 한국기독교 그리고 한국기독교 지도자들에 대한 우리 사회의 시선이 곱살스럽지 않다. 교회가 세상의 여느 기관이나 단체처럼 운영되고, 기도원이나 수련원을 짓는다며 환경을 무차별 파괴한다. 교회 지도자들이 세상 기업가들처럼 고급 승용차를 타고 고급 호텔에 모여 세미나를 하고 기도회를 한다. 교회 지도자들이 세상의 사업가들처럼 교회 재정을 불투명하게 사용한다. 교회 지도자들이 세상의 부자들처럼 교회가 사유재산인 양 자식에게 대물림한다. 교회 지도자들이 노회나 총회 때만 되면 세상 정치꾼도 더이상 하지 않는 돈 봉투를 뿌리고 고급 식당에서 총대들에게 향응을 베푼다. 이 땅의 교회는 크고 작은 세상의 사업체가 되었고, 목회자들은 사업가가 되었다고 비난받는다. 이제 우리 사회에서 교회와 교회 지도자들을 비판하고 나섰다.[28] 불교나 천주교와 같은 이웃종교는 신뢰한다는데 기독교는 그렇게 신뢰하기 어렵다

28) 박정신, "문화변혁세력으로서의 한국 초대교회," 숭실대학교기독교학대학원 제15회 전국목회자세미나 자료집(2007년 2월 6일), 57-64쪽.

고 한다.[29] 어떻게 하여야 하는가? 아무런 일 없다는 듯이 계속 '단잠'을 자고 있을 것인가?

그래서 교회 안팎에서 갱신이다, 개혁이다 하는 소리가 일어난다. 무엇을 갱신하고 무엇을 개혁할 것인가? 신학에 문제가 있는가? 아니, '우리의 신학'이라는 것이 있기는 있는가? 혹은 교리에 문제가 있는가? 목회자들이 문제인가. 아니면 평신도들이 문제인가? 이 땅의 교회갱신이나 개혁을 주장하는 이들조차 갱신과 개혁은 부르짖고 남을 쉽게 비판하지만, '한국교회의 위기' 그 본질을 보지 못하고 표피적이고 피상적인 것만을 논의하는 듯하다.

역사를 공부하는 우리는 '한국기독교의 위기'는 우리 교회가 '교회다움'을 상실하였기 때문에 나온 것이라고 진단한다. 하나님의 나라를 추구하는 교회가 세상의 가치를 숭배하여 세상의 한 집단이 되었다는 데서 우리 교회의 문제가 생긴 것이다. 하나님 나라의 가치와 법도를 가르쳐야 하는 교회 지도자들이 세상의 가치와 법도를 설파하고 있다. 이를테면, 교회에서도 세상에서와 마찬가지로 남보다 앞서는 것, 남 위에 자리하는 것을 성공이라고 가르친다. 기독교의 본질인 종됨이나 섬김과 같은 것은 장식 어휘에 불과한 것이 되었다. 세상이 교회에 '예속화' 되거나 '노예화'된 것이 아니라, 교회가 세상 가치에 '노예화' 되었고, 교회가 세상 방식에 '예속화' 되었다. 이제 교회 안 세상과 교회 밖 세상 사이에 다름이 없

29) 기획기사, "돈에 집착한 교회, 신뢰는 줄줄 샜다"와 "개신교 신뢰도 불교보다 낮다"를 볼 것. 「기독신문」 2011년 11월 16일.

고, 긴장이 없다.[30] 공룡과 같은 거대한 몸체를 가지고 있으나 이미 역동성을 상실한 공동체가 되어 버렸다.[31] 남자와 여자 사이의 칸막이, 재물을 가진 자와 못 가진 자 사이의 칸막이, 권력을 가진 자와 못 가진 자 사이의 칸막이, 많이 배운 자와 못 배운 자 사이의 칸막이, 보수니 진보니 하는 이념의 칸막이, 그래, 세상에 있는 모든 영역의 칸막이들이 교회 안으로 들어와 공동체 구성원들을 갈기갈기 나누어 서로 삿대질하게 된 까닭이다. 여기에 교파나 교단의 칸막이가 높이 올라가 있고 도시 교회와 농촌 교회의 칸막이, 강남 교회와 강북 교회의 칸막이가 설치되었다. 나는 다른 글에서 칸막이들이 허물어지지 않는 원인을 '권력'과 이어 논의한 적이 있다. 그 한 구절을 따온다.

> 예배당 안에 양반들이 백정과 나란히 예배를 드리는 그림만으로는 진정한 '섞임'이 아니다. '다름'에 대한 서로의 인식 차이가 시험대에 오를 때는 권력과 연관될 때다. 백정이 세례를 받자, 양반들의 오만과 편견이 증폭된다. 자기와 출신 성분이 다른 백정과 예배는 함께 드릴지언정 권력을 나눠 가질 수 없다는 것이다. 근본주의 투쟁은 권력투쟁을 함축한다.[32]

---

30) 나의 여러 글과 박영신의 여러 글 그리고 이철, 『세상 안에 교회, 교회 안에 세상』 (서울: 백의, 2006)도 볼 것.

31) 나의 책, 『한국기독교사의 새로운 이해』, 8강과 이를 다시 펴낸 『맞섬과 초월의 눈으로 본 한국기독교역사』, 8강을 볼 것.

32) 나의 글, "역사의 반동 — 종교근본주의", 「기독교사상」 635호(2011년 11월호), 39쪽.

한국교회가 교회다움을 회복하려면 칸막이를 허무는 일에 나서야 한다. 그래야 이 종교공동체가 다시 역동성을 갖게 되고, 그래야 사회의 존경과 신뢰를 받게 되며, 그래야 이 땅에서 기독교가 다시 성장하게 된다. 교회가 세상과 거리두기를 실천해야만 교회와 세상 사이에 맞섬과 긴장이 있게 된다. 이것이 교회가 갱신되고 개혁되는 길이라면, 오늘의 한국교회는 이 땅의 초대교회가 보인 '맞섬'과 '초월'의 모습을 복원하는 일이 우선이다. 거듭 말하지만, 교회 개혁은 언제나 교회 안에 들어온 세상의 칸막이들, 나아가 우리 사회의 여러 칸막이들을 허무는 일에서 시작된다.

5. 꼬리글

그렇다면, 다시 묻자. 이렇게 기독교스럽지 않은 오늘의 기독교, '초월'에 기대지 않고 세상에 기대고 있어 '맞섬'의 영성을 상실한, 아니 세상의 노예가 된 교회, 그래, 세상의 모든 칸막이가 들어선 오늘의 기독교에 희망이 있는가? 그 희망은 어디서 올 것인가? 오래전부터 '초월'을 이야기해온 사회학자의 글귀를 따온다.

> 그리스도인이라면 하늘의 뜻이 이 땅에도 이루어지기를 기도하며 그 뜻에 참여하며 살아가야 하는 자기 참모습을 내동댕이치고는 거들먹거리는 그 도도한 체제 밑에 무릎을 꿇고 거기에 순순히 적응하며 살아갈 수는

없다. … 그리스도인이 겪어야 하는 이 세상에서의 문제, 그것은 오늘날 이 땅의 사람들이 말하는 체제 안의 성공을 획득하는 과정에서 겪게 되는 그러한 삶의 어려움 때문일 수는 없다. 그리스도인은 이 땅의 지평 안에 머물러 있지 않고 거기에 얽매어 있기를 거부해야 하기에 이 땅의 것을 다라고 생각하지 않는다. 그리스도인들은 이 땅의 것과는 다른, 이 땅의 것을 너머서는, 이 땅 위의 것 곧, 하늘의 뜻을 사모하여 그것이 이 땅에 이뤄지는 새로운 질서를 생각하고 그리워하며 살아간다.[33]

그렇다, 세상의 칸막이들이 여기저기 설치된, 그 칸막이들을 '보수'하는 이 땅의 교회에서는 "새로운 질서"를 그리워하지 않는다. 이 땅의 사람들이 말하는 '성공'이나 '행복'을 우상으로 삼고 "체제 지평에 모든 것을 고정시킨 교회"에서는 나올 수 없다.[34]

'새로운 질서'는 지금의 기독교에 편안해 하지 않는 사람들, 그래, 오늘의 기독교 변방에 있는 사람들에게서 올 것이다. 초월에 기대어 현존질서를 상대화, 이 질서를 지탱하는 논리에 맞서는 사람들에게서 올 터이다. 이를테면, 모든 종류의 칸막이를 설치하여 구분하고 구별하며 차별하는 현존질서 안에 있는 사람이 아니라, 기형적인 이 현존질서로부터 혜택받지 못하고 주변부로 밀려난 사람들, 현존질서를 향해 계속해서 질문을 던지는 사람들에게서 올제

---

33) 박영신, "누구의 교회이며, 어떤 기독교인가?: 우리의 신앙 상황," 「현상과인식」 36권 1호(2012년 5월), 121-122쪽.

34) 윗글, 같은 부분; 또한 2010년 11월 18일 숭실대 기독교학과 학술심포지엄 자료집에 실린 나의 글, "오늘의 우리 학문 세계와 기독교학"도 볼 것.

의 기독교가 탄생할 것이다.

그러면, 우리는 누구이고 어디에 있는가?

* 이 글은 "칸막이를 허무는 교회: 역사학에 기댄 한국교회 개혁을 위한 제안"이라는 제목으로 「현상과인식」 37권 4호(2013년 겨울), 63-83쪽에 실렸으며, 그중 일부가 "이웃되기의 역사학"이라는 제목으로 다듬어져 「현상과인식」 41권 1/2호(2017년 봄), 14-29쪽에도 실렸다.

탐욕의 역사, 파멸의 역사
— 역사학에 기대 본 한국교회 개혁 방향(들)

1. 머리글

나는 최근 '나의 역사학'을 정리하여 우리의 지식사회에 내놓기 시작했다. 그 글 한 구절을 여기 따온다.

> 인류 역사를 거시적으로 읽으면 인류 역사는 인간 활동공간이 확장되어 간 역사이고, 또한 이 과정에서 언어, 문화, 나라, 민족, 인종이 다름에서 생겨난 여러 칸막이들을 사이에 두고 서로 긴장하고 갈등을 겪는 역사, 그러나 종국에는 이러한 칸막이들이 허물어져 간 것이 인류 역사다. 인류의 역사를 이런 시각으로 읽으면 궁극적으로 올 '새 시대'를 두려워하는 이들

이 나타난다. 이들은 지금까지 해온 것, 그래서 '익숙한 것'을 '보수'하려고 한다. 이들의 의식구조는 이분법적이다. 도 아니면 모, 흑 아니면 백이다. 변화를 거부하는 선동가들도 이런 시대에 나타나고, 테러도 이럴 때 나타난다.[1)]

그래서 현존질서(체제)에 헌신하는 지식계급은 정치, 경제, 사회, 문화, 인종, 민족, 국가, 이념, 종교 사이에 설치된 칸막이들을 허물기보다 더욱 견고하게 '보수'한다고 나는 말한 바 있다.[2)] 이런 인류 역사의 큰 흐름에 기대어 한국교회의 개혁의 한(큰) 틀을 제시하고자 했던 것이다.

이를테면, 기독교가 구한말 조선에 들어왔을 때, 당시의 현존질서인 유교 체제에 순복하고 안주하지 않았다. 오히려 나이, 성, 신분 따위의 '다름'을 근거로 사람과 사람 사이에 칸막이를 치고 차별하던 유교 질서와 맞섰다. 나아가 유교 질서의 칸막이들을 교회가 앞장서 허무는 일에 헌신하였다. 유교 질서와는 다른, 서로를 차별하지 않는 평등한 '형제자매'의 공동체를 이루고자 했다. 바로 이 때문에 당시 개혁 지향적인 양반 지식인들과 칸막이 질서에서 오래도록

---

1) 2011년 11월 30일 숭실대에서 열린 제1회 숭실기독교학회 정기학술대회에서 발표한 나의 글, "칸막이 허무는 교회 — 역사학에 기댄 한국교회 개혁을 위한 제안," 22쪽; 이 글은 같은 제목으로 「현상과인식」 37권 4호(2013년 겨울), 63-83쪽에 실려 있다. 따옴은 70쪽.

2) '문명의 충돌'이라는 담론으로 미국중심질서의 변화에 두려움을 갖게 된 이들에게 불티나게 읽힌 책을 쓴 헌팅턴을 새 시대의 문턱에서 '새로운 칸막이'를 설치하자는 선동가라고 내가 비판한 적이 있다. 윗글, 23쪽.

억눌려 지냈던 여성들, 젊은이들, 하층민들이 교회에 줄지어 들어 왔던 것이다.[3]

유교 질서의 여러 칸막이를 허물며 척박한 조선 땅에 뿌리를 내린 기독교는 일제강점기에 들어서 재빨리 가지 쳐 뻗어나가게 된다.[4] 나중에 상세하게 논의하겠지만, 교회는 조선사람들의 짜임새 있는 종교공동체로 제도화되었다. 그러나 3·1운동 후, 1920년대에 들어서면서 한국기독교가 제도화되고 성직이 직업화되자, 서서히 민족 문제를 비롯한 사회·정치적인 문제에 관심을 갖기보다는 이른바 '순수신앙운동'을 펼치면서 현실에 안주하려는 경향을 보이기 시작했다. 교회 안에 목사를 정점으로 하는 새로운 수직적 신분질서가 들어서고, 교회나 교회 관련 기관에서 일하는 성직자, 의사, 기자, 교수와 여러 부류의 사무직원들과 같은 문화계급, 종교계급이 등장해 행세하게 된다.[5] 이광수가 말한 '새로운 양반'들은 바로 이들을 일컫는 것이다.[6]

---

3) 윗글, 24-27쪽; 한국기독교의 확장(성장)에 대한 논의를 더 보기 위해서는 나의 영문 저서, *Protestantism and Politics in Korea* (Seattle and London: University of Washington Press, 2003), 13-29쪽; 우리글로는 박정신, 『근대한국과 기독교』 (서울: 민영사, 1997), 1장을 볼 것.

4) 일제강점기의 역사 상황 및 기독교공동체와 조선 민족운동과의 관계를 보기 위해서는 나의 영문 저서, *Protestantism and Politics in Korea*, 29-36쪽과 60-66쪽을 볼 것; 우리글로는 나의 책, 『한국기독교사의 새로운 이해』 (서울: 새길, 2008), 4-6강을 볼 것; 또한 이 책을 다시 펴낸 『맞섬과 초월의 눈으로 본 한국기독교역사』 (서울: 말, 2017), 4-6강도 볼 것.

5) 나의 영문 저서, *Protestantism and Politics in Korea*, 109-111쪽과 153-154쪽; 나의 책, 『근대한국과 기독교』, 106-107쪽.

6) 이광수, "금일 조선의 야소교회의 결점," 「청춘」 11호 (1920년 11월), 77-81

일제의 식민굴레를 벗어난 후에도 우리는 고난과 한의 역사를 살아야 했다. 분단, 전쟁 그리고 남·북 대립과 긴장의 역사가 이어졌기 때문이다. 이러한 고난과 한의 역사를 살면서도, 아니 그렇기에 우리는 더 치열하게 삶을 꾸리었다. 그래서 세계가 놀라고 우리도 놀란 재빠른 경제 성장을 이룩하였다. 그러나 이 성장 과정은 공동체 구성원들이 함께 오순도순 손을 맞잡고 이룩한 것이 아니었다. 정당성을 결여한 정치권력이 '민족중흥'이니 '조국 근대화'니 하면서 경제 성장이라면 무엇이든 희생할 수 있다는 삭막하고 천박한 사회를 만들어 냈다. 그 결과, 경제주의에 함몰된 공동체가 되었다. 정치권력, 자본권력 그리고 지식권력이 단단히 손을 잡고, 경제성장제일주의로 우리 공동체를 몰아갔다.[7] 그렇다, '삼각편대'를 편성하여 우리 공동체를 '경제전쟁'에 내몰았다. 우리 모두 '잘 살아보세' 노래를 부르며 '새벽종'과 함께 일터로 나갔다. 그 시대를 살았던 이들은 이 동원경제체제라는 쇠우리에 갇혔던 것이다. '빵 걱정'은 사라졌지만, 인간 삶의 참뜻이 뒤틀리게 되었다. 사회 양극화 현상이 깊어지고 족벌이라고 해야 할 재벌이 군림하는 동안에 돈과 성공이 우리 사회의 지고의 가치로 등장하였다. 그것이 이 땅의 모든 질병의 근원인데도 말이다.[8]

쪽, 특히 77쪽을 볼 것.

7) 박영신, "한국 기독교와 사회의식," 숭실대학교 한국기독교문화연구소 엮음, 『2천년대를 바라보는 한국기독교』 (서울: 숭실대학교 출판부, 1991), 233-261쪽, 특히 234-240쪽을 볼 것. 박영신은 권력을 '칼'로, 자본을 '돈'으로, 지식사회를 '말과 붓'으로 표현하였다.

이 경제성장제일주의 시대에 한국기독교도 함께 '성장지상주의' 깃발을 높이 들고 하루를 '새벽'으로 시작하였다. 이 시기에 기독교는 신도 수와 교회 수에서 "폭발적인 성장"을 하게 된다.[9] 교회 안에서도 교회 밖에서 벌어진 새마을운동처럼 '전도동원체제'를 구축했다. 교회의 모든 것이—심지어 믿음조차도— 수치로 '계량화'되었다. 헌금을 비롯한 믿음 행위가 질이 아니라 양으로 수치화되었다. 교회 모임 출석도 수치화되었다. 부목사나 전도사가 담당한 교구나 또는 구역의 여러 믿음 행위를 계량화하여 목회의 '성공 여부'를 평가하였다. 이처럼 '성장제일주의'에 함몰된 교회가 모든 것을 수치화하여 개인의 신앙 정도, 구역의 신앙 정도, 교회의 성장 여부를 평가했기 때문에, 모든 교인이 전도지를 들고 새벽부터 길거리에 나섰다. 버스 정류소나 지하철 입구에서 무슨 무슨 교회라는 띠를 두르고 전도지를 돌리며 커피나 차를 돌리는 풍경도 그때부터 시작된 것이다. 교회의 하부조직, 곧 이 동원체제에서 가장 핵심적인 역할을 하는 구역장들을, 그 시대 교회 밖의 동원체제의 핵심 역할을 담당했던 새마을운동 지도자들과 견준 이도 있다.[10] 박영신은 오래전에 한국교회는 경제주의에 "식민지화"되었다고 분

---

8) '이를테면, 김회권의 윗글 외에도, 김진호, "'성공주의'에 잠식된 우리의 빈 영혼에 대하여"; 손석춘, "삼성 애완견 된 파수견 언론"; 한종호, "삼성이 우리를 구원하리라!? 같은 글들을 볼 것.

9) 이 시기 기독교의 폭발적 성장에 대해서는, 나의 영문 저서, *Protestantism and Politics in Korea*, 40-47쪽을 볼 것.

10) 김진호, 『시민 K, 교회를 나가다』 (서울: 현암사, 2012), 83-84쪽.

석하고 우려한 적이 있다.[11)]

이처럼 우리 사회가 오로지 경제 성장에 매달릴 때, 교회도 덩달아 '성장'이 곧 '성공'이라며 세상 흐름에 맞추어 춤을 추었다. 물질만능주의라는 세상 가치를 고스란히 흡수해 한국교회는'삼박자 구원론'(영의 구원, 물질의 성공, 건강의 성공)에 함몰되어 갔다. 가난하고 병든 이들의 신학이 아니라 "부유하고 또 건강관리 체계의 수혜를 잘 누리는 이들이 자신의 풍요를 정당화"하는 데 "유용한 신학"이었다.[12)] 세상스런 성공을 축복이라고 정당화시키고 위로해 주는 곳, 교회는 그런 곳이 되었다. 세상 질서에서 권력과, 부 그리고 지식으로 우쭐대는 이들이 모이고 행세하는 곳이기도 하다. 오죽하면 좀처럼 교회의 부정적인 모습을 이야기하지 않는 한 보수교단의 교단지가 한국교회는 물질에 집착하여 타락하고, 한국 사회의 지탄을 받게 되었다고 진단했겠는가?[13)]

우리 사회가 탐욕에 함몰되어 파멸의 길을 달려가고 있을 때, 교회가 나서 대안의 가치, 대안의 삶을 제시하기보다 세상 흐름에 뒤질세라 경쟁적으로 탐욕의 길을 함께 달려가고 있다. 그래서 나는 인류의 역사를 '탐욕의 역사'로 다시 읽고, 이와 필연적으로 이어지는 '파멸의 역사'로 설명하면서 한국 사회와 교회를 성찰하려고 한다.

---

11) 박영신, "한국 기독교와 사회의식," 240-249쪽을 볼 것.
12) 김진호, 『시민 K, 교회를 나가다』, 101-106쪽, 특히 103쪽을 볼 것.
13) "돈에 집착한 교회, 신뢰는 줄줄 샜다," 「기독신문」 2011년 11월 16일.

2. 탐욕의 역사, 파멸의 역사

유대·기독교 가르침에 기대어 보면,[14] '탐욕의 역사'는 인류의 역사 시작과 더불어 시작되었다. 에덴동산에서 아담과 이브는 행복하게 살았다. 이 낙원에서 행복하게 계속 살기 위해서는 동산 한 가운데 있는 과일을 따먹지 말아야 했다. 하나님의 명령이었다. 아니, 삶을 꾸릴 때 탐욕을 억제하고 자제하라는 하나님의 지침이기도 했다. 그런데 이 둘은 하나님이 먹지 말라던 그 '선악과'를 차례로 따먹고 그 낙원에서 추방되는 이야기가 있는데, 이를 우리는 익히 알고 있다. 그 과일은 "먹음직도 하고, 보암직도 하고, 지혜롭게 할 만큼 탐스럽기도 한 나무"에 열린 과일이었다. 그 과일이 보기도 좋고 맛도 있게 생겨서 '탐욕'이 생기기도 했겠지만, 무엇보다도 "하나님과 같이"(창세기 3:5) 될 수 있다는 '정보'가 있어 '하나님의 자리'에 앉으려는 '탐욕'이 솟구쳤기 때문이다. 에덴에서의 추방은 파멸의 길로 들어섰다는 뜻이다. 인간의 탐욕은 더 큰 탐욕으로 이어진다. 커져만 가는 탐욕을 채우기 위해 성서를 자기 마음대로 해석해 그들의 탐욕 행위를 정당화하기 시작했다.[15] 고대에서부터

---

14) 창세기 2장과 3장에 기대었다.

15) 이를테면, 창세기 1장 28절에 나오는 "땅을 정복"하라거나 "모든 생물을 다스리라"는 것은 '선한 관리자'가 되라는 뜻인데, 시대마다 인간의 입장, 필요, 탐욕을 정당화하기 위해 해석되고 재해석되었다. 자연의 파괴를 문명의 발달로 인식하는 도구로도 이용되었다. 조성노 엮음, 『최근신학 개관』 (서울: 현대신학연구소, 1993), 299-323쪽에 기댐. 또한 구미정, 『구약 성서: 마르지 않는 삶의 지혜』 (서울: 사계절, 2015), 51-58쪽도 볼 것.

오늘에 이르기까지 인류의 역사가 우리에게 일러주는 진리이기도 하다.

이 '탐욕의 역사'는 고대와 중세 시대에도 끊임없이 이어져 왔으나, 특히 '이성'을 앞세운 계몽사상의 영향으로 근대에 들어와 더욱 기세를 부렸다. 물론 계몽사상은 이전처럼, 자연을 신성시하거나 악마시하지 않았다. 자연 앞에 머리를 조아리기는커녕 오히려 지배의 대상으로 삼았다. 자연의 비신성화나 비악마화에 큰 기여를 하였다.[16] 또한 계몽사상은 '암흑기'라는 중세 종교권력과 종교지식인들의 지배질서에 저항하여 인문주의를 싹틔우고 종교개혁을 견인하기도 했다. 그러나 이성을 앞세운 계몽사상의 영향으로 과학혁명과 산업혁명이 연달아 일어나게 되었다. 이제 탐욕의 역사 공간이 빠른 속도로 넓어져 유럽의 울타리를 넘어가게 된 것이다.

군주나 국왕의 탐욕을 넘어 '국민국가'(nation-state)의 등장과 더불어 강력한 군사력을 앞세운 나라들이 탐욕의 페달을 힘차게 밟아나갔다. 탐욕의 공간이 아프리카로, 아메리카로 그리고 아시아로 확장되었다. '새 시장, 새 자원'을 노리는 자본가들, 더 넓은 영토와 더 많은 권력을 탐하는 국민국가들의 세상, 이들이 무력으로 구축한 제국주의 시대가 열린 것이다.[17] 늘어만 가는 탐욕을 채우

---

16) 조성노 엮음, 『최근신학 개관』, 300-301쪽을 볼 것; 구미정, 『생태여성주의와 기독교윤리』 (서울: 한들, 2005), 18-29쪽도 볼 것.

17) Peter N. Stearns, *World History: Pattern of Change and Continuity* (New York: Harper and Row, 1987) 3부와 4부, 특히 18장을 볼 것. 또한 Stanley Chodorow, Hans W. Gatzke and Conrad Schirokauer, *A History of the*

기 위해 다른 민족이나 종족을 노예처럼 부리거나 열등 인간으로 취급하였다.

이렇게 사악한 탐욕의 행위는 항상 종교권력이나 지식인들을 동원하여 정당화하는 또 다른 사악함을 보여주었다. 지식인들은 이러한 탐욕의 확장을 '문명의 확장'이라고 정당화시키며 오히려 부추겼다. 생물학자 다윈의 진화론에 기대어 '사회진화론' (Social Darwinism)이라는 담론이 나온 것도 그 무렵이다. 이 사회진화론으로 제국주의적 탐욕을 정당화했다.[18] 역사의 순간순간이 치열한 경쟁이며, 이 경쟁에서 이기는 개인, 국가, 민족, 인종은 살아남고, 여기에서 뒤진 개인, 국가, 민족, 인종은 역사에서 사라진다는 이른바 '적자생존'이니 '우승열패'니 하는 말들이 이 사회진화론의 핵심 주장들이다.[19] 이들에 의하면, 인간 사회는 야수들이 살기 위해 끊

World, Vol. II (San Diego and New York: Harcourt Brace Jovanovich, 1986) 31장과 34장을 볼 것. 특히 서구제국주의가 이념의 산물인지 경제적 산물인지에 대한 논의를 보기 위해서는 Brian Tierney, Donald Kagan and Pearce Williams, *Great Issues in Western Civilization*, Vol. II (New York: Random House, 1967) 355-408쪽을 볼 것.

18) 사회진화론은 영국의 생물학자 다윈(Charles Darwin)이 자연환경의 변화에 따른 생물의 진화과정을 논의했는데, 영국의 사회철학자 스펜서(Herbert Spencer)가 이 진화론을 인간 사회 이해에 원용하면서 사회진화론이 나오게 되었다. 다윈의 주된 주장은 모든 현존하는 생명체는 '살아남기 위해 끊임없이 싸우는'(a constant struggle for existence) 존재다. 이 싸움에서 이기지 못하는 생명체는 도태된다는 것이다. 이것을 인간 사회 인식에 원용하여, 인간의 여러 무리 가운데 생존을 위한 싸움에서 이기고 정복하는 무리가 싸움에서 지고 도태되는 무리보다 낫다고 주장하는 것이 사회진화론이다. 이 담론에서는 정의가 힘이 아니라 "힘이 정의다"(might is right). Stanley Chodorow (들), *A History of the World*, Vol. II, 778-79쪽에 기대었다.

임없이 죽이고 죽임을 당하는 '정글'에 지나지 않는다.

근대 시대, 이 탐욕의 역사는 국가(정치권력), 자본(경제권력), 지식(지식권력)을 가진 이들이 '삼각편대'를 꾸려 인간을 무한경쟁으로 내몰았다.[20] 그들의 커져만 가는 탐욕을 채우기 위해서 말이다. 이 삼각편대 세력은 '노동'이 생산하지 않고 '자본'이 생산한다고 가르친다. 그러니 생산된 것(이윤)은 자본가의 것이 된다. 누군가 삼각편대 체제에 대하여 불평하고 비판하면 국가권력이 사회질서 문란 행위로 간주하고 이른바 '공권력'을 동원한다. 체제에 순복하며 밥벌이하는 지식인 군상들이 나타나 권력과 자본의 행위를 정당화시킨다. 서로 돕고 서로 의지하고 서로 보호하는 삼각편대를 공고히

---

19) 윗글, 779쪽.

20) 이를테면, 우리 전통사회(조선)에도 이 '삼각편대'가 있었다. 권력의 자리(관직)에 오르기 위해서는 과거시험을 치러야 했다. 예비시험에 합격하고 도에서 치르는 2차 시험에 합격하여 한양에서 최종 과거시험을 치르고 합격한 이들이 관리가 되었다. 이 과정은 10년, 20년에 끝나기가 매우 어려웠다. 하여튼 수십 년 동안 주자학만 공부해야 했다. 가난한 농민의 아들은 생계문제로 논밭에 나가 일을 해야 했기 때문에 과거시험을 준비할 시간적, 경제적 틈이 없었다. 그러므로 이들은 아예 과거시험에 응시할 기회를 박탈당한 셈이다. 과거시험을 준비하는 긴 세월, 일하지 않고 공부만 할 수 있는 이들은 지주들(농경사회의 부유층이다)의 아들밖에는 아무도 없다. 이들이 주자학을 공부하고 유학자가 되어 관리가 되었다. 다시 말하면, 정치권력, 경제권력 그리고 지식권력을 바로 이들이 독점하였다. 이 질서에 의문을 던지거나 불평, 불만 또는 비판을 하는 이들은 사회질서를 교란시키고 백성을 호도하고 있다고 '정치재판'을 받거나 죽임을 당했다. 동학 창시자 최제우가 좋은 보기다. 다른 나라에서도 그러하지만, 우리 사회를 보면, 재벌/족벌들이 정치권력과 체제의 지식권력이 강력한 삼각편대를 편성하여 그 질서를 비판하는 이들을 공권력으로 다루거나 여론재판, 정치재판으로 무력화시키거나 사회적으로 몰락시킨다. 이를테면, 삼성을 고발한 김용철은 지금 어디에 있는가.

구축하여 절대다수의 사람들을 억누르고 세뇌시킨다. 그들에게 절대다수의 사람들은 단지 그들의 탐욕의 도구일 뿐이다. 인간 활동 공간이 확장되자, 나라의 경계를 넘나들며 탐욕을 효과적으로 확장하기 위해 '다국적 기업'이라는 국제적 기업 연합을 만들기도 한다. 수많은 이들이 기아, 질병, 자연재해로 고통받고 죽어가는 데도, 다국적 투기꾼들과 같이 수치심을 모르는 탐욕의 무리들은 세계를 누비며 초호화 호텔, 리조트, 레스토랑에서 황제처럼 삶을 꾸리고 있다. 이른바 '1:99의 사회'라는 높다란 대형 칸막이가 들어선 것이다.

탐욕의 공간이 '정보기술혁명'(The Information Technology Revolution)덕분에 더욱 확장되었다. 아니, 확장이 아니라 세계가 아예 하나의 지구촌(a global village)이 되었다. 그래서 나라니 대륙이니 민족이니 인종이니 하는 칸막이가 사라지고 지구 전체가 거대한 '탐욕의 한마당'으로 변했다.[21] 스위스가 낳은 사회학자이자 기아 문제와 같은 약자들에 관심을 가지고 의회정치도 참여한 바도 있고 유엔에서도 활동한 바 있는 장 지글러(Jean Ziegler)는 세계화를 "거대 다국적 자본주의 민간 기업들이 주도하고 있는 세계의 봉건화"라고 고발한다.[22] 세계화 시대에 '신흥 봉건제후'로 등장한 거대 다

---

21) 나는 인류 역사는 '인간의 활동공간 확장의 역사'로 규정하고 그 과정에서 이전의 '여러 칸막이들이 허물어져 가는 역사'라고 말한 바 있다. 이 구상은 '초월'에 기대어 현존질서에 항상 의문을 던지고 자기성찰을 하는 '삶의 지식인들,' '초월'의 사람들의 행위 중심으로 재구성해 본 것에 지나지 않는다. 그러나 '그 초월'과 멀어지면서 인간은 탐욕의 존재가 되어 몰락의 길인 줄도 모르고 서로 앞서겠다고 옆도 보지 않고 앞으로만 달려가고 있다.

22) 장 지글러/양영란 옮김, 『탐욕의 시대』 (서울: 갈라파고스, 2008), 16쪽.

국적 기업가들은 탐욕의 자본주의가 낳은 봉건제후들이다. 세계에서 500등 안에 드는 거대 다국적 기업들이 지구 전체 생산의 52퍼센트를 장악하고, 이들 기업이 축적한 부는 세계에서 가장 가난한 133개 국의 부를 모은 것보다 많다. 이들은 세계의 기아, 질병, 자연재해를 해결하는 데는 전혀 관심이 없다. 오히려 그런 문제들이 그들의 탐욕의 기회가 된다. 그들의 유일한 목표는 단기간에 최대한 이익을 창출하여 자신들의 권력 확대를 가속화시키는 것뿐이다. 무서운 사실은 이들 신흥 봉건제들이 공정한 규칙을 만들어 경쟁하는 것이 아니라 자신들이 만든 규칙에 반대하는 누구라도 '제거'되어야 한다고 믿고 있다는 것이다.[23]

이들 신흥 봉건제후들은 '많이 가진 자가 이긴다'는 믿음을 신봉한다. 가진 자는 무죄이고 가지지 못한 자들은 죄인이라는 세계관의 소유자들이다. "유전무죄 무전유죄"의 세상이 이들의 세상이다.[24] 돈만 있으면 어떤 법적인 문제도 이길 수 있다는 것이 이들의 생각이고, 기업 활동에서는 노동조합도 있어서는 안 된다는 것이 이들의 신조다.[25] 사람보다 돈이 먼저이고, "인권보다 시장"을 더 좋아하는 무리가 이들 신흥 봉건제후들이다.[26]

이제 한국교회라는 종교공동체에 언제 탐욕의 씨앗이 파종되

---

23) 윗글, 247-248쪽.
24) 윗글, 268-275쪽.
25) 윗글, 300-309쪽.
26) 윗글, 319-324쪽.

어 자라게 되었는지 살펴보자.

3. 1920년대 한국교회 — 탐욕의 씨, 싹 트다

일제강점 초기, 이른바 '무단통치' 시기에 조선사람들은 집회, 결사, 언론의 자유와 같은 기본 권리와 자유를 박탈당하고 삶을 꾸렸다. 이른바 '암흑기'라고 불리는 이 시기에 조선사람들은 종교조직과 활동만, 그것도 일제의 감시를 받으며 허용되었을 뿐이다. 아무 데도 갈 데가 없었을 때, 신문이나 라디오 방송이 없었을 때, 정당도 사회단체도 갖지 못하였을 때, 나라 잃고 애통해하는 조선사람들이 모여 서로 위로하고, 서로 민족의 앞날을 걱정하며 머리를 맞대고, 서로 깨우치고, 때로는 반일운동을 앞서 도모할 수 있는 곳은 종교공동체밖에 없었다. 이 '암흑기'에 세계 강국 대열에 오른 일본제국이 종교 조직과 활동만을 허용했고, 그래서 조선사람들이 종교 활동을 빙자해 모일 수 있었기 때문에 종교 조직과 활동이 이 시기에 큰 의미를 갖게 되었다.

여러 종교 가운데 불교의 교세가 가장 앞서 있었다. 불교 사찰 수나 신도 수 면에서 그렇다는 말이다. 그러나 불교 사찰은 오늘과는 달리 조선사람들이 사는 '동네'에 있지 않고 멀리 떨어진 산속에 있었다. 불자들은 일 년에 한두 차례 자신들의 사찰을 찾는다. 신자 수나 사찰 수만 따지면 기독교의 교세는 불교보다 약하다. 그러나 불교 사찰과는 달리 교회는 산속이 아니라 '동네'에 있었다. 그것도 일주일에 열 번 이상 예배, 기도회, 부흥회와 같은 프로그램을 가지고 있어 조선사람들이 언제나 쉬이 갈 수 있는 곳이 교회였다. 그렇기 때문에 교회가 성장하였고, 그래서 이 시기에 교회는 종교적 의미에 더하여 사회·정치적 의미가 다른 종교들과는 달랐던 것이다. 그 시대의 교회는 일제 식민통치를 받는 조선사람들이 쉬이 가서 애통하는 같은 동포들을 쉬이 만날 수 있는 처소였다. 그래서 교회는 조선 민족의 삶을 이야기하는 곳, 조선 민족의 해방을 기리는 조선사람들의 공동체로 지속적으로 성장해 갔다.[27)]

교회라는 조직이 조선사람들에게 주는 사회, 정치적 의미에 더하여, 독립과 해방을 기리는 조선사람들이 교회에서 듣고 읽는 성서의 상징과 언어들이 그들의 민족적 소망과 해방의 상징과 언어들도 자리 잡게 되었다. 이를테면, 구약의 「출애굽기」에 담긴 히브리 노예들의 해방 이야기, '새 하늘과 새 땅'과 같은 성서적 상징과 언어들, 어린 다윗이 힘센 골리앗을 이긴 이야기, 약한 이스라엘이 강한 블레셋 민족에 맞서 물리친 역사, 유대인들이 바빌론 제국에 포로로 끌려갔다가 해방되어 돌아온 이야기와 같은 성서의 가르침은 낙담과 좌절에 빠진 조선사람들로 하여금 '새 소망'을 갖게 하였던 것이다. 그래서 1909년의 이재명사건, 1911년의 신민회사건 그리고 1919년의 3·1운동 등에 기독교 지도자들이 깊이 개입되거나 주도한 것도 바로 이 암흑기의 역사 상황에 기대어 그리고 성서의 상

27) 나의 영문 저서, *Protestantism and Politics in Korea*, 129-135쪽.

징과 언어들과 이어서 설명되어야 한다. 오래전부터 내가 주장해 온 바다.[28]

일본 식민통치 세력은 무력으로 3·1운동을 진압한 후 식민통치 정책을 '무단통치'에서 '문화정치'로 전환하였다. 암흑기에 종교공동체에 기대었던 민족운동 세력들은 이 문화정치 시기에 종교 울타리 밖으로 나가 새로이 단체를 만들고 신문이나 잡지를 발간하며 이런저런 운동을 펼쳤다. 그런 한편, 3·1운동 이후 문화정치 시기에 기독교공동체는 사회·정치 문제에서 급격히 후퇴하는 모습을 드러냈다. '순수신앙운동운동'이 일어나 '비정치화' 노선을 걷게 되자, 교회 안팎에서 기독교를 비판하는 목소리가 높아졌다. 나는 기독교 지도자들이 이전과 달리 현실에 안주하려는 경향을 보인 데 대해 '종교적 지식계급'으로서 그들의 본성과 함께 논의되고 설명되어야 한다고 주장한 바 있다. 1920년대부터 성직자들을 비롯한 기독교 지도자들의 '계급화'가 시작되었다는 말이다. 짧게 말해 성직자가 아니라 '봉급쟁이'로 기능하기 시작하였다.[29]

3·1운동 이후 1920년대에 이르면 이전에 우리 민족 공동체에서 존경과 기대를 받았던 한국교회는 사회적 비난과 비판의 표적이 되었다.[30] 당시 신문과 잡지들은 성직자들이 교회 울타리 안에 안주

---

28) 더 상세한 설명은, 윗글, 둘째 마당과 넷째 마당을 볼 것; 나의 책, 『근대 한국과 기독교』, 4-6장도 볼 것.

29) 나의 영문 저서, 윗글, 108-111, 151-154쪽. 영어로 출판된 탓인지 나의 연구를 언급하지 않고 태연하게 자기의 주장인 것처럼 글을 발표해대는 우리 지식사회의 몰염치와 비양심을 여기 준엄하게 기록해 둔다.

하여 찬송하고, 기도하고, 설교만 할 뿐, 자기들이 믿고 있는 예수가 번민하고 투쟁한 일들은 외면하고 있다고 꼬집었다. 그리고 당시 교회는 지배계급과 부자들의 종교가 되어 가난에 찌들고 억눌림을 당하는 민중의 삶과 유리되었다고 비판하였다. 권력계급이나 부자들의 편에 서서 그들의 헌금에만 관심이 있고 노동계급의 참혹한 현실은 외면하고 있다고 질타하였다. 한 보기로, 어느 신문기사를 따와 보자.

> 모든 도덕과 인습과 존귀가 다 무엇인가. … 기독은 무엇을 말하였는가. '나는 칼을 들고 불을 던지러 왔다' 하지 아니하였는가. … 모든 사람이 평등이요 따라서 모든 사람이 가치의 절대주인공인 그 민중의 영광을 위하여 분투하며 축복하라.[31]

이 글에서 우리는 당시 기독교와 성직자들에 대한 평판을 읽을 수 있고, 또한 당시 교회의 모습을 그릴 수 있다. 성직자들이 상층계급과 짝하고 있다는 이러한 비판은 교회 안에서도 일어났다. 기독교 민족운동가이자 문필가인 김원벽은 "기독의 주의와 복음을 선전하는 것을 사명으로 삼는 교역자 제군아, 언제 예수가 부자를 옹호하여 약자를 억압하라 하였더냐. 제군이 교회 중대 문제를 해결

30) 윗글, 148-154쪽.

31) 「동아일보」, 1922년 1월 7일자 사설, "宗教家여 街道에 出하라"에서 따옴. 당시 문제를 이해하기 쉽게 풀어서 따옴.

할 때 언제 부자의 의견을 꺾은 때 있으며 빈자의 생각을 채용한 적이 있느냐"라고 질타하였다.[32)]

1920년대에 들어서면서 교회는 사회와 유리되어 순수신앙운동운동과 저 세상을 그리는 부흥운동에 함몰되어 갔다. 교회가 성장하여 제도화되고 그 과정에서 성직자들이 '성직'을 직업으로 여기기 시작한 것이다. 학교나 병원, 신문사와 같은 기독교의 여러 기관에서 교수, 교사, 의사, 간호사, 사무직원 등으로 일하는 '문화계급'이 교회 장로, 영수 또는 집사로 교회운영의 주체가 되었다. 노회와 같은 여러 모임과 단체가 생겨 감투 자리도 늘어났다. 이런 것들이 모두 함께 어우러져 교회는 '가진 자'들이 통제하는 종교공동체가 되었다.

어느 종교든지 성장하여 제도화되고 성직자들의 수가 많아지면 계급화가 일어난다. 이들은 현존질서와 더이상 거리를 두기보다는 그 질서에 편입되어 그 질서에 안주하는 경향을 보인다. 나아가 현존질서에서 권력의 자리를 탐하게 된다. 권력과 부 그리고 명예를 다 얻으려는 탐욕이 싹 튼다. 이때 종교가 가진 역동성을 상실하게 된다. 고려 시대 불교가 그랬고, 조선 시대 유교가 이러한 모습을 보였으며, 오늘의 우리 사회에서는 기독교를 포함하여 여러 종교들이 하나 같이 보여주는 현상이다.

---

32) 김원벽, "현대사상과 기독교," 「청년」 3권 7호(1923년 7~8월), 22-24쪽. 23쪽에서 따와 읽기 쉽게 풀어씀.

4. 해방 후 한국 사회와 한국교회 — 탐욕의 확장

1) 우리 사회의 탐욕

머리글에서 나는 1945년의 해방이 우리 민족의 고난과 한이 종식되는 역사의 출발점이기는커녕 분단, 전쟁, 남·북 갈등과 같은 고난과 한의 역사의 지속이었다고 했다. "뒤틀린 해방"이었기 때문이다.[33] 그래서일까? 우리 민족은 남과 북이 나뉘어 갈등하면서도, 그래, 위태롭게 경쟁하면서도 고난과 한을 토해내려는 듯 매몰차게 땀 흘리며 살아왔다. 남들보다 짧은 기간에 경제 성장을 이룩하였다. '보릿고개'라는 말이 사라졌는가 하면, '한강의 기적'이라는 말이 나라 안팎에서 나올 정도가 되었다.[34]

그러나 이 경제 성장이야말로 오늘 우리의 '뒤틀린 모습'이 자라난 모태였다. 경제, 교육, 사회, 이념 등 모든 영역에서 나타나는 심각한 양극화, 재벌 족벌이 군림하는 경제구조, 경쟁과 성공지상주의 사회풍토와 같은 우리 공동체의 여러 질병이 발병한 것이 바로 이 시기다. 정당성을 가지지 못한 박정희와 그의 군사쿠데타 세

---

33) 이 글은 내가 숭실대학교 학부 교양과목으로 개설한 〈숭실과 기독교〉를 위해 쓴 책, 『숭실과 기독교』(서울: 숭실대학교출판부, 2011), 171-190쪽에도 실려 있다

34) Carter J. Eckert (들), et. al., *Korea Old and New: A History* (Seoul: Ilchokak, 1990), 389쪽; 박정희 시대와 그 이후 역사에 대한 개략적 논의는 바로 이 영문 저서 20장에 기대었다.

력은 급히 정당성을 확보하려고 '민족중흥'이니 '조국 근대화'니 하는 깃발들을 높이 들고 경제성장제일주의 시대의 문을 열었다. 그리고 우리 사회 구성원들을 이 길에 강제로 동원시켜 달려가게 했다. 몇몇이 골방에서 기획한 계획에 따라 그들이 강요한 목표를 향해 줄기차게 달려가야만 했다. 공단이나 농촌이나 할 것 없이 우리 가족이 잘 살기 위해 그리고 우리 민족의 중흥을 위해 새벽부터 노래 부르며 새벽 별 보기 경쟁하듯이 말이다. 즐겁게 노래 부르며 일하러 가야 효율적이라고 세뇌받았기 때문에 정말 즐거운 듯 소리 크게 높여 노래하며 일하러 나갔다.

그러나 박정희의 경제성장제일주의와 이를 위해 구축한 동원체제운동은 경제 성장을 위해서라면 무엇이든 희생할 수 있고 또 희생시킬 수 있는 정책이고 이데올로기였다. 인간 삶에 대한 우리 공동체의 가치를 전도시켜, 그래서 삶의 뜻을 '뒤틀리게' 하였다. 인권이다, 민주다, 기본권이다, 자유다 하는 가치들은 경제 성장을 위해서 유예할 수도 있고, 희생할 수도 있다는 생각을 우리 공동체에 심어주었다. 산업화 과정에서 당연히 나타나는 노동운동은 경제 성장을 위해 희생시켜야 할 탄압 대상이었다.[35] 전태일이 죽음으로 소리쳐도 경제 성장을 위해서는 묵살하고 지속적으로 탄압하였다.[36]

---

35) 박정희 시대 이후의 인권탄압에 대해서는, James B. Palais and Bruce Cumings, *Human Rights in Korea* (New York and Washington, D.C.: Asia Watch, 1986)를 볼 것. 특히 노동문제에 대해서는 3장을 볼 것.

36) 전태일에 대해서는 조영래, 『전태일 평전』(서울: 돌베개, 1983)을 볼 것. 그는

등에출판사 편집부가 펴낸 『사랑의 품앗이 그 왜곡된 성』은 박정희의 경제성장제일주의가 인간을 경제 성장의 단순한 도구로 보았다는 것을 고발하고 있다.[37] 그 당시 우리 사회에는 '기생관광'이라는 것이 있었다. 경제 성장을 앞서 달성하고 가진 '돈'을 뽐내고 싶은 일본사람들이 한국에 오거나 한국으로부터 기생을 일본으로 데려가 술판을 벌이고, 그들의 성적 탐욕을 채우는 것이 이 기생관광이다. 그 시절에 일본 여행사들은 "기생 서비스가 만점인 남성 천국", "한국의 매력, 기생관광" 따위의 홍보문구로 기생관광 참여자들을 모집하였다. 일본으로 가는 기생들은 한국 정부가 실시하는 '소양교육'을 받았는데, 이를테면 "기생관광을 통해 벌어들이는 외화가 경제발전에 기여하는 중요성", "2차 세계대전 종전 후 미군이 주둔하였을 때 일본 여성이 외국인을 상대로 몸을 팔아 경제 건설을 이룩하여 오늘의 강대국 일본이 있게 되었다는 것", "외화 획득을 위해서는 어떤 희생도 감수해야 한다", "외국인 상대의 매춘은 애국 행위" 등의 강의를 들었다.[38] 당시 문교부 장관까지 나서서 "한국 여성들이 경제 건설에 필요한 외화를 획득하기 위해서 몸을

죽기 전 1970년 8월 9일 일기에 시를 남겼는데, 그 한 구절을 따와 본다. "오늘 토요일, 8월 둘째 토요일/내 마음에 결단을 내린 이날,/무고한 생명들이 시들고 있는 이때에/한방울의 이슬이 되기 위하여 발버둥 치오니/하나님, 긍휼과 자비를 베풀어 주시옵소서." 이 시는 윗글, 목차 다음 쪽에서 따옴.

37) 편집부 엮음, 『사랑의 품앗이 그 왜곡된 성 문제의 새로운 인식』 (서울: 등에, 1989); 이 책의 존재와 논의에 대해서는 박영신, "한국 기독교와 사회의식," 242-243쪽에 빚진 바가 크다.

38) 윗글, 105-106쪽.

바치고 있으며, 특히 한국의 기생, 호스티스가 대거 일본에 진출해서 몸을 바치고 밤낮으로 분투하는 애국충정은 훌륭하다"고 했다.[39] 박정희는 사람보다는 돈을, 인권보다는 경제를 우위에 두는 사회를 만들어 갔다. 박정희 시대에는 여성의 성조차 경제 성장을 위한 도구가 되었다.

이 경제성장제일주의 시대에, 일본을 제외하고는 다른 앞선 나라에서 찾아볼 수 없는 족벌경제체제인 재벌이 등장한 것도 여기서 논의해야 한다. 우리의 전통 시대부터 이어져 내려온 가족주의와 박정희시대 때 우리에게 주입된 경제주의를 씨실과 날실로 삼아, 정당성 없는 군사쿠데타 권력이 함께 우리의 '뒤틀린' 경제구조를 구축해 갔다. 새 산업을 일으키겠다고 가지고 온 차관, 한일국교정상화로 청구권과 경제협력 협정으로 들어온 차관 따위로 경제 성장을 위한 기간산업, 정책산업, 수출기업을 육성한다며 여러 족벌 기업을 집중 지원하였다. 그 시대에는 특혜시비가 끊임없이 이어졌다. 이른바 '정경유착'이다. 독재 권력은 독재 권력을 지탱하기 위해 정치자금이 필요하고, 족벌 경제 권력은 정부보증 차관이나 중요한 경제 정보 입수를 위해 정치권력의 지원이 필요했다. 여기에서 공룡과 같은 거대한 족벌이 태어나게 되었다.[40]

박정희 암살 이후에 이어진 군사독재정권과 손을 잡고 '재벌'이

39) 윗글, 112쪽.

40) 우리 경제의 문제점들에 대한 개략적인 논의는, Carter J. Eckert (들), *Korea Old and New: A History.*

라 불리는 족벌 기업은 사업을 문어발처럼 확장시켜 갔다. 전자, 금융, 조선, 철강, 건설, 에너지, 물류, 유통, 항공, 영화, 여행 등 발을 뻗치지 않은 분야가 없다. 중소기업이나 개인 사업에도 족벌들이 탐욕의 발을 들였다. 이 세상을 온통 '자기들만의 리그'로 만들려고 전투하듯이 말이다. 이를테면 어떤 족벌이 하는 출장 외식 서비스 사업에서 파는 순대를 그 족벌이 힘 합쳐 밀어주고 있는가 하면, 다른 어떤 족벌은 빵 제조와 물티슈에 손을 뻗어 그 족벌의 유통망을 타고 돈을 벌어댄다. 유람선 사업, 커피전문점, 프로 스포츠 사업, 대학과 같은 교육 사업 등 손을 대지 않은 영역이 없다. 2006년 통계에 의하면, 30대 재벌의 계열사는 1,150개였다. 2006년 삼성은 계열사가 58개였는데, 2011년에는 78개로 늘어났다.[41] '기업 친화'를 표방하며 출범한 이명박 정부가 '출자총액제한제도'(2009년) 등 각종 규제를 풀었기 때문이다.[42] '규제'란 이들의 탐욕을 제어하는 최소한의 장치인데 말이다. 탐욕의 무리들은 어느 시대 어느 곳에서나 스스로 탐욕을 제어하지 못한다.

이들이 바로 장 지글러가 말한 "신흥 봉건제후들"이다.[43] 이들은 공화국 안에, 아니 그 위에 '또 하나의 공화국'에서 삶을 꾸린다. 사실 우리 사회는 그들을 부러워하고 아예 '숭배'하기까지 한다. 모두가 체제 안에 안주하여 체제의 이데올로기나 지향성에 순복하는

---

41) "재벌 확장, 브레이크가 없다,"「한겨레신문」 2012년 1월 25일 기사.
42) "자율에 맡긴 MB 재벌정책이 화 불렀다," 윗글, 분석 기사.
43) 장 지글러, 『탐욕의 시대』, 5장을 읽을 것.

이 시대에, 이 체제의 주류로 작동하고 있는 한국교회 안팎에서 진실로 드물게 예언자스러운 목소리를 내는 기독교 지성 가운데 한 사람인 김회권은 우리 사회가 "물신숭배"에 함몰되었다며 삼성을 숭배하는 대한민국을 아예 "삼성숭배교"라고 질타했다.[44] 다시 말하면, 재벌·족벌들이 이 사회에서 숭배받는 것은 박정희 시대에 뿌려진 경제주의에 함몰된, 그래서 삶의 뜻과 가치가 전도된 '우리 자신' 때문이라고 할 수 있다.

한국 사회의 탐욕은 핵 문제를 바라보는 우리의 시각에도 고스란히 담겨 있다. 2012년 이명박 정부 때 대통령 주재 비상경제대책회의에서 '해외 원전 전문인력 확보 및 양성방안을 다루었다. 그 내용을 실은 기사에 따르면 원전 수출에 따른 전문인력 수요가 확대될 것을 대비해 원자력마이스커고등학교, 원자력특성화대학, 국제원자력대학원을 늘리겠다는 것이다. 특히 아랍에미레이트연합 등과 원전 수출 계약이 이루어졌는데, 그 운영인력도 우리나라가 공급하게 된다며 정부가 앞장서 준비하겠다고 했다.[45] 이 같은 회의를 다룬 다른 어떤 신문은 자못 선동적이었다. "청년이여 중동으로

44) 김회권, "물신숭배의 또 다른 이름, 삼성숭배교에 빠진 대한민국," 「기독교사상」 616호(2010년 4월), 72-82쪽을 볼 것. "이 시대의 신앙 삼성"이라고 이름한 특집에 실린 다른 글들도 볼 것. 족벌/재벌들의 탐욕이 파멸로 가는 징조를 우리는 요즘 보고 있다. 삼성가 형제들의 갈등이 그 보기다. 탐욕은 피를 나눈 형제도 갈라 남보다 더 원수 같은 사이가 된다. 한쪽이 "누구누구의 탐욕이 소송 초래"했다고 하면(「한겨레신문」 2012년 4월 24일), 다른 쪽에서는 "oo씨는 오래전 퇴출된 양반"이라고 받아친다(「경향신문」 2012년 4월 25일).

45) "原電기업 올 5000명 채용," 「문화일보」 2012년 2월 24일.

가자", "제2 중동 붐", "위기의 건설회사 새 활로", "원전 등 플랜트 발주 확대" 등 정부 홍보물 같은 문구를 동원해 원전 수출로 경제가 활성화될 것이라고 보도했다.[46)]

이 기사에서 주목할 점은 정부나 우리 사회가 '핵' 문제를 순전히 '경제'의 시각으로 접근하고 있다는 사실이다. 생명과 생태, 환경과 미래에 대한 관심과 걱정은 한마디도 없다. 핵을 그저 돈벌이 감으로 바라보고 있다. 정부도 우리 사회도 사람을 사람으로 보지 않는다. 오로지 '빵'만 있으면 된다고 선전하는 정부는 국민을 비하하는 것이다. 또 그에 호응하는 국민은 자기 자신을 비하하는 셈이다. 1979년 미국 스리마일 아일랜드 원전 사고, 1986년 우크라이나 체르노빌 원전 사고, 2011년 일본 동북부, 아니 전 국토의 70퍼센트를 방사성 물질인 세슘에 오염시킨 후쿠시마 원전 사고가 지속적으로 경고하고 있는데, 아니 가까운 일본의 재앙을 본 지 얼마 되지 않았는데, 우리 정부는 핵을 '돈벌이' 품목으로 여겨 이 땅에 더 건설하겠다고 하고 이제는 다른 나라에 수출까지 하겠다고 한다.[47)] 나라

---

46) "청년이여 중동으로 가자… 해외건설 인력 4,800명 키운다," 「동아일보」 2012년 2월 25일.

47) 최근 한 신문 보도에 의하면, 원전은 생명을 앗아 가는 것은 물론, 경제에 막대한 손실이 될 수 있다. 만약 고리원전 사고가 난다면 부산 인구의 25퍼센트에 해당하는 90만이 인명 피해를 입게 되고, 628조에 해당하는 경제손실이 있을 것이라는 실험결과가 있기도 하다. 「부산일보」 2012년 22일; 사실 요즈음 '선진국'들은 (우리는 경제의 나라라고 할 수 있지 선진의 나라는 아니다) 원전 대신 신재생에너지를 적극 개발하기 위해 투자를 증가시키고 있는데, 우리는 탐욕을 빨리, 더 많이 채우려고 원전에만 매달려 신재생에너지에 투자하는 것이 줄어들고 있다. "G20, 원전 대신 신생에너지 적극 개발," 「경향신문」 2012

안팎에서 우리 정부와 이 땅의 신흥제후들이 함께 '탐욕의 역사'를 쓰고 있다.

핵은 그 자체가 파괴와 파멸의 과일인데도 자신들에게 엄청난 부를 가져다줄 탐스러운 과일로 보고 탐욕의 무리들이 침을 삼키고 있다. 그러나 핵은 인류를 다시 한번 '실낙원'으로 이끌 것이다. 탐욕에 물든 우리 사회가 파멸의 길로 가고 있다.

2) 우리 교회의 탐욕

한국 사회가 경제 성장을 향해 노래 부르며 달음박질할 때, 한국교회도 덩달아 '성장 춤'을 추었다. 경제성장제일주의 광풍에 휘몰려 교회성장제일주의의 깃발을 높이 들었다. 이를 위해 자본주의 방식이든 신자유주의 원리이든 새마을운동 방식이든 다단계 방식이든 상관이 없었다. 산업화에 따른 도시화 현상으로, 가족의 번영을 위해 일자리를 찾아서 농촌을 떠나 도시로 몰려든 사람들 가운데는 기독교인도 있었고, 비기독교인도 있었다. 이 농촌출신 이주자들이 교회로 몰려들었다. 낯설고 삭막한 도시에서 외로움을 느끼던 그들은 자신들을 '형제자매'로 반기는 교회에 들어와 새로운 관계망을 만들고 소속감을 가질 수 있었다. 이 시기에는 교회 문만 열면 사람이 모였다.

어떤 외국 관찰자가 "한국에서는 매일 6개의 교회가 생긴다"라

년 4월 17일.

고 했듯이,[48] 이 시대에는 자고 일어나면 새로운 교회가 문을 열었다. 도시의 밤거리를 거닐면 예배당을 상징하는 수많은 십자가 불빛이 보인다. 이 골목을 가도 저 골목을 가도 교회가 있다. 어느 구석진 동네에 가보아도 교회가 있다. 한 상가 건물에 두 교회가 들어선 진풍경도 흔히 본다. 아파트단지 개발의 흐름을 좇아 은행 빚을 얻어 교회를 열면 빠른 기간 안에 갚을 수 있는 시대였다. 남한 인구의 25퍼센트가 기독교 신자가 되었다. 말 그대로, 기적과 같은 성장을 하였다. '한강의 기적'처럼 말이다.[49] 그래서 한국교회사를 오랫동안 연구한 마펫(Samuel H. Moffet)은 교회당들이 즐비하게 들어선 서울을 "교회당들의 도시"(a city of churches)라고 불렀다.[50] 세계 10대 대형교회들 가운데 세계에서 제일 큰 여의도순복음교회를 포함해 한국교회가 다섯 개나 들어 있다.[51]

---

48) Ro Bong-Rin and Martin L. Nelson(eds.), *Korean Church Growth: Explosion* (Taichung, Taiwan: Asian Theological Association/World of Life Press, 1983), 1쪽; 1392년 조선왕조가 창건되기 전 14세기 말 중국의 한 학자가 고려의 수도 개경을 방문하고 돌아가 글을 남겼는데, 개경을 "세계 불교의 수도"(The Capital City of Buddhism in the World)라고 했다. 개경 안팎에 불교 사찰 약 70여 개가 들어서 있다고 말이다. 그렇다면 서울 안팎에 1만여 교회가 들어선 서울은 마땅히 '세계 기독교의 수도'(The Capital City of Protestantism in the World)라고 해야 하지 않을까 나는 생각해본 적이 있다.

49) 이 시기 교회의 폭발적 성장의 원인을 논의한, 나의 영문 저서, *Protestantism and Politics in Korea*, 40-47쪽을 볼 것.

50) Samuel H. Moffett, "Korea," Donald E. Hoke(엮음), *The Church in Asia* (Chicago: Moody Press, 1975), 369-383쪽을 볼 것.

51) 다른 네 교회는 은혜와진리교회, 금란감리교회, 숭의감리교회 그리고 주안장로교회이다. 「중앙일보」(시카고 판), 1994년 2월 25일 자를 볼 것. 이 보도는

겉으로 드러난 수치만 따져 이 시기 한국기독교의 성장에 대해 우리도 놀라고 나라 밖 사람들도 놀라워한다. 화려하기 그지없다. 그러나 이 성장은 '교회답지 않은' 성장이다. 우리의 경제성장제일주의가 오늘 우리 사회의 질병들—'뒤틀린' 우리의 경제구조, 정경유착, 양극화, 족벌·재벌이라는 '신흥봉건제후들'의 횡포, 성장·경쟁·성공이라는 가치가 지배하는 삭막하고 척박한 우리의 삶터—의 근원이었다. 이와 같은 세상의 성장제일주의를 내면화해 그 세상 방식대로 교회 성장이 이루어졌다. 사회학자 박영신의 글을 여기에 따온다.

> 교회는 어떤가? … 경제주의 추세를 교회가 철저히 반영하고 그 원리를 차라리 후원하고 있다. 교회마다 물질적 풍요와 여유를 찾기에 급급하고, 기독교의 부흥과 영향력을 교회(인) 수와 헌금액 등에 비추어 모든 것을 물량적으로 측정하며, 교회원의 가정마다 물질적 축복을 비는 신앙(?)으로 넘치게 되었다. … 한마디로, 교회생활을 해 보라. 교회의 물질 지향성은 단숨에 잡힐 것이다. … 도시의 교회가 바야흐로 합리적 '행정'이다, 시스템의 '경영'이라고 알 듯 모를 듯 입으로 토해내면서 목회를 이 방식으로 규정짓는 시대의 늪 깊숙이 빠져든 것이다. 그리하여 교인의 믿음 생활을 수량화하여 수치로 등급화하는 데에 미치고 있는 것이다. … 기독교의 가르침에 의해 형성되어 온 세계 인식의 틀이 세속적 경제주의에 침몰되어, 교회가 마치 기업적 이해관계로 엮어진 조직으로 화석화되어 그 관리

Almanac Christian World 1993~1994에 터하였다.

와 운영의 성격이 재화 획득과 축적이라는 경제적 욕구를 만족시키는 기업체의 그것과 매우 흡사해 지고 있다고 말할 수 있게 되었다.[52)]

한국교회는 이렇게 천박한 경제주의에 빠졌다. 모든 교회가 '성장, 또 성장'을 외치며 무조건 '큰 교회'가 되고자 했다. 우리 사회가 '조국 근대화'나 '민족중흥'이니 하며 경제개발에 목을 매던 시절, "수출 ○○만 불 달성", "동양 최대 공장 건설" 같은 홍보 펼침막이 분기마다 전국 방방곡곡에 나붙었다. 수출을 많이 한 기업인에게는 훈장을 주었다. 이와 똑같이 교회에서도 '교인배가운동'을 펼치고, 교단에서는 '만 교회 운동'을 펼쳤다. 분기마다, 아니 주일마다 지속적으로 교인이 얼마나 증가했는지 홍보했다. 전도를 장려한다며 '전도 왕'에게 상장을 주고 선물을 안겼다. 세상 방식으로 교회를 홍보하고 마케팅하는 시대였다.

양적 성장, 물질적 번영, 사회·정치적 성공을 가장 높은 곳에 모셔놓고 섬기는 종교공동체가 되었다. 복음을 말하고 예수를 이야기하나, 단지 성장·번영·성공을 위한 '도구'로 사용한다는 생각을 떨칠 수 없다. 세상의 성장·번영·성공의 흐름을 교회가 좇고 있다. 여러 고시 합격자들이나 이른바 '일류대학'에 합격한 이들의 이름을 써넣은 펼침막이 교회 정문에 달려있거나 주보에 널리 공지되기도 한다. 고시에 합격하지 못한 이들이나 일류대학에 합격하지 못한 젊은이들은 '열등 교인'으로 취급하는 곳이 되었다.

---

52) 박영신, "한국 기독교와 사회의식," 234-235쪽.

그렇게 서서히 이 종교공동체에 여러 부류의 '탐욕'이 들어섰다. 사회에서 창업한 기업주가 번창하는 기업을 자식에게 세습하듯이 교회를 개척해 대형교회가 되면 70세 정년이 넘도록 계속 목회하려 하거나 자식에게 이런저런 방식으로 세습한다. 자식 가운데 목사가 없으면 다른 방법으로 '교회해서 번 재물'을 대물림한다. 겉으로 어떤 명분을 내세워도 이는 '탐욕'에 사로잡힌 자들의 소행이다. 김일성-김정일-김정은으로 이어진 북한의 정치권력 세습을 교회를 비롯한 우리 사회가 얼마나 비판했는가? 우리 사회의 족벌·재벌이라는 신흥 봉건제후들이 대물림할 때도 우리는 얼마나 빈정거렸나? 비판과 빈정댐을 아랑곳하지 않고 권력이나 재물의 대물림을 지속하는 것처럼, 큰 교회가 이 세상 탐욕의 무리들처럼 세습되고 있다. 교회의 '사유화'다.

공룡처럼 거대해진 한국교회 안에서는 계속 싸움이 벌어진다. 하루도 조용한 날이 없다. 이 거대 종교공동체에는 노회니 총회니 하는 치리기관이 있다. 교파가 200개가 넘으니 노회장, 총회장은 얼마나 많겠는가? 총회장을 하겠다고 돈 봉투 돌리는 것은 하늘도 알고 땅도 알고 있는, 해마다 총회 때만 되면 횡횡하는 범죄행위다. 세상 정치바닥보다 더 더럽다. 다 탐욕 때문이다. 그 감투만 쓰면, 교단 신문, 방송국 이사 파송, 교단 소속의 여러 신학대학 이사 파송, 찬송가 공회, 성서공회와 같은 이권이 있는 곳에 '자기 사람'을 이사로 파송할 수 있는 권한을 가지기 때문이다. 이처럼 명예욕에 더하여 영향력을 과시하려는 탐욕에서 부정부패가 끊이지 않는다. 감투가 없으면 협회나 협의회, 연대나 모임을 만들면 된다. 한국기독교 안에 얼마나 많은 단체들이 있는가? 자기 돈이 아니라 교회재정으로 하니까 아무 부담 없이 조직의 운영자금을 낼 수 있다.

흥미 있는 것은 세습과 교회재정 불투명, 각 교파 총회장 선거나 한국기독교총연합회와 같은 단체장 선거를 둘러싼 감투싸움과 돈 봉투 사건 따위로 한국교회가 우리 사회에서 혹독한 비판의 대상이 되고 있는데도 신학대학원에 들어가려고 재수, 삼수를 하는 이들이 적지 않다는 사실이다. 이 시대에 왜 목사가 되려고 하는가? 이 땅에 '하나님의 나라'를 건설하도록 하늘의 부르심을 받았다면 굳이 큰 교단의 신학대학원에 들어가 공부를 해야 할 이유는 무엇인가? 큰 교단 소속 목사가 되어 목회를 해야만 그 부르심의 뜻을 이룰 수 있다는 것인가? 아니면 큰 교단에는 일자리가 많아서 그곳으로 가야만 일신상의 안전을 꾀할 수 있는가? 하여튼 이것도 다 성장제일주의, 성공제일주의에 물든 세상 흐름과 이어져 있다.

5. 꼬리글

그래, 탐욕이 우리 사회와 교회에 만연해 있다. 아니, 우리 안에 탐욕이 도사리고 있다. 아담과 이브가 하나님과 같이 되려는 탐욕으로 선악과를 따 먹고 낙원을 상실한 이후 인류의 역사는 탐욕의 역사로 점철되었다. 하나님을 피하여, 하나님과 멀어진 채 마음대로 탐욕을 추구했다. 탐욕을 추구하는 역사와 이어졌다. 고대에도 중세에도 탐욕과 탐욕이 서로 충돌하여 파멸을 자초하는 수많은 전쟁을 치렀다. 근대에 와서는 계몽사상의 영향을 받아 자연을 우상화해 섬기거나 무서운 악마로 여기는 미신이나 마술의 사슬에서 인간이 해방되고 이성의 시대가 열렸다. 과학혁명과 산업혁명이 일어나 풍요의 시대가 도래했다. 그러나 이성을 '하나님의 자리'에 모시면서 인간의 탐욕이 더욱 강화되었다.

근대 국가가 들어선 이래, 과학기술이 만들어낸 첨단무기로 무장한 탐욕의 무리들은 강력한 군사력을 앞세워 '새 시장과 새 자원'을 확보하겠다며 아프리카로, 아시아로 그리고 아메리카로 뻗어나갔다. 경쟁적으로 식민지를 넓히기 위해 서로 전쟁을 치루고 토착민들을 학살하거나 동물처럼 노예로 부렸다. 탐욕의 무리들은 이처럼 사악했다. 이들의 탐욕을 지식계급이 나타나 옹호하거나 정당화해 주었다. 사회진화론이 그 보기다. 인간의 역사는 어차피 약육강식의 과정이고, 이 약육강식의 마당에서는 적자만 생존한다, 이 무한경쟁의 역사에서는 "정의가 힘이 아니고 힘이 정의다"(Right is not might, but might is right)라고 이들은 주장한다. 이렇게 정치권력, 경제권력 그리고 지식권력이 손을 맞잡고 '탐욕의 삼각편대'를 꾸리게 되었다. 문명개화론의 깃발을 높이 쳐들고 세계를 누비며 탐욕을 채웠다. 이 탐욕의 삼각편대는 정보기술혁명으로 하나가 되자, 세계를 누비면서 더욱 기승을 부린다. 거대한 다국적 기업군이 국경을 넘나들며 탐욕을 부린다. 이른바 신흥 봉건제후들이다.

우리도 이 탐욕의 경제 대열에 들어섰다. 박정희 시대였다. 무한경쟁의 세계에서 민족과 국가가 생존하려면 만사 제쳐놓고 이 '경제전쟁'에 들어가 이겨야 한다는 박정희 군사쿠데타 세력의 선동에 큰 의문을 품지 않고 따라갔다. 경제성장제일주의 시대를 지나면서 우리 사회에는 삶에서 어떤 것이 참으로 중요한 가치인지 따지지 않고, 그냥 물질적인 풍요, 성공, 번영, 성장이라는 구호를 내질렀다. 즐거운 듯 새벽부터 노래 부르면서 말이다. 그 결과, 우리 사회는 무한 경쟁, 심각한 양극화, 기괴한 족벌·재벌경제구조, 성장·번영·성공이라는 가치에 함몰되었다.

한국교회도 탐욕스러운 세상 흐름에 발맞추어 교회를 성장해 갔다. 그래, 교회다운 교회가 아니고 세상 기업과 똑같이 커 갔다. 기업에 대기업, 중소기업, 영세기업이 있듯이, 우리 교회에도 대형교회, 중소 교회, 영세 교회가 있다. 여러 가지 탐욕으로 가득 찬 종교공동체가 되었다.

도대체 이 땅의 교회가 교회인가? 이 땅의 교회에 소망이 있는가? 탐욕의 늪에 빠진 우리 사회, 우리 교회는 어디로 갈 것인가?. 우리는 지금 어디에서 무엇을 하고 있는가?

* 이 글은 「국제한국사학」 창간호(2013년 6월), 35-66쪽에 실려 있다.

덧붙인 글

덧붙인 글, 하나

아버지의 역사, 나의 역사학

박정신

나의 학문 세계

역사학의 길에 들어선 이래 부족한 글을 여기저기 발표하고, 또 저서랍시고 여러 권 펴냈다. 그러나 내 학문의 결정체는 역시 2003년에 미국 워싱턴대학교 출판부에서 나온 *Protestantism and Politics in Korea*이다. 이 글은 내 박사학위 논문에 터한 것이므로 내가 학계와 지식사회에 말하고 싶은 것을 간절히 담고 있다. 인간의 사상과 행동이 역사에 어떻게 엉키어 나타나고 있는지, 지식인의 생각과 행동은 역사 현장에서 왜 그렇게 나타나고 있는지를 따져 보고자 했다. 이를 위해 기독교와 우리 겨레가 만나 어떻게 얽히

---

* 이 글은 「현상과인식」 41권 3호(2017년 가을), "현상과인식 노우트"에 실려 있다.

고설켜 어떤 역사를 연출해 내었는지를 주된 보기로 삼아 논의하였다.

요즈음 우리 학계나 지식사회도 그러하지만, 1960~80년대에는 군사독재정권과 이를 후견하는 미국 때문인지, 반(反)서양, 반(反)미국, 나아가 반(反)기독교 정서가 팽배했었다. 내가 고려대학교 대학원에서 공부할 때 기독교와 한국 역사사회 변동과의 관계에 관심을 갖고 연구한다고 하니, 석사학위 지도교수였던 강만길 교수조차도 "왜 기독교를?"하는 의아심을 나타냈었다. 기독교가 바깥에서 온 종교이므로 한국 역사에 어떤 긍정적인 역할을 했겠느냐는 부정의 선입견을 드러내면서 말이다.

나는 이러한 선입견에 맞서 싸우고 싶었다. 아직 기독교와 우리 역사 사회 변동에 대해 깊이 그리고 널리 연구되지 않았는데 어떻게 부정의 시각으로만 보고 있는지, 또 설령 부정의 역사를 연출했다 해도 연구될 가치가 있지 않은지 따져 보고 싶었다. 기독교가 '외래종교'라면, 불교나 유교도 외래종교가 아닌가? 그렇다면 유불선 3교를 통합했다는 천도교, 곧 동학에 뿌리를 둔 천도교를 우리 땅에서 잉태된 가르침의 산물로 보는 견해는 또 무엇이란 말인가? 종교는 '습합'(syncretism)이 그 본성이다. 그래서 천도교가 우리 것이라면 불교도, 유교도 우리 것이라고 해야 옳다. 이런 맥락에서 나는 기독교를 '외래종교'로만 보는 선입견에 대해 반지성, 반학문의 태도라고 따지고 싶었다.

그래서 이런 생각에 터한 내 저서를 나는 더욱 자랑스럽게 여긴다. 한국 역사학자들이 대부분 국수주의에 젖어 영어로 된 관련서

적을 읽지 않는 형편이어서, 또는 영문자료를 읽을 실력과 시간이 부족해서 비슷한 주제를 다루는 이들조차 별로 인용을 하지 않고 있지만, 내 영문 저서는 한국 사람들이 신줏단지 떠받들듯 여기는 하버드나 버클리 대학 등의 역사학, 사회학, 한국학, 신학 분야에서 '꼭 읽어야 할 책'으로, 또는 수업교재로 지금까지 사용되고 있다.

이 저서에서 주장하고 있는 것들 가운데 하나를 오래전 우리 학계와 지식사회에 던진 적이 있다. 1996년 첫 번째 용재 백낙준 기념 국제학술모임에서다.

> '기독교와 한국역사', 어느 누가, 어느 자리에서, 어떤 생각을 가지고 보든지 그 관계를 한번 보지 않고는 한국 근·현대사의 구조와 변동을 인식할 수가 없다. 긍정적이든 부정적이든 그만큼 이 둘은 특수한 역사에서 각별하게 만나 깊이 물리고 엇물리는 역사를 연출하였기 때문이다. 그렇기에 한국 근·현대사 서술(연구)에서 기독교의 '온당한 자리'를 찾아주어야 한다. 격동의 한국 근·현대사의 굽이굽이마다 뚜렷이 각인되어 있는 이 만남, 물림 그리고 엇물림을 손바닥으로 하늘을 가리듯 누가, 왜, 아직도 가리고 있는가.(유동식 들, 1996; 박정신, 2017: 10쪽)

그래, 누가 기독교와 한국역사의 이음새를 부정할 수 있는가? 서재필, 윤치호, 이승만, 이상재, 여운형, 김구, 신흥우, 김규식 등을 빼고 한국 현대정치사를 이야기할 수 있는가? 숭실, 연세, 이화, 배재, 정신, 계성 등을 빼고 우리 근·현대교육사나 학문의 역사를 논의할 수 있는가? 독립협회, 105인사건, 3·1운동, 북간도명동공동체, 미주한인사회, 신사참배거부운동을 빼고 민족사를 서술할 수 있는가?

아버지가 들려준 역사 이야기

내가 이렇게 기독교와 한국역사의 이음새에 관심을 가지게 된 것은 나의 아버지의 '역사' 그리고 나의 아버지가 들려준 '역사 이야기' 때문이다. 서울에 있는 교회 목사로, 내로라하는 교단의 총회장까지 지내셨지만, 내가 대학 1학년 때까지만 해도 나의 아버지는 시골교회 목사였다. 초등학교 시절, 3·1절이나 광복절 기념행사 때면 한복 또는 양복을 곱게 차려입고 나오셔서 만세삼창을 선창하거나 기념강연을 하였다. 반장으로 제일 앞에 선 어린 나에게는 아버지의 대단함에 대해 우쭐거리고 싶은 '역사'로 다가왔다. 미국에서 오는 구호물자도 아버지의 손을 거쳐 배급되었고, 미국 선교사들도 종종 아버지를 찾아와 무엇인가를 의논하고 갔다. 그곳 산골마을에서 목사인 우리 아버지는 '존경받는 유지'였다.

대학에서 역사를 공부하면서 어릴 때 가졌던 질문을 아버지께 던지고 이야기를 나누었다. 말하자면 아버지의 '역사'에 대한 궁금증이다. 그 시골에는 학교 교장이나 경찰서장 등도 있는데 어떻게 '목사'가 '큰 인물'로 존경받게 되었는지 궁금했다. 또 일제강점기, 해방, 분단, 6·25 전쟁으로 이어지는 격동의 시대를 살면서 아버지가 어떤 경험을 했는지 따위에 관심이 많았다. 그 많은 이야기를 여기에 다 쓸 수는 없다. 다만 오늘의 '나의 역사학'을 만드는 데 자원이 된 것 하나를 이야기해보자.

우리 아버지는 건국준비위원회 군 선전부장이었다. 아버지가 들려준 이야기에 따르면, 건국준비위원회 군 위원장은 군의 유일한 목사인 김모 씨가 맡고, 전도사였던 아버지는 선전부장을 맡았다는 것이다. 이 이야기를 전해 듣던 1960년대 말에는, 건국준비위원회를 말해도, 여운형이라는 이름을 입에 올려도 '빨간 안경'을 쓰고 쳐다보던 때이다. 그런데 아버지가 빨갱이 딱지가 붙은 여운형의 건국준비위원회 산하 지역 선전부장이었다니, 나에게는 충격이 아닐 수 없었다. 그리고 그 이야기에서 기독교공동체와 여운형의 건국준비위원회가 깊이 연관되어 있다는 '감'을 갖게 되었다.

건국준비위원회는 광복 직전에 여러 지역에 결성되어 있던 인민위원회나 자치회 등을 흡수하며, 이른바 '건국'을 준비하기 위해 전국 조직으로 등장한 모임이다. 건국준비위원회 지도자로 맹활약한 여운형은 신학을 공부하고 한때 서울 인사동에 있는 승동교회 전도사로 시무하다가 민족독립운동전선에 뛰어들었다. 그는 <공산당선언>을 우리말로 번역하였고, 이동휘와 더불어 고려공산당을 만들었다. 이동휘 역시 부흥강사로 이름을 널리 떨치던 기독교인이었음은 두말할 필요도 없다. '기미독립선언서'에 서명한 목사 김창준을 비롯하여 목사 이규갑, 이만규, 기독교지성인 이동화, 가나안농군학교로 유명한 장로 김용기 등 수많은 기독교계 지도자들이 건국준비위원회 중앙지도부에 참여하였다.

지역조직도 마찬가지다. 이를테면, 강원도 평창군 건국준비위원회 위원장은 목사 황회수, 수원시 위원장은 목사 이하영, 가평군 위원장은 목사 김광노였다. 1946년 대구를 중심한 '10월사건'으로 유명한 목사 최문식과 목사 이재목도 건국준비위원회에 지도자로 참여하였다. 1946년 목사 조향록은 강연을 위해 경상남도를 방문하였다가, 어디를 가나 인민위원회나 건국준비위원회가 조직되지 않은 곳이 없었는데 "위원장이란 자는 거의 모두가 목사 아니면 장로인데서 깜짝 놀랐다"고 회고한 바 있다(장병욱, 1983: 155).

남한만 그랬던 것이 아니다. 평양을 중심으로 북쪽에서 이북오도인민정치위원회를 이끈 조만식은 '조선의 간디'로 불린 기독교 장로였다. 그는 좌파의 현준혁과 더불어 기독교세가 유독 강한 '동양의 예루살렘' 평양을 근거지로 삼고 이북 각지의 교회조직과 기독교 지도자를 중심으로 이북오도인민정치위원회를 조직하여 새나라를 우리 힘으로 세우고자 하였다. 그러나 조만식은 결국 소련군과 함께 귀국하여 주둔군의 지원을 받고 있던 김일성 세력에게 밀려 이북오도인민정치위원회를 떠날 수밖에 없었다.

조만식은 그를 따르는 공산주의자 최용건 및 김책과 함께 1945년 말 조선민주당을 창당하여 김일성 세력에게 맞서고자 했다. 이북 전역의 기독교조직과 교회 지도자들이 조선민주당의 근간조직이었고 주요당원이었다. 조만식이 이끈 조선민주당과 더불어 등장한 기독교사회민주당도 지방 인민위원회를 주도하고 있던 목사 한경직과 장로 이유필이 창당하였고, 기독교자유당도 목사 김화식,

목사 신석우, 목사 송정근 등이 결성하였다. 이처럼 선교 초기부터 기독교세가 강했던 이북에서 소련을 등에 입은 김일성 세력이 득세하기 전에는 교회 지도자들이 해방정국을 주도하였다.

이에 주둔군 소련의 전폭적 지원을 받고 있던 김일성 세력은 교회 안팎에서 펼쳐진 크고 작은 '건국준비' 활동에 대해 물리적 탄압으로 대응하였다. 친소 정권을 창출하려는 김일성 세력의 끊임없는 감시와 탄압을 받게 된 이들은 기독교를 전해준 미국이 주둔하고, 이승만, 김규식, 김구, 여운형 등 기독교 지도자들이 정국을 주도하고 있는 남한으로 탈출하게 된다. 이른바 '종교의 자유'를 위한 이주였다. 1948년 북한정권이 수립된 이후에도 이러한 이주는 계속되었다. 여전히 남아 있던 기독교인들은 6·25전쟁 때 떼를 지어 남한으로 탈출하였다. 미국 역사학자 클락은 이를 가리켜 "장관을 이루는 대탈출"(spectacular exodus)이라고 불렀다(Clark, 1986:18). 이후 북한 기독교는 '지하교회'와 '가정교회'로 그 명맥을 이어오고 있다.

주목할 점은, 북한교회가 조만식이 이끈 이북오도인민정치위원회와 조선민주당을 대대적으로 지지한 것과 달리, 남한교회는 여운형의 건국준비위원회를 그렇게 전폭적으로 지지하지 않았다는 사실이다. 여운형은 남한에서 해방정국을 주도하던 이승만, 김구, 김규식, 신흥우 등 '여러' 기독교계 정치지도자 중 하나에 지나지 않았다. 남한에 주둔한 미국이 북한에 진주한 소련과 이념적으로 친화적인 건국준비위원회를 지원할 리 없었다. 거기에 이승만

이 반공을 천명한 이후 미국의 지원을 받게 되자 남한에서 남·북의 여러 정치세력을 아우르는 이들의 설 자리는 점점 좁아질 수밖에 없었다. 그러다가 마침내 1946년 여운형이 암살당하고, 이듬해 김구마저 암살당하는 일이 벌어진다. 이제 이승만의 독주만 남은 셈이다.

한국기독교와 우리 역사의 물림, 엇물림

한국기독교와 반공주의 사이의 물림의 역사는 여기서 세세히 다룰 내용이 아니다. 다만 그 물림의 역사 때문에 한국기독교는 '뒤틀린 해방체제'의 수혜를 받으며 분단을 공고히 하는 세력의 하나로 자리 잡게 되었다는 점만 짚고 넘어가도록 하자. 그와 더불어 우리 민족이 '온전한 해방'을 맞이하기 위해 그리고 '하나의 나라'를 건설하기 위해 해방공간에서 몸부림칠 때 그 중심에 기독교가 있었다는 사실도 반드시 기억하기로 하자.

그래서 나는 질문하는 것이다. 우리 근·현대사의 굽이굽이마다 긍정이든 부정이든 기독교공동체의 흔적이 뚜렷이 남아있는데도 왜 (일반)역사학자들은 기독교공동체의 역사 연구에 관심을 기울이지 않는가 말이다. 우리의 근·현대사를 총체적으로 인식하기 위해서는 한국기독교 역사를 연구해야 하지 않는가? 나의 이러한 질문이 밑절미가 되어 나름의 꽃을 피운 것이 바로 *Protestantism and Politics in Korea*이다. 이 책에서 나는 어느 누가, 어떤 자리에서, 어떤 생각을 가지고 보든지, 기독교와 우리 근·현대사를 이어서 보지 않고는 우리 근·현대의 역사 변동을 총체적으로 인식할 수도, 설명할 수도 없다는 믿음을 피력하였다. 긍정이든 부정이든 '기독교와 한국역사', 이 둘은 이 땅의 근·현대사에서 각별하게 만나 깊게 맞물리고 엇물리는 모양새를 함께 연출하였기 때문이다. 그래서 이 둘의 만남, 맞물림 그리고 엇물림의 꼴과 결을 살피는 것이 나의 학문의 '업'이 되었다.

그 처음 마중물은 물론 나의 아버지에게서 흘러나왔다. 아버지가 들려준 역사 이야기, 경상북도 산골마을 '문경'에서 가난한 교회 목사가 지역 지도자로 존경받는 '엄청난 힘'을 발휘하게 된 내력, 그 시골 목사 아버지의 '두드러진 삶의 자리와 역할'이 나로 하여금 우리 민족의 역사와 기독교공동체의 관계에 대해 깊이 생각하도록 자극하고 고무했다. 이런 이야기를 형님(박영신), 형수님(문은희)과 나누던 중 형수님이 「타임」지에 실린 미국 역사학자 존 미첨의 이야기를 들려주었다(Meacham, 2017). 월남전 참전용사로서 평생 자기 안의 '악마'와 싸우며 끝내 전쟁의 기억으로부터 자유로울 수 없었던 그의 아버지가 아들에게 보낸 편지는 아버지의 '역사'가 어떻게 아들의 '역사학'으로 이어지고 있는지를 가늠하게 한다.

이 글에서 나눈 우리 아버지의 역사 이야기는 단지 한 조각에 지나지 않는다. 앞으로도 틈틈이 다른 조각을 찾아 나의 역사학과 이어 풀어볼 생각이다. 이렇게 아들은 아버지와의 대화를 계속 이어가고 있다. 이것도 또 하나의 역사다.

박정신(1949~2018) 생각
— 남다른 역사학도의 한 살이

박영신(연세대 명예교수)

1

이 땅의 남·북전쟁이 일어나기 한 해 전 정월, 충청도와 잇닿은 경상도의 한 읍내 교회 목사 가정에 아이가 태어났다. 박정신이라는 이름이 붙여졌다. 그가 갓 돌을 지낸 그해 여름에는 집안 모두가 봇짐을 지고 피난길에 올랐다. 가끔은 일곱 살 많은 누나 등에도 업히고 어쩌다가는 열한 살 위의 형이 업기도 했지만, 아직 엄마 젖을 먹어야 했던 아이는 엄마 품에 안기고 엄마 등에 업혀 갔다.

아이는 누구에게도 짐이 되지 않았다. 등짐으로는 너무도 가벼웠기 때문이었다. 피난길에서 엄마는 영양실조 상태가 되었던 터라 아이에게 먹일 젖이 언제나 보잘것없고 모자랐다. 아이도 곧바로 영양실조에 빠졌다. 핏기라고는 전혀 없는 낯빛에 야윌 대로 야윈 아이를 보며 사람들은 차마 대놓고 말을 하지 못했을 뿐 오래 살지 못할 것이라고 생각했다. 구호 단체가 모금을 위해 대중매체에 실어 보내는 바짝 말라 눈만 퀭한 어느 곤궁한 나라의 어린아이 사진을 보면서, 어른들은 피난 통에 겨우 목숨만을 버티었던 한 살배기 아이의 모습을 떠올리곤 했다.

생명은 질기었다. 전쟁의 형세가 뒤바뀌어 힘겨웠던 피난살이를 견디고 모두 무사히 집으로 돌아왔다. 아이도 살아남았다. 세월이 지나면서 정상 체중을 되찾았다. 그리고 고임 받으며 영리한 아이로 자랐다. 어른들은 늘 신비로워했고 감사했다. 피난길에 짐스럽지 않을 만큼 야위었던 아기가 집에 돌아온 다음에 건강한 몸무게를 다시 얻었기 때문이다. 이것은 오랫동안 이야기되고 있는 집안 역사의 한 토막이다.

아이는 목사 집안의 습속을 익히었다. 그는 매일 아침 '가정 예배' 때 가족이 돌아가며 성경 구절을 읽고 기도 순서를 맡고, 그날의 성경 주제를 두고 생각을 나누는 이야기 마당에도 끼어들었다. 이런 가풍을 철들기 전부터 이어받았다. 이 집안의 의례에서 한글도 배워 깨우쳐 배우고, 무엇보다 '공공' 참여의 훈련도 쌓았다.

2

목사 집안에서 보고 배우며 자란 때문일 것이다. 그는 모든 일에 앞장서는 성품을 드러내기 시작했다. 그에게 비친 아버지는 교회의 목회자이자 공동체의 지도자였다. 교회에서는 설교자였고, 학교에서는 선생과 학부모를 아우르는 '사친회'의 회장이었으며, 광복절과 기미년 독립운동 기념식과 같은 읍내 행사에서는 강연자이자 만세삼창을 앞장서 외치는 선창자였다. 그런가 하면, 어려운 사람에게 다가가 살피고 부당한 대우를 받는 원통한 사람을 대신해서 강자와 대결하는 변론인이고 주창자였다. 아이는 이 모습을 닮아갔다. 집과 교회에서 배운 가르침과 바깥세상의 됨됨이 사이에서 지나치지 못할 간극을 만나면 세상 돌아가는 대로 가만히 보고만 있지 않았다. 억울한 벗이 있으면 뒤로 물러서지 않고 나서서 그 벗 편에 섰다. 그것을 바르고 마땅한 삶이라고 믿었다. 학교 반장이라면 마땅히 이 모든 일을 져야 할 의무로 받아들였다. 그는 얼버무리지 않았고 어물거리지 않았다. 어떤 일에서도 우물쭈물하지 않았고 발뺌하지 않았다. 망설이거나 주저하지 않았으며 피하거나 물러서지 않았다. 맞서야 한다면 분연히 일어섰다. 난감한 일일수록 그는 더욱 당찼다. 언제 어디서나 그는 앞에 섰다. 그리고 발언하고 주장했다.

이런 마음가짐은 고등학교 때 더욱 억세졌다. 억울한 친구를 위해 싸워야 할 맞상대는 더욱 강력하고 규모 또한 더 커졌다. 중도시의 학교와 동네를 휘어잡는 깡패 주먹 부대의 행패를 보고 지나칠 수가 없었다. 그는 물론 '주먹'이 아니었다. 하지만 말 없는 주먹의 힘을 모아 불의한 주먹에 맞서고자 했다. 지배 폭력배에 맞서는 대항 조직 그 한 가운데 자신이 서 있게 되었다. 그렇게 불의한 깡패와 대결하는 정의로운 조직의 체험을 쌓아갔다. 삶의 근본이라고 생각해서 좋아하는 과목만 공부하고 무의미하다고 여겨지는 다른 교과는 모두 뒷전으로 밀어냈다. 무턱대고 입시 체제에 굴종하여 추종하는 공부벌레를 우습게 보고, 그렇게 줄 서서 대학에 진학하여 우쭐거리는 행태를 같잖게 여겼다. 하지만 여지도 없이 강제하는 획일화된 교육 과정이 아무리 불합리한 체제라고 하더라고 이에 맞서기란 너무도 힘이 부치는 일이었다.

3

그러다 막판에 겨우 대학에 입학했다. 그에게 '재수'란 하찮은 허세이자 허영이었다. 그는 그였다. 다져진 자신의 성품은 대학에 들어왔다고 해서 사라지지 않았다. 싸움의 대상은 거기에도 있었다. 그것은 좁은 뜻에서의 정치 영역일 수도 없었다. 불의는 특정 영역에서만 서식하는 것이 아니었다. 그것은 대학 안에도, 교회 안에도 그리고 삶의 지향성 안에도 속속들이 침투해 있었다. 대학 생활도 그에게는 대결의 구도로 다가왔다.

졸업을 앞둔 그 어느 때였다. '머리가 근질거렸다.' 그는 대학원에 진학하여 자기가 좋아하는 공부를 더 하고 싶어졌다. 독립운동가이자 역사학자인 김양선(1907~1970) 교수의 가르침을 이어받고 싶었지만, 그는 일찍이 세상을 떠나고 말았다. 차선책으로 고려대 사학과 강만길 교수의 문하생이 되었다. 공부 재미에 빠져들었다. 「윤치호 일기」에 터하여 "윤치호 연구"로 석사 논문(1976)을 썼다. 주요한 논문으로 인정을 받아 「백산학보」(1977)에도 실렸다.[1] 그가 걸어야 할 역사학도의 길이 트이기 시작했다. 얼마 지나지 않아 그는 그토록 바라던 워싱턴대학교 역사학과 대학원생이 되었다. 제임스 팔레(James B. Palais, 1934~2006) 교수 밑에서 공부하고자 한 자신의 뜻을 이루었던 것이다. 오랫동안 해외 한국학의 중심지로 자처해온 하버드대학의 위세를 꺾고, 시애틀의 워싱턴대학교가 한국학의 중심지로 올라서고 있을 때였다. "윤치호 연구"를 읽어본 팔레 교수는 입학 지원자의 학문 능력을 단번에 인정했다. 그리고 그를 자기 학생으로 받았다.

그는 아메리카 대학의 교육 전통에 따라 좁게 공부하지 않았다. 일본의 영향을 받은 우리나라 사학계의 비좁은 훈련 과정과는 달리, 그곳에서는 동양사를 전공하든 서양사를 전공하든 모두가 교차하여 다른 문명권의 역사 과목을 일정 정도 이수해야 하고, 역사학 바깥 다른 전공 학문의 과목도 몇 개를 택해야 한다. 종합시험에

---

1) 윤치호가 아메리카에서 공부하고 있던 때 쓴 영어 일기를 그가 옮기게 된 것이나 (윤치호, 2003), 한문, 국문, 영문으로 된 방대한 '윤치호 일기' 모두를 한 벌로 엮어 옮겨내는 '감수자'의 몫을 그가 맡게 된 것은 모두 이에서 비롯된 것이라고 할 수 있다. 유감스럽게도 이 일은 행정상의 이유로 빛을 못 보고 있다.

서도 전공 바깥 영역이 포함되어야 한다. 이런 방식을 통해, 빠져들기 쉬운 생각 지평의 협소함을 미리 차단시킨다. 그는 이러한 훈련 과정을 뜻 있게 받아들였다. 서양사를 접하고 사회과학 영역을 두루 공부했다. 35년 전 「현상과인식」에 투고했던 그의 글(박정신, 1983)에서 이 점이 잘 드러나고 있다. 일본의 산업화 과정을 분석하면서 지배 지식인의 결단과 지향성을 들여다보고 중국과 조선 사회의 지배 지식인과 견주어본 자신의 학기말 보고서를 우리글로 옮겨 다듬은 것이었다. 그는 한 사회를 알기 위하여 같은 문명권에 든 이웃한 나라를 살펴 견주어보는 '비교 역사학'의 지평으로 나아가, 그 됨됨이를 풀이하기 위하여 사회과학의 개념을 끌어들였다. 비록 짧은 논문이었지만 이 글의 품은 꽉 막힌 역사학의 답답한 훈련 과정 안에서는 기대할 수도, 상상할 수도 없는 것이었다. 이 글은 학제간 학문 활동의 깃발을 든 이 학술지의 뜻과 잘 어울린다고 판단한 편집진의 결정에 따라 이내 실리었다.

이즈음 그는 일본 역사를 특별한 눈으로 깔끔하게 정리해둔 케네스 파일(Kenneth B. Pyle)의 책(파일, 1983)을[2] 『근대 일본의 사회

---

2) 그의 뜻에 따라 내 이름이 이 책의 '공동 번역자'로 올라와 있기는 하지만, 형이 한 일은 그의 완역본을 조금 손질을 했을 뿐이고, 이어 도꾸가와 시대를 다룬 그의 글(1983)과 앞서 우찌무라 간조오의 지성 구조를 논한 형의 두 글(1977, 1978)을 〈덧붙이는 글: 일본의 근대적 사회 변동과 가치 체계〉에 넣자고 제안하여 그의 동의를 구했을 따름이다. 이 자리를 빌려, 이 책을 옮겨내는 데 도움을 준 연세대학교 사회학과 대학원생에 대한 뒤늦은 고마움을 적어둔다. 수고한 것이 없다며 자신의 이름이 나오는 것을 끝끝내 사양한 이득연 군에게 감사하고, 〈덧붙이는 글〉을 다듬어준 김우승 군에게 감사한다.

사』라는 이름으로 옮기었다(파일, 1983). 그때는 일본에 대한 인문·사회과학 쪽의 연구가 지극히 미미하고 그것마저 초보 수준인 데다 시사 보도나 '준표절' 수준을 벗어나지 못했다. 뿐만 아니라, 출판사들조차 크게 관심을 두지 않던 시대였다.[3] 그는 일본에 대한 제대로 된 입문서조차 갖지 못한 현실을 애석히 여겼다. "옮긴이의 말"(윗글: 9-11)에서 그가 적었듯이, 일본 역사는 우리나라에서 "학문의 대상으로 자리 매기지 않은 채로" 무시당하고 있었다. 동양사라고 하면 으레 중국 역사를 일컬었다. 이 '중화주의'에 더하여 엉뚱하게도 '식민사관의 극복'이라는 분위기가 덧씌워져 우리의 "인식의 폭은 좁아졌다." 이것은 "오늘의 세대와 앞으로 올 세대에게 학인(學人)의 소임을 다하지 못한 과오로 정죄될 것"이라며 그는 시대의 학문 상황을 질타했다. 산업화를 이룬 강대국 일본의 역사를 경이롭게만 여기거나 이에 대한 반동으로 이 나라의 역사를 평가절하는 이해 방식과는 달리, 그는 "'제3의 눈'으로 본 일본 역사를 활용하여" 균형이 잡힌 "<일본 연구>에 박차를 가하는 것이 바람직하다"라고 생각했다. 어느 바람잡이에 휘둘리지 않고 "높이 서서 넓게 꿰뚫어 겨누어 보아야" 한다는 역사 방법론을 그는 치켜세우고자 했다. 그렇게 해서 택한 것이 그가 만나 배우게 된 파일 교수가 쓴 바로

---

3) 형이 배운 벨라 교수의 글 몇 편을 대학원생들과 함께 옮겨내었을 때(벨라, 1981) 그 속에 실린 일본 관련 글의 중요성은 일본에서 공부하고 갓 돌아온 몇몇 사람들만이 그 가치를 알았을 뿐이었다. 그들은 일본의 근대화와 종교의 관계를 논한 그의 저서(벨라, 1994)를 선생들을 통하여 벌써부터 접하고 그의 학문 성과와 명성을 높이 보고 있었다.

이 책이었다. 그는 이 책이 뿜어내는 역사관을 다음과 같이 적었다.

> [파일 교수]는 가장 깊은 수준에 주목하고 초월적 실재에 바탕하여 일본이 겪은 아픈 경험을 인간의 고통으로 침투시켜 함께 고민하며 그 역사를 쓰고자 한 사람이다. 그는 일본에게 영광을 안겨다 준 바로 그 역사 속에서 비극의 씨앗이 움트고 있었다고 본다. 그는 산업화에 놀라면서도 거기에서 군국주의라는 악의 뿌리를 찾고 있으며, 핵폭탄이 가져다준 죽음 가운데서 경제적 재기가 비롯되었음을 보려고도 한다. […] 1930년대에 나타난 군국주의라는 악의 뿌리를 일본 속에서 찾아보는가 하면, 미국인인 파일 교수는 그 악을 가져온 여러 원인 가운데 하나를 미국에서 찾기도 한다. 이처럼 그는 "파당적 역사학"이라 일컫는 감정과 선동의 역사학을 단호히 거부하고, 일본의 비극을 자기와 온 인류의 것으로 보고 일본이 연출한 영욕의 드라마를 서술하고 있다(윗글, 11).

단순히 역사 자료만을 찾아 모으는 수준에서 머무는 얕은 역사학과는 달리 인간 존재의 내면으로 파고드는 이 깊은 역사학이야말로 오늘날 유행하는 시장바닥의 인문학과 구별되는 진정한 인문학이었다. 이 책을 옮긴이는 바로 이 인문학의 정수를 역사학에서 찾았다. 그리하여 "더욱 넓은 눈으로 우리를 성찰하고 이웃과 비교해 보는 이 같은 비교 역사학적 인식의 필요성을 마음에 새기고, 그런 학문적 분위기가 싹트기를 기대하면서" 이 책을 옮겨 놓는다고 했다(윗글: 같은 곳).

이와 같은 역사학의 훈련을 받은 사람답게, 그는 자신의 박사학위 논문을 구상했다. 개신교 기독교와 우리의 역사, 특히 정치 현실 사이에서 벌어진 역동 과정을 분석하고자 한 야심작으로, 이 논문은 뒤에 영문 저서(*Protestantism and Politics in Korea*)로 출판되어 나왔다(Park, 2003). 서양 선교사에 의한 전도 활동에 무게를 두는 이른바 '선교사관'과 달리, 조선사람들이 먼저 나서서 새로운 삶의 지향성을 받아들이고자 한 '수용사관'을 선호하는 접근방식이었다(김양선, 1971; 박정신, 2004ㄴ; Park, 1992). 그러나 새로운 삶의 가르침이 이끄는 힘과 오래된 삶의 가르침이 이끄는 힘 사이의 쟁투는 규격화될 수 있는 것이 아니었다. 삶의 가치 이념과 조직과 과정은 서로 긴장하며 움직이는 역동 과정이다. 한말의 기독교, 일제 침탈기의 기독교, 기미년 3·1운동을 겪은 후의 기독교, 광복 이후의 기독교, 경제 성장을 이룬 다음의 기독교는 같은 모습을 보일 수 없었다. 그는 이 "변증적 과정을 인식하고 설명하려" 했고(박정신, 1997: 3), 한말의 기독교와 한 세기를 훌쩍 넘은 오늘의 기독교 사이에 "어떤 닮음이 있고 어떠한 다름"이 있는지를 캐보고자 했다(박정신, 2004ㄱ: 10). 그는 이것을 기독교와 한국 역사의 "만남, 물림 그리고 엇물림"이라고 표현했다(박정신, 1996).

분명 이것은 주변에서 보는 "아마추어 역사가들"과도 다르고 '닫힌 역사가들'과도 달랐다. 그의 연구 계획은 특정 역사의 좁은 테두리를 넘어 넓은 지평으로 뻗어 나가 사회과학의 접근방식을 접하지 않고서는 엄두를 낼 수 없는 것이었다. 그가 분석한 개신교 기독교의 성장(Park, 1992, 2003: 1장; 2007)과 정치 · 사회 제도로서 교회 조직의 구조와 과정(Park, 2003: 3장)에 대한 논의는 보기에 지나지 않는다. 저서의 모체인 박사학위 논문을 제출했을 때 그가 시도한 '분석과 설명'의 접근방식은 사회과학의 분석 시각과 밀접히 이어졌을 뿐만 아니라 팔레 교수의 평가처럼 "마르크스주의자들보다 더욱 마르크스주의자 같다"는 인상을 줄 수도 있었다. 하지만 그것은 오늘날 우리나라 기독교의 '상부구조'가 허약함을 지목하는 연구 관심과 그 실토이기도 했다. 실제로 이 연구 뒤에는 '믿음'의 실체가 조직의 유지와 안녕 지향성 때문에 무참히 짓밟히는 현실 구조의 상황과 이에 대한 제어할 수 없는 연구자의 안타까움과 실망스러움이 자리하고 있고, 억누를 수 없는 연구자의 비판 의식이 도사리고 있었다.

자신의 영문 저서를 마무리하며, 그는 한 백 년이 넘는 역사 과정에서 "개신교 기독교는 매우 흥미로운 변신을 거듭해 왔다"고 평했다. 그리고는 애초 그것은 "유교를 밀어내고자 한 혁명의 종교"였지만 일제 강탈기의 끝 무렵에 이르러 그리고 최근에 와서 더욱 명백하게 드러나고 있듯이 현상 유지에 기울어진 경향성과 현상 유지 세력과 결탁하고 있다는 점에서 "보수 지향의 기득권 종교"가 되었다고 쏘아붙였다(Park, 2003: 201). 이에 이어, 그는 "유교 사회를 개혁코자 하고 일본 식민 지배에서 독립코자 분투했던" "'별난 예수쟁이'의 공동체"였던 개신교회가, 경제의 여유를 누리고 사회 기득권이 되면서 사회 · 정치 변혁을 이룩할 에너지마저 잃어버린 "'평범한

[보통] 사람들'의 공동체"가 되었다고 한 사회학도의 분석에 기대어 자신의 논지를 더욱 강화시키기도 했다(윗글: 205). 그러면서 그는 이러한 '평범화' 현상이 갑자기 일어난 것이 아니라고 한다. 두말할 나위도 없이 이것은 미군정 때문도, 이승만 때문도 아니라고 한다. 역사 현실의 복잡성과 씨름해야 하는 역사학도답게 그는 모든 것을 한두 가지 요인에 즉각 돌려 풀이하고자 하는 환원주의의 유혹에 빨려 들어가지 않았다. 신실한 역사학도답게 그는 이 평범화의 과정이 1930년대에 벌써 나타났고, 그것보다 앞서 3·1운동 직후부터 나타났다고 했다. 그것은 자신이 배운 파일 교수의 생각을 따라 그리고 그 선생이 마음에 새겼을 신학자이자 윤리학자인 라인홀드 니버의 생각을 따라 겉으로 드러나는 번지르르한 모습 안에는 이미 어두운 악의 씨가 뿌려져 있다는 이 만만찮은 역사관의 표명이었다고 할 수 있다.

연구란 연구자의 관심에서 출발한다. 그 가운데 주목해야 할 점 하나가 있다. 이것은 다름 아니라 우리나라 역사학에 대한 평가와 입장이다. 그는 자신의 몇몇 글을 모아 낸 책 앞에 "바람직한 한국 기독교사 연구를 위하여"라는 부제를 단 "큰 머리글"(박정신, 2004년: 5-12)을 넣어두었는데, 여기에서 다음과 같이 단호하게 말하고 있다.

> 한국 기독교사의 이해 없이는 한국 현대사의 입체적 인식은 불가능하다. 남쪽만 따져도 전체 인구의 4분의 1을 그 구성원으로 하는 기독교공동체

를 빼고 민족 공동체를 아무리 토의해도 그것은 전체의 4분의 1에 해당하는 부분을 뺀 나머지 4분의 3에 관한 논의일 뿐이라는 통계적 상식을 내세울 수 있다. 그러나 무엇보다 우리 현대사의 굽이굽이마다 긍정적이든 부정적이든 기독교공동체가 꿈틀거린 뚜렷한 흔적을 감출 수 없다(윗글: 5).

그러면서 그는 역사 변동의 기폭제가 된 교육과 문화 운동, 독립협회 운동, 3·1운동, 신사참배거부 운동 그리고 또 신한청년당, 1930년대의 사회주의, 신간회, 공산당, 건국준비위원회가 모두 기독교공동체와 "맞물려" 있고,[4] 이동휘, 여운형, 박희도, 김규식, 조만식, 최문식, 이승만과 같이 좌우에서 역사를 이끈 이들이 모두 기독교계 인물들이라는 점을 상기시킨다.[5] 이어 그는 자신이 받은 역사학의 훈련 과정을 배경으로 삼아 역사학계의 한계와 편견에 대하여 과감하게 비판한다.

---

4) 기독교 인사들이 대거 참여했던 이른바 '실력양성론'에 대한 그의 해석은 특별하다. 그는 "힘이 정의가 아니고 '정의가 힘'이라"고 한 윤치호의 일기를 끌어들여 이 운동을 적자생존이나 약육강식을 내세운 단순한 사회진화론으로 규정할 수 없다는 논지를 펼친바 있다(박정신, 2003: 2; 2004ㄴ: 95-124, 특히 107-109).

5) 이에 대한 논의는 그의 영문 저서(Park: 2003)에 실려 있다. 60년대까지만 해도 아메리카 대학의 한국 관련 참고도서 책꽂이에는 조선 사회사를 다룬 손보기 선생의 박사학위 논문이 '논문의 형태' 그대로 그리고 이정식 교수의 한국 민족 운동사 연구 저서 정도가 들어있었으나, 요즈음에 와서는 훨씬 풍부하고 다양하다. 박정신의 영문 저서는 전공의 경계를 넘어 한국 연구 일반과 신학교의 교회 관련 참고도서실에도 예외 없이 꽂혀 있다.

> 우리의 역사학계는 기독교공동체가 마땅히 할애받아야 할 양질의 몫을 주지 않고 있다. 한마디로 한국사에서 기독교사의 온당한 '자리 매김'이 이루어지지 않았다는 말이다.
> […] 기독교와 우리 역사와의 이음새, 이음의 꼴과 결을 이해하지 않는다면 우리 현대사의 총체적인 인식은 불가능하다는 점을 우리 역사학계는 깨닫고 한국 기독교공동체의 역사에 눈을 돌려야 할 것이다(윗글: 5-6).

그의 연구 관심은 이것으로 다 채워질 수 없다. 그것은 연구자가 태어나 자란 삶의 습속과 삶의 이야기가 뗄 수 없게 얽혀 있다. 그것은 고착되어 있는 것도, 내면에서 밖으로 송출시키는 것만도 아니다. 연구의 관심은 저항도 받고 변하기도 한다(박정신, 2004ㄱ: 11). 그는 자신의 연구 관심을 뒤흔들어놓고 사로잡은 역사의 사건에 맞부딪히기도 했다. 우리나라 개신교 역사에서 잊힌 '숭실 전통'이 그것이었다. 그는 이 전통의 재음미와 재활성화에 몰두하여 이에 헌신했다.

일본의 천황을 참배하는 이른바 '신사참배'를 강제하던 시대가 우리 역사에 있었다. 이것은 일본이 황국신민의 이데올로기로 만든 국가 의례였다. 식민 당국은 천황을 숭배하는 신사에 가서 참배하는 이 국가 의례에 모두 참여하라고 강요했다. 국가와 종교가 분리되지 않고 천황제로 '용해'되어 혼연일체를 이루고 있었던 만큼, 신사참배는 왜인에 대한 민족 자존감의 문제이기도 하고 동시에 신앙의 문제이기도 했다. 온갖 수단을 다 동원하여 이 의례를 강제하자 이른바 기독교계의 지도층 인사들마저 별별 정당화 논리를 끌어들여 식민 종주국의 이설과 강제에 순응코자 했다. 그러한 방식으로라도 교회를 지키고 학교를 지켜야 한다는 주장이었다. 그러나 숭실학교는 달랐다(박정신, 2008ㄱ, 2011). 일본의 신사 앞에 절하느니 차라리 학교 문을 닫겠다고 했다. 그리고 아예 학교 문을 닫아버렸다. 이제로부터 꼭 80년 전의 일이었다.

숭실의 존재 이유는 관립학교의 그것과 다르고, 수많은 사립학교와도 다르다는 것을 그는 높이 치켜세우고자 했다(박정신, 2011: 8장). 숭실의 존재 이유는 현존하는 권력과 재력으로 작동하는 체제의 부속품 양산을 자랑으로 여기는 시대의 흐름을 답습하는 것이 아니라 오히려 그것을 부정하는 데 있다는 점을 널리 갈파하였다. 마치 사회학자 뒤르켐의 주창처럼, 그는 현존하는 질서의 유지가 아니라 그것을 초월하는 가치가 존재 이유가 되어야 한다는 명제에 따라, '오늘의 숭실'은 옷깃을 여미어 '어제의 숭실' 앞에 스스로 살펴야 한다고 소리쳐 외쳤다. 나 역시 기독교 학교를 다녔고 기독교 학교의 선생이기도 했지만, 그가 의연하게 내세우는 '숭실 전통' 앞에 한없는 수치심을 쉬이 떨쳐내지 못하였다. 아니, 오늘날의 개신교인 어느 누구도 기독교 조직 어느 것도 멀쩡한 정신으로는 현실의 힘에 영합해온 지난 역사를 마냥 변호하며 두둔할 수는 없을 것이다.

그는 숭실의 저항 정신을 대변하고 표상코자 하였다. 이 전통을 앞세워 그는 타성에 젖은 주류 개신교의 생각과 행태에 도전하였다. 숭실 특유의 정신 전통을 기억하고 잇고자 하여 한시도 멈추지 않고 자신이 선택한 이 외로운 싸움을 싸웠다. 이를 위하여 그는 <숭실과 기독교>라는 과목을 개설하기도 했다.[6] 이것은 어느 학교의 자존심을 지켜가고자 하는 소박한 모교애가 아니었다. 부끄러운 기독교 역사와 부끄러운 민족 역사에 대한 비판의 실천 행위이었다. 그러므로 자기가 다니고 졸업한 학교라는 그 한 가지 이유 때문에 덮어놓고 애교심을 들먹이는 고집불통의 바보가 아니라면 그리고 개신교 정신에 대한 감수성을 잃지 않고 이를 길잡이로 삼고자 하는 탁 트인 지성인이라면, 모름지기 부끄러워해야 할 '우리' 역사를 새겨야 하고, 귀하게 받들어야 할 '그들'의 역사를 또 새겨야 한다.

4

이 역사학도의 관심 세계는 넓다. 여러 일에 폭넓게 참여했다. 그 모든 것을 다 적을 수 없다. 다만 이 「현상과인식」을 내는 한국인문사회과학회에 관련된 몇 가지만을 여기 적어두고자 한다. 그는 워싱턴대학교에서 최종 학위를 받고 14년 동안 아메리카 대학에서 가르치다 2000년에 숭실대학으로 돌아왔다. 그야말로 '스카우트'

6) 모든 기독교 대학에서 천편일률로 구성된 '기독교 입문' 과목과 차별성을 갖는 과목이 되어야 한다는 그의 주장 때문은 호소력을 불러일으켰다. 그리고 그는 『숭실과 기독교』(2011)라는 강의 중심의 책도 내놓았다. 숭실의 전통과 그 정신을 곧장 알아볼 수 있는 문헌은 이 책밖에 다른 것이 없다.

되었다. 워싱턴대학교 출판부에서 나온 그의 영문 저서 계획에 힘입어 오클라호마주립대학교의 역사학과와 국제대학원에서 '테뉴어'를 받아 종신재직권을 보장받은 교수로 가르치고 있었기 때문이다. 아메리카에서 가르친 경력을 가지고 귀국한 사람은 많지만 '테뉴어'를 받은 교수가 귀국한 경우는 그렇게 많지 않다. 그는 그 소수 가운데 한 사람이었다.

여러 출판사에서 그의 책을 내고 싶어 했다. 그러나 그는 다른 출판사의 제안을 거절하고, 학문의 명성과 권위를 가진 팔레 교수의 뜻에 따라 팔레 교수가 엄선하여 내는 '한국학 총서'의 일부로 워싱턴대학교 출판부를 통해 자신의 책을 내도록 했다. 이 총서는 단행본 출간의 전체 책임을 맡은 팔레 교수 자신의 저서를 비롯하여, 워싱턴의 인류학 교수 클락 소렌슨, 인디애나의 역사학 교수 마이클 로빈슨, 하버드의 역사학 교수 카터 에커트, 스탠포드의 사회학 교수 신기욱, 유시엘에이의 역사학 교수 존 던컨의 주요 저서가 망라되어 벌써부터 무게를 과시하고 있었다. 그의 저서도 이 쟁쟁한 연구자들과 같은 반열에 오르게 되어 있었다. 이러한 학문 배경에 더하여, 그는 앞서 숭실대학 '기독교학과'의 설립을 앞장서 주창해 온 공로를 등에 지고 역사학과가 아닌 '기독교학과'의 교수로 귀국했다. 숭실의 기독교 정신과 전통을 마음에 둔 때문이었다. 그리고 신학교의 과정을 모방하여 신학과의 아류로 떨어져 버린 다른 대학의 '기독교학과'와 달리, 학제간의 연구 관심을 지키는 '인문학'의 공부 터로 이 학과를 만들고자 하는 뜻에서였다.[7]

귀국한 다음 그는 오래전부터 관계를 맺어온 「현상과인식」과 한국인문사회과학회에 참여하기 시작했다. 이 학술지의 창간 서른 돌맞이 학술 행사 때는 신현수 교수의 발의로 주제 발표자로 초빙되었다(박정신, 2007). 그 행사를 책임졌던 학회 회장 김철 교수는 이내 그를 학회의 부회장으로 추천하였고, 이어 그는 학회 회장의 일을 맡아 봉사할 수 있는 기회도 갖게 되었다. 마침 그가 회장일 때 이 학술지의 창간 서른다섯 돌을 맞게 되어, "해방 이후 역사를 만든 '삶의 지신인들' — 그들의 생각, 그들의 삶"을 주제로 한 특별 학술 행사도 열렸다. 오클라호마대학교에서 그에게 배운 한 제자는 자신의 선생이 주관하게 된 이 행사를 뜻 있게 여겨 후원금 일천만 원을 기꺼이 내기도 하였다. 학술지 '현상과인식' 표지 글자체를 박은 티셔츠를 만들었던 것도 그때였다. 앞에 적었듯이 그는 우리나라 최초의 학제간 학술지로 나온 「현상과인식」에 논문을 실었고(박정신, 1983), 이 학술지 이름으로 출판사가 움직이고 있을 때는 파일의 책도 이 출판사를 통하여 내놓았던(파일, 1983) 기록을 가지고 있다. 뿐만 아니라, 그는 워싱턴대학교 대학원 학생 때 그 대학 도서관이 이 학술 계간지를 정기 구입하도록 주선하기도 했다. 이 학술지의 학술고문으로 학문의 본보기와 스승의 도리를 보여준 손보기 선생을 기리기 위하여 해마다 여는 <손보기 기념 강연>도 그가 회장일 때 시작되었다. 지난 2015년에는 학회가 두 해마다 주도록 한 <한국

7) '인문학'에 대한 그의 관심과 '구걸행각'에 길들여진 우리나라 인문학자들의 행태에 대한 비판은 여러 글에 스며들어 있다. 특히 그의 글모음(2008ㄴ)을 볼 것.

인문사회과학상>도 만들어 전임 회장단이 수상자를 선정하고 아울러 상금까지 내도록 한 제도를 만드는 사무행정의 일을 맡기도 했다. 그가 부회장으로, 회장으로, 전임 회장으로, 또 평회원으로 이토록 「현상과인식」에 큰 관심을 쏟은 것은 이 학술지와의 오랜 관계에 더하여 자신의 학문 관심과 훈련 배경이 이 학술지의 정신과 서로 어울리는 것이었기 때문일 것이다. 그는 자신의 참여를 보람으로 여겨 깊은 뜻에서 한껏 즐기기도 했을 것이다.

실제로 회장의 자리에서 벗어난 다음에도 그는 꾸준히 학회에 참여하여 기여했다. 80년대 중반 「현상과인식」의 편집을 책임졌던 김학수 교수가[8] 언젠가는 이 학회의 회장 일을 맡아야 한다고 그는 오래전부터 주장해 왔고, 마침내 앞장서 이를 성사시킨 사람이기도 하다. 그리고 송순재 교수가 부회장일 때도 가까이 회장 일을 맡아야 하지 않겠냐며 몇몇 임원들에게 말을 건네 왔는데, 그는 마침내 이 일도 이루었다. 비록 자신이 회장일 때 실행하지는 못했지만 한 해에 세 번 나오는 이 학술지를 애초 철따라 네 번 냈던 '계간지' 전통으로 원상 복구시키자고 제안하기도 했는데, 올해 들어 이 학술지는 계간지로 펴나오고 있다. 그는 학회와 학술지의 앞날을 각별히 생각하고 사랑했던 진정한 '현상과인식 사람'이었다. 이 때문

8) 이 두 사람의 친분은 대학원생으로 만나게 된 워싱턴대학교 시절로 거슬러 올라간다. 그는 두 살 아래인 대학원생 김학수의 추천으로 '한국유학생회'의 회장 후보가 되어 경쟁 후보를 물리치고 당선되었다는 숨은 일화도 있다 지난 80년대 초 한국에 돌아오지 못하고 외국에 머물러 있던 문동환과 김대중을 강연자로 대학에 초청하고, 망명 운동권 인사의 보호에도 개입하면서 그가 이른바 '재미 민주화 운동'에 뒤얽히게 된 것도 이때였다.

에 그는 이 학술지에 자주 글을 써 발표코자 했다. 지난해 그는 "이웃되기의 역사학"(박정신, 2017ㄱ)이라는 글에서 모든 "칸막이"를 허무는 공간 확장의 과정을 역사로 인식코자 한 자신의 역사관을 피력하기도 했고, 그해 가을에는 "아버지의 역사, 나의 역사"(박정신, 2017ㄴ)라는 제목으로 자신의 삶 속에 자리한 아버지의 기억과 힘, 그것과 분리할 수 없는 자신의 공부 길과 연구 관심을 짧게 기록한 '현상과인식 노우트' 글을 쓰기도 했다. 이 글에서 그는 사사로운 이야기를 조금 더한 다음, 여기 적어놓은 "아버지의 역사 이야기는 단 한 조각에 지나지 않는다"며, 이렇게 마무리했다.

> 틈틈이 다른 조각을 찾아 나의 역사학과 이어 풀어볼 생각이다. 이렇게 아들은 아버지와의 대화를 계속 이어가고 있다. 이것도 또 하나의 역사이다(윗글: 267).

그렇게 다짐했던 그가 세상을 떠나고 말았다. "틈틈이 다른 조각을 찾아 나의 역사학과 이어 풀어볼 생각"이라고 했던 그 계획을 더는 지킬 수 없게 되었다. 몹시 무더웠던 그 폭염이 이 땅을 덮치기 바로 전, 지난 7월 25일이었다. 형은 여든을 넘겼는데, 그는 채 일흔이 되지 않은 나이였다.

5

그는 다만 '능력 있는 사람'이라고만 말하고 싶지 않다. 보는 사람 각각의 기준에 따라, 영역에 따라 다르게 규정될 수 있기에 능력 있는 사람은 무수히 많다. 그러나 '재미있는 사람'은 많지 않다. 그는 '재미있는 사람'이다. 특별하다는 뜻에서 그는 '놀라운 사람'이기도 하다. 다른 사람에게서는 기대할 수 없는 재미있는 생각을 내놓는 사람이고, 다른 사람에게서는 찾을 수 없는 놀라운 됨됨이를 지닌 사람이다. 그는 틀에 박힌 생각을 견디지 못하였고, 그 틀에 박힌 기준으로 능력을 말하는 것을 받아들이지 못하였다. 그는 정해진 어떤 틀 안에 갇혀 있는 삶을 천히 여기고 가소로이 여겼다. 그는 결코 통상의 삶을 복사하고자 하지 않았고 통상의 생각을 귀히 여기지 않았다. 한 번 사는 삶, 자기다운 삶을 살아야 했다. 그는 그렇게 살았다.

그러므로 그는 착잡하고 복잡한 삶을 살아야 했다. 그러지 않은 사람이 어디 있겠는가마는 그는 더욱 착잡한 삶을 산 더욱 복잡한 사람이었다. 이어받은 믿음의 요구와 부닥쳐야 했던 현실 사이에는 그처럼 깊은 긴장을 느끼며 산 사람은 흔치 않을 것이다. 그러나 현실이라는 이름으로 짓누르는 힘에 그는 지레 무릎 꿇지 않았다. 그는 맞서 싸웠다. 넘어지고 넘어질 때까지 버티며 싸웠다. 그는 넘어지기를 한사코 거부한 사람이었다. 넘어지는 한이 있어도 그가 지키고자 하는 원칙은 땅에 떨어져 짓밟히지 않도록 이를 위로 높이 들어 펄럭이도록 했다. 그리고 누군가에게 그 원칙의 이야기를 전하고 그 깃발을 넘기고자 했다.

그는 누군가 도움을 청하거나 도움이 필요하다고 판단하면 꾸물거리지 않았다. 당장 행동으로 옮겼다. 손전화 시대의 손전화는 편리하고도 민첩한 그의 도구였다. 결과가 어찌 되든 그는 돕는 일에서만큼은 느릿느릿하지 않았다. 누군가에게 강의를 마련해주고, 전임의 자리를 열어주고, 출판 기회를 만들어주고, 재정의 도움을 주기 위해 그는 항상 분주하고 부산하였다. 그의 도움을 받은 사람은 단지 몇 사람만이 아니다. 누구를 지칭하는지는 그가 떠난 다음의 빈자리에서 더욱 분명하게 떠오를 것이고, 사무치는 허전함을 억제하지 못하고 어느 외진 공간에서 가슴으로 느끼게 될 것이지만, 그가 주고자 한 도움은 본래부터 이 세상에서 드러날 것을 기대한 것이 아니었다.

그는 다만 공평을 사랑하는 열정의 사람일 따름이었다. 공평하지 못한 것이 어떤 것인지를 누구보다 잘 아는 사람만이 지닐 수 있는 공평을 위한 열정으로 그는 공평을 추구했다. 힘 있는 자들에 의하여 무시당하는 힘없는 사람 편에 서서 두려움 없이 힘 있는 자에 맞서 기운껏 싸웠다. 자신이 가진 것이 대단해서가 아니었다. 자기보다 덜 가진 자들이 수없이 많이 있다는 것을 잘 알고 있기에, 자기가 가진 것을 나눌 수 있어 언제나 행복해 있고 이를 크나큰 축복으로 여겼다. 그 '나눔'은 자신이 져야 할 삶의 '책임'이었고 거기서 솟아나는 삶의 '즐거움'이었다. 그의 됨됨이 그 안에 뭔가 깊은 것이 있었다면 그것은 다름 아니라 자신이 이어받은 이와 같은 삶에 대한 경외이고 헌신이었을 것이며, 현실을 궁극의 잣대로 여기지 않고 현실 그 너머의 것을 그리도록 이끄는 어떤 힘에 대한 순종이었을 것이다.

그는 통례의 역사학자들이 갇혀 있는 고지식한 편협성과 인식의 한계를 기회 있을 때마다 질타했다. "한국 근·현대사에서 개신교를 빼놓고 역사를 제대로 이해할 수 있는가"라는 문제제기를 하며 쉼 없이 통상의 역사학자들에게 대들었다. 그리고 역사의 부스러기를 만지작거리는 것을 본업으로 받아들이는 교회사를 위한 교회사학자들과 신학교에 속한 교회사학자들의 안목을 마뜩잖게 여겼다. 그는 역사학도로 우리 역사의 변동 과정에 자리한 '기독교'를 분석하고 이를 설명하고자 했다. 『연합뉴스』는 그가 세상을 떠났을 때 모호하게 그를 "기독사학자"라고 불렀지만(정아란, 2018), 그는 역사학의 훈련을 충실하게 받은 '역사학도'로 어떤 딱지가 필요치 않은 '역사학도'로 살다가 이 세상을 마감했다.

그의 글은 강한 논지 때문에 야단스레 읽힐 수 있다. 하지만 무미건조하지는 않다. 그의 역사 이야기는 뼛조각이 살과 피를 받아 활기 넘치게 살아 움직이는 생명체를 이룬다. 그의 '역사학'은 죽은 과거에 머물지 않고 살아 숨 쉬는 현재의 이야기로 되살아난다. 그가 다룬 '어제'의 역사가 '이제'와 만나 '올제'를 그리며 이 삶의 마당에서 춤추며 노래한다. 그것은 어느 박물관에 진열되어 있는 물건이 아니라 '이제'를 사는 동시대인과 만나 함께 나누고자 한 '대화'

의 대상이다. 그는 '근·현대'라는 시대 때문에 이 시대의 역사가 곧 살아 움직이는 것이라고 이해하는 무리의 생각을 거부하였다. 가까운 삶의 역사도 역사가에 의해 죽은 역사로 기력을 잃어버리기 일쑤기 때문이다. 역사는 시대와 상관없이 살아 숨 쉬는 삶의 역사가 되어야 한다. 그리하여 역사학은 살아 움직이는 삶의 역사학 탐구를 그 사명으로 한다.

사람이란 어쩔 수 없이 사람이다. 그 또한 부족한 사람이고 어리석은 사람일 것이다. 그 역시도 편향된 사람이고 독선을 가진 사람일 것이다. 그러나 그가 편향되었다면 현실 체제에서 밀려난 힘없는 사람에 대한 편향성이었고, 그가 독선을 부렸다면 통념의 틀에서 대우받지 못하여 억울해하는 자의 편에 선 독선이었다. 그리고 거기에서 비롯된 주장은 현실 사회에서 누리는 자들에 의해 무시당하는 자를 대신하여 내지르는 외침일 것이다. 그는 이러한 삶의 길에 서 있고자 했고 그 길을 걷고자 했다. 강의실에서, 시민 앞에서 그가 전한 말이 이를 증거하고, 길고 짧은 글에 적어둔 그의 생각이 또 이를 증빙한다.

6

그가 세상을 떠나기 꼭 이틀 전이었다. 형을 찾는다 하고 형수를 찾는다 했다. 모두 서둘러 병원으로 갔다. 그는 병상에서 먼저 형에게 말했다. "행복했습니다!" 큰 눈을 맑게 뜬 다음 또렷한 말로 전한 짧은 한마디, 그것이 형에게 남긴 마지막 말이었다. 이어 그는 형수를 불렀다. "그동안 많은 도움을 주셨습니다!" 여전히 그 큰 눈에 또렷한 말투로 형수에게 마지막으로 건넨 말이었다. 이어 형이 깊은 숨을 들이쉰 다음 그에게 다가가 말했다. "박정신, 좋은 학자였다. … 좋은 동생이었다. … 좋은 사람이었다." 더 말을 이어가지 못한 형은 거기에서 말을 끝내고야 말았다. 그러다 형은 다시 한번 더 숨을 깊이 들이쉰 다음 마음을 추스르고는 한마디 말을 더하였다. "박정신, 선한 싸움을 싸웠다!"

그렇다. 그는 선한 싸움을 싸웠다. 다시 수술을 받으러 병원으로 들어가게 된 것도 자신이 법인이사로 있던 숭실대학의 전통과 정신을 위해 싸운 그 싸움 한 가운데 서 있어야 할 때였다. 세상 유혹을 물리치고 더욱 높은 가치를 지키고자 하여 묵묵히 고난의 길을 걸어왔던 숭실의 역사 전통이 있는데, 어떻게 사사로운 탐욕에 빠져 아들에게 교회를 대물림하는 '교회 세습의 장본인'이 숭실의 정신 전통을 표상해야 하는 대학 이사장의 자리에 앉아 있을 수 있다는 것인가? 그는 참지 못하였다. 의로운 분노의 당연한 분출이었다. 그는 들판에 이는 바람과 같이 외롭고 쓸쓸하게 숭실의 저항 정신을 외치며 싸웠다. 삶의 마지막 순간까지 그는 그렇게 싸웠다. 선을 위한 싸움을 싸운 고독한 전사였다. 고등학교 때 대항 조직을 만들어 상대 조직과 맞서 싸운 것도 '선을 향한' 싸움이라고 자신을 이해했고, 대학의 이사가 되었을 때 서슴없이 발언하고 항의한 것도 '숭실'이 지켜가야 할 '선'을 위한 싸움이었다고 확신하였다. 그는 선을 위한 싸움을 싸우기 위하여 이 땅에 보냄 받은 작은, 실로 작은, 그러나 결코 굴하지 않고 포기하지 않는 당찬 전사라고 믿으며 한 생을 살았다.

그 또한 세상에 머무는 동안 숱한 유혹에 빠졌을 것이다. 가야 할 길에서 돌부리에 부딪혀 넘어지고, 남의 발길에 걸려 쓰러지기도 했을 것이다. 하지만 넘어져 신음하고 있을 때 상처를 싸매주는 '참 이웃'도 만나고, 이치와 사리를 저버린 채 눈길을 돌려 지나치는 '배반자'도 보았을 것이다. 삶이란 밝고 유쾌한 길이 아니라 차라리 어둡고 괴로운 과정이라는 것도 간파했을 것이다. 진정 삶다운 삶을 산다는 것은 이 모두를 참고 견디며 삶의 길을 걷는 용기라고 자신을 다독거리며 마음속으로 무수히 타이르기도 했을 것이다. 전사에게는 삶의 멋이 따로 있다. 그 멋은 두려움과 거추장스러움을 피해 평탄한 넓은 길로 들어서 탈 없이 걸어가는 자기 행복에 있지 않다. 그 깊은 멋은 거대한 불의에 맞서 지치지 않고 좁고 험난한 길을 걸어가는 고고한 싸움에 있다. 그는 이 싸움을 싸우다 쉬어야 할 날을 맞은 것이다.

그가 마지막 숨을 멈춘 시각은 늦은 5시 57분이었다. 병실을 밝게 비추는 햇살을 받으며 그와 가까이 했던 사람들이 그를 향해 둘러섰다. 형은 전도서 3장을 읽어내려 갔다.

> 천하에 범사가 기한이 있고 모든 목적이 이룰 때가 있나니, 날 때가 있고 죽을 때가 있으며 심을 때가 있고 심은 것을 뽑을 때가 있으며, 죽일 때가

있고 치료할 때가 있으며 헐 때가 있고 세울 때가 있으며, 울 때가 있고 웃을 때가 있으며 슬퍼할 때가 있고 춤출 때가 있으며, 돌을 던져 버릴 때가 있고 돌을 거둘 때가 있으며 안을 때가 있고 안는 일을 멀리 할 때가 있으며, 찾을 때가 있고 잃을 때가 있으며 지킬 때가 있고 버릴 때가 있으며, 찢을 때가 있고 꿰맬 때가 있으며 잠잠할 때가 있고 말할 때가 있으며, 사랑할 때가 있고 미워할 때가 있으며 전쟁할 때가 있고 평화할 때가 있느니라. 일하는 자가 그의 수고로 말미암아 무슨 이익이 있으랴, 하나님이 인생들에게 노고를 주사 애쓰게 하신 것을 내가 보았노라. 하나님이 모든 것을 지으시되 때를 따라 아름답게 하셨고 또 사람들에게는 영원을 사모하는 마음을 주셨느니라. 그러나 하나님이 하시는 일의 시종을 사람으로 측량할 수 없게 하셨도다.

그리고 함께 시편 23편을 읽고, 찬송가 290장을 부른 다음 '주의 기도'로 끝맺음했다. 그가 떠난 다음 함께 드린 첫 예배였다. 목이 매어 말을 이어갈 수 없게 된 형의 등을 감싸고 두들겨준 손길은 그 형의 아들, 삼촌을 그리도 좋아했던 한터였다.

7

그를 먼저 보내야 하는 애처로운 마음은 그에 대한 기억을 애절히 떠올리게 한다. 형제들을 대표해서 그가 언젠가 형에게 준 생일 축하 카드에서 '더이상 바랄 것 없는 완전한 형/오빠'라고 적었던 그

부풀린 글귀도 떠올렸다. 우리는 모두 누구의 오빠이고 누구의 동생이고 누구의 누나이고 누구의 형이다. 그리고 누구의 어머니이고 아버지이고 또 딸이고 아들이다. 그리고 또 우리는 누구의 벗이다. 삶이란 그 관계의 확인이고 그 끝은 그 관계의 마무리이다. 그리하여 살아남은 자는 외롭지 않다. 나부끼는 바람처럼 이곳저곳을 휘저으며 거니는 한에서는 그렇다.

모든 아픔과 슬픔에도 불구하고, 삶의 마지막은 모두에게 가장 깊은 뜻에서 복된 시간이다. 그처럼 가까울 수가 없었고 그처럼 진할 수가 없었다. 형은 동생의 휠체어를 자주 밀지 못해서 다시금 아쉬워하고 후회하기도 했다. 어떤 고통도 느끼지 않는 듯 마지막 순간까지 대담하고 당당한 그의 품위를 지켜보며, 형은 지난 전쟁 때 영양실조로 앙상하게 뼈만 있던 피난길의 그 한 살배기 아이를 다시 떠올렸다. 생기를 얻어 건강하게 살아온 삶의 기적을 그려보기도 했다. 그는 이제 그 기적의 삶을 거두었다. 자기가 형의 마지막을 지켜보는 것이 아니라 형이 자기의 마지막을 지켜보게 된 이 어처구니없는 '거꾸로의 삶'을 앞서 에둘러 전하며 끝없이 죄스러워하며 가슴 아파했던 그다.

무릇 죽음이란 감당하기 어려운 삶의 아픔이다. 어머니와 아버지의 죽음에서 경험한 삶의 체험이다. 그러나 어버이의 죽음보다도 더욱 견딜 수 없는 것은 손아래 동생이 먼저 세상을 떠나는 삶의 역순이다. 그러나 "행복했습니다!"라고 한 그의 마지막 말을 그의 형수는 맏형을 위로해주는 동생의 "너그러운 마음"이라고 풀이하고, “동생이 형이 되었[다]”고도 했다. 역순은 오직 시간의 역순일 뿐 다른 것이 아니다. 그리하여 그를 잘 아는 어느 분에게 형은 이렇게 글을 적어 보냈다. “정신 박사의 학문성과 활동성을 누구보다 높이 사온 나에게, 그가 먼저 세상을 떠났다는 것은 견디기 어려운 아픔입니다. 내가 사는 한 늘 그를 기억하며 그와 대화할 것입니다.”

인간이 맛볼 수 있는 영원성의 최대치는 무엇이겠는가? 그것은 기억이다. 그러므로 기억은 지워야 할 마음의 짐이 아니라 간직해야 할 삶의 특권이다. 기억 행위에서는 죽은 자와 산 자가 동떨어진 ‘따로’가 아니다. ‘하나’로 이어진다. 기억은 이 삶의 터전과 저 삶의 터전을 하나로 이어놓는 영혼의 다리이다. 사람은 기억의 은총을 누리며 영원성에 잇닿아 산다.

호기심 넘치는 영롱한 눈빛을 기억 속에 남기고 그는 먼저 이곳을 떠났다. 그러나 오늘도 그리고 내일도 기억으로 그를 만나 기억에서 함께 어우러진다. 기억은 이 땅에서 누리는 삶의 은총이고 저 땅을 오가는 삶의 초월이다.

도움 받은 글

■ 기독교와 한국역사 — 그 만남, 맞물림 그리고 엇물림의 꼴과 결을 찾아서

국사편찬위원회 엮음, 『윤치호 일기』 1-11권, 서울: 탐구당, 1973~1989.

김양선, 『한국기독교해방십년사』, 서울: 대한예수교장로회 총회종교교육부, 1956.

박정신, 『근대한국과 기독교』, 서울: 민영사, 1997.

_____, 『한국 기독교사 인식』, 서울: 혜안, 2004.

_____, "윤치호 연구," 「백산학보」(白山學報) 23호, 1977.

_____, "1920년대 개신교지도층과 한국민족주의 운동," 「역사학보」 134/135합집, 1992년 9월.

_____, "구한말, 일제초기의 기독교 신학과 정치 · 진보적 사회운동과 민족주의 운동을 중심으로," 「현상과인식」 17권 1호, 1993년 봄.

_____, "실력양성론-이념적 학대를 넘어서," 「한국사 시민강좌」 25집, 1999년 8월.

브루스 커밍스/김자동 옮김, 『한국전쟁의 기원』, 서울: 일월서각, 1986.

Bender, Thomas, *Intellectual and Cultural History,* Washington D.C.: American Historical Association, 1977.

Cumings, Bruce, *The Origins of the Korean War*, Princeton, NJ.: Princeton University Press, 1981, 1990.

Kessler-Harris, Alice, *Social History*, Washington D.C.: American Historical Association, 1990.

Paik, Lak-Geoon George, *The History of Protestant Missions in Korea, 1832~1910*, Pyongyang: Union Christian College Press, 1929; Seoul: University Press, 1970.

Park, Chung-shin, "Protestantism and Politics in Modern and Contemporary Korea", Ph. D. dissertation, Seattle: University of Washington, 1987.

_____, *Protestantism and Politics in Korea*, Seattle and London: University of Washing Press, 2003.

Weber, Max, *The Protestant Ethic and the Spirit Capitalism*, London: Allen and Unwin, 1930.

■ 우리 역사쓰기 되새김 — 베버의 역사사회 인식에 기대어

강만길, 『분단시대의 역사인식』, 서울: 창작과비평사, 1978.

김성수, 『함석헌 평전: 신의 도시와 세속 도시 사이에서』, 서울: 사민, 2011.

김용섭, 『한국근현대농업사연구』, 서울: 일조각, 1995.

_____, 『한국중세농업사연구』, 서울: 지식산업사, 2000.

_____, 『한국근대농업사연구』, 서울: 지식산업사, 2001.

_____, 『조선후기농업사연구』, 서울: 지식산업사, 2007.

김회권, "물신숭배의 또 다른 이름, 삼성숭배에 빠진 대한민국," 「기독교사상」 616호, 2010년 4월.

막스 베버/박성수 옮김, 『프로테스탄티즘의 윤리와 자본주의 정신』, 서울: 문예출판사, 1988.

박양식, "서양사학에 비추어 본 한국실증사학," 「숭실사학」 제31집, 2013.

박영신, "'프로테스탄트 윤리'의 재인식," 「현상과인식」 4권 4호, 1980년 겨울.

_____, 『우리 사회의 성찰적 인식』, 서울: 현상과인식, 1995.

_____, "어느 생태주의자가 보는 이명박 시대," 「환경과 생명」 55호, 2008.

_____, "베버의 '쇠우리': '삶의 모순' 역사에서," 「사회이론」 46호, 2014년 가을/겨울.

박정신, "역사의 베어드, 베어드의 역사," 한국기독교문화연구소 엮음, 『베어드와 한국선교』, 서울: 숭실대학교 출판부, 2009.

_____, "오늘의 우리 학문세계와 기독교학," 숭실대 기독교학과 학술심포지엄 자료집, 2010년 11월 18일.

_____, "우리 지성사에 기대본 '역사전쟁': 역사교과서 논의를 보기 삼아," 한국인문사회과학회 정기학술대회 자료집, 2013년 봄.

_____, "탐욕의 역사, 파멸의 역사," 「국제한국사학」 제1호, 2013.

백남운, 『조선사회경제사』, 동경: 가이조사, 1933.

브라이언 터너/최우영 옮김, 『막스 베버 근대성과 탈근대성의 역사사회학』, 서울: 백산서당, 2004.

신채호,『조선사연구초』, 경성: 조선도서주식회사, 1929.

______,『조선상고사』, 서울: 종로서원, 1948.

앤 커소이스·존 도커/김민수 옮김,『역사, 진실에 대한 이야기의 이야기』, 서울: 작가정신, 2013.

이기백, 『민족과 역사』, 서울: 일조각, 1997.

이덕일, 『우리 안의 식민사관』, 서울: 만권당, 2014.

이승구, "통일 문제에 대한 그리스도인의 태도와 기독교적인 준비,"『국제신학』 제6호, 2004.

임종권, "랑케 텍스트," 한가람역사문화연구소 세미나 자료집, 2014.

존 H. 아널드/이재만 옮김,『역사』, 서울: 교육서가, 2000.

최남선,『백두산근참기』(白頭山覲參記), 경성: 한성도서주식회사, 1927.

______,『금강예찬』(金剛藝讚), 경성: 한성도서주식회사, 1928.

함석헌,『뜻으로 본 한국역사』, 서울: 한길사, 2008.

Hughes, H. Stuart, *Consciousness And Society: The Reorientation of European Social Thought, 1890~1930*, New York: Vintage Books, 1977.

Lowith, Karl, *Meaning in History*, Chicago and London: University of Chicago Press, 1949.

Ranke, Leopold von, "Preface: Histories Romance and Germanic Peoples", in Fritz Stern(엮음), *The Varieties of History: From Voltaire to the Present,* London: MacMillan, 1970.

Roth, Guenther and Wolfgang Schluchter, *Max Weber's Vision of History,* Berkeley and London: University of California Press, 1979.

Stern, Fritz, *The Varieties of History: From Voltaire to the Present,* London: MacMillan, 1970.

Weber, Max, *The Protestant Ethic and the Spirit of Capitalism,* Talcott Parsons(옮김), London and Boston: George Allen and Unwin, 1978.

■ 구한말 조선에 온 칼뱅주의 구학파 — 그 역사변혁의 파괴력

강만길,『고쳐 쓴 한국근대사』, 서울: 창작과비평사, 1994.

고든 S. 우드/박정신, “지성사 연구와 사회과학,” 「현상과인식」, 8권 2/3호, 1994년 가을.
국사편찬위원회, 『윤치호 일기』 1-11권, 서울: 탐구당, 1973-1989.
김양선, 『한국기독교해방십년사』, 서울: 대한예수교장로회 총회 종교교육부, 1956.
김중기, “한국교회의 성장과정,” 「현대사회」, 1983년 봄.
류대영, 『초기 미국 선교사 연구』, 서울: 한국기독교역사연구소, 2001.
민경배, 『한국의 기독교회사』, 서울: 대한기독교서회, 1969.
박용규, 『한국장로교사상사』, 서울: 총신대학출판부, 1993.
박영신, “독립협회 지도세력의 상징적 의식구조,” 「동방학지」 20집, 1978.
박정신, “윤치호 연구,” 「백산학보」 23호, 1977.
______, “한국현대사에 있어서 개신교의 자리,” 「씨올의 소리」 99호, 1989년 3월.
______, “한국 개신교 성장에 대한 역사학적 설명 시도,” 「기독교사상」 364호, 1989년 4월.
______, “1920년대 개신교지도층과 한국민족주의 운동,” 「역사학보」 134/135합집, 1992년 9월.
______, “구한말, 일제초기의 기독교 신학과 정치 · 진보적 사회운동과 민족주의 운동을 중심으로,” 「현상과인식」 57권 1호, 1993년 봄.
______, 『근대한국과 기독교』, 서울: 민영사, 1997.
______, “19세기 말, 20세기 초 미국의 대학교육,” 「아세아문화」 20호, 2004년 4월.
______, 『한국 기독교사 인식』, 서울: 혜안, 2004.
______, 『한국기독교사의 새로운 이해』, 서울: 새길, 2008.
______, 『역사학에 기댄 우리 지성사회 인식』, 서울: 북코리아, 2008.
______, “역사의 베어드, 베어드의 역사,” 한국기독교문화연구소 엮음, 『베어드와 한국 선교』, 서울: 숭실대학교출판부, 2009.
______, “구한말 조선에 온 칼뱅주의 구학파-그 역사변혁의 파괴력,” 「현상과인식」 33권 3, 2009년 9월.
서명원/이승익 옮김, 『한국장로교성장사』, 서울: 대한기독교서회, 1975.
신종철, 『한국장로교회와 근본주의』, 서울: 그리심, 2003.
오정호(들), 『칼빈과 한국교회』, 서울: 생명의 말씀사, 2009.
유영익(들), 『한국의 대미인식-역사적으로 본 형성과정』, 서울: 민음사, 1994.

윤성범, 『기독교와 한국사상』, 서울: 대한기독교서회, 1965.
이광린, 『한국개화사연구』, 서울: 일조각, 1969.
______, 『한국사강좌』 5권, 서울: 일조각, 1997.
이기백, 『한국사신론』(韓國史新論), 서울: 일조각, 1967.
이만열, 『한국기독교와 민족의식』, 서울: 지식산업사, 1991.
이오갑, "칼뱅의 성격과 한국교회," 「기독교사상」 605호, 2009년 5월.
장동민, 『박형룡의 신학 연구』, 서울: 한국기독교역사연구소, 1998.
존 칼빈/원광역 옮김, 『기독교강요』, 서울: 크리스천다이제스트, 2003.
케네스 파일/박영신 · 박정신 옮김, 『근대일본의 사회사』, 서울: 현상과인식, 1993.
한국기독교사회문제연구원, 『한국교회 백 년 종합조사연구(보고서)』, 서울: 한국기독교 사회문제연구원, 1982.
함일돈(Hamilton), "칼빈주의," 「신학지남」 95권, 1937년 9월.
______, "칼빈주의", 「신학지남」 97권, 1937년 11월.
황준헌/조일문 편역, 『조선책략』(朝鮮策略), 서울: 건국대출판부, 1977.
Baker, Donald L., "Confucians Confront Catholicism in Eighteenth-Cen-tury Korea", Ph. D. Dissertation, Seattle: University of Washing-ton, 1983.
Brown, Arthur J., *The Mastery of the Far East*, New York: Charles Scribner's Sons, 1919.
Bunce, William K., *Religions in Japan: Buddhism, Shinto, Christianity,* Rutland, Vermont and Tokyo: Charles E. Tuttle Co., 1955.
Chandra, Vipan, *Imperialism, Resistance, and Reform in Late Nineteenth-Century Korea*, Berkeley: University of California Press, 1988.
Chapman, Gordon H., "Japan: A Brief Christian History", Donald H. Hoke(엮음), *The Church in Asia,* Chicago: Moody Press, 1975.
Choe, Ching Young, *The Rule of the Taewongun 1864~1873: Restoration in Yi Korea*, Cambridge, Mass.; Harvard University Press, 1972.
Chung, David, "Religious Syncretism in Korean Society", Ph. D. Dissertation, New Haven: Yale University, 1959.
Clark, Allen D., *A History of the Church in Korea,* Seoul: The Christian Literature

Society, 1971.

Clark, Charles Allen, *Korean Church and the Nevius Method*, New York: Fleming H. Revell, 1928.

Clark, Donald N., *Christianity in Modern Korea*, Lanham, New York and London: The Asian Society, 1986.

Deuchler, Martina, *Confucian Gentlemen and Barbarian Envoys,* Seattle, Washington: University of Washington Press, 1977.

Drummond, Richard H., *A History of Christianity in Japan,* Grand Rapids, Michigan: William B. Eerdmans Publ. Co., 1971.

Gale, James S., *Korea in Transition*, New York: Eaton and Mains, 1909.

Harrington, Fred Harvey, *God, Mammon, and the Japanese: The Dr. Horace Allan and Korean-American Relations, 1884~1905,* Madison, Wisconsin: University of Wisconsin Press, 1944.

Hutchison, William R., *Errand to the World: American Protestant Thought and Foreign Mission,* Chicago and London: University of Chicago Press, 1987.

Jones, George H., "Open Korea and Its Methodist Mission.", *The Gospel in All Lands,* 1898년 9월.

Kim, Key-Hieuk, *The Last Phase of the East Asian World Order: Korea, Japan, and the Chinese Empire, 1860~1882,* Berkeley and L.A.: University of California Press, 1980.

Korean Overseas Information Service, *Statistical Data on Korea*, Seoul: Korea Overseas Information Service, 1982.

Lee, Ki Baik, *A New History of Korea*, Edward W. Wagner and Edward J. Shultz(옮김), Seoul: Ilchokak, 1984.

Lew, Young-ick, "Contribution of Protestantism to Modern Korean Nationalism, 1884-1919", D. Kosáry(엮음), *Les "petits Etats" face aux changements culturels, politiques et économiques de 1750 à 1914*, Actes du 16e Congrès international des sciences historiques et Stuttgart, Université de Lausanne, 1985.

Marty, Martin E., "Forward", Everett N. Hunt Jr., *Protestant Pioneers in Korea,*

Maryknoll, New York: Orbis Books, 1980.
Moffet, Samuel H., "Korea", Donald E. Hoke(엮음), *The Church in Asia*, Chicago: Moody Press, 1975.
Neil, Stephen, *Colonialism and Christian Mission*, New York: McGraw-Hill Book, Co., 1966.
Paik, George L., *The History of Protestant Missions in Korea: 1832~1910*, Seoul: Yonsei University Press, 1971.
Palais, James B., *Politics and Policy in Traditional Korea*, Cambridge, Mass.: Harvard University Press, 1975.
Palmer, Spencer J., *Korea and Christianity*, Seoul: Hollym Corporation, 1967.
Park, Chung-shin, "Protestantism and Progressive Reform Politics in Late Confucian Korea", 「숭실사학」(崇實史學) 8집, 1994.
Park, Chung-shin, "Protestantism in Late Confucian Korea-Its Growth and Historical Meaning." *Journal of Korean Studies*, Vol. 8, 1993.
Park, Chung-shin, *Protestantism and Politics in Korea*, Seattle and London: University of Washing Press, 2003.
Park, Yong-shin, *Protestant Christianity and Social Change in Korea*, Ph. D. Dissertation, University of California, Berkeley, 1975.
Roberts, Randy Roberts and James S. Olson(엮음), *American Experiences*, Two vols., Glenview, Ill. and London: Scott, Foresman/Little, Brown Higher Education, 1990.
Sansom, George B., *The Western World and Japan: A Study in Interaction of European and Asiatic Cultures*, New York: Alfred A. Knopf, 1950.
Scheiner, Irwin, *Christian Converts and Social Protest in Meiji Japan*, Berkeley: University of California Press, 1970.
Shearer, Roy E., *Wildfire: Church Growth in Korea*, Grand Rapids, Michigan: Williams B. Eerdmans Publishing Co., 1966.
Smylie, James H., *A Brief History of the Presbyterian*, Louisville, Ky.: Geneva Press, 1966.

Thomas, George, *Christian Indians and Indian Nationalism, 1885~1950: An Interpretation in Historical and Theological Perspective,* Frankfurt an Main, West Germany: Verlag Peter D. Lang, 1979.

Underwood, Horace G., *The Call of Korea,* New York: Fleming H. Revell, 1908.

Underwood, Lillias H., *Fifteen Years Among the Topknots or Life in Korea,* Boston, New York and Chicago: American Tract Society, 1904.

Vidler, Alice R., *The Church in an Age of Revolution 1789 to the Present Day,* New York: Pelican Books, 1961.

Wallace, Ronald S., *Calvin: Geneva and Reformation,* Grand Rapids, Michigan: Baker Book House, 1990.

Weber, Max, T*he Protestant Ethic and the Spirit of Capitalism,* Talcott Parsons(옮김), New York: Charles Scribner's Sons, 1958.

Wells, Kenneth M., New God, New Nation: *Protestants and Self-Reconstruction Nationalism in Korea, 1896~1937,* Honolulu: University of Hawaii Press, 1990.

Wood, Gordon S.,(1979). "Intellectual History and Social Science." John Higham and Paul K. ConKin(엮음), *New Direction in American Intellectual History,* Baltimore and London: Johns Hopkins University Press, 1979.

Yip, Ka-che, *Religion, Nationalism, and Chinese Students: The Anti-Christian Move ment of 1922~1927,* Bellingham, Washington: Center for East Asian Studies, Western Washington University Press, 1980.

「중앙일보」(시카고 판), 1994년 2월 25일.

The Korean Repository, 제2권 4호, 1895년 4월.

The Church at Home and Abroad, 제16권, 1894년 8월.

■ 일제강점기 기독교와 민족운동 — 그 맞물림과 엇물림의 사회사

구미정, "김양선의 눈으로 본 '이 땅 최초의 교회'," 한국기독교역사문화학회 학술대회 자료집, 2016년 10월 8일.

국사편찬위원회 엮음, 『일제침략하 한국삼십육년사』 제4권, 서울: 탐구당, 1969.

길진경,『영계 길선주(靈溪 吉善宙)』, 서울: 종로서적, 1980.
김권정, "일제하 사회주의자들의 반기독교운동," 숭실대학교 사학과 석사학위 논문, 1995.
김양선, "Ross Version과 韓國 Protestantism,"「백산학보」3호, 1967년 11월.
_____, "삼일운동과 기독교," 고재욱(엮음),『삼일운동 50주년 기념논집』, 서울: 동아일보사, 1969.
_____,『한국기독교사연구』, 서울: 기독교문사, 1971.
김원벽, "현대사상과 기독교,"「청년」3권 7호, 1923년 7-8월.
김인서, "너희도 또한 가고저 하느냐,"「신앙생활」1권 7호, 1932년 7월.
_____, "영계선생 소전"(靈溪先生 小傳),「신앙생활」2권 2호, 1933년 2월.
_____, "조선교회의 새 동향,"「신앙생활」1권 10호, 1932년 10월.
김정주 엮음,『조선통치사료』(朝鮮統治史料), 4권, 동경: 한국사료연구소, 1970.
_____,『조선통치사료』7권, 동경: 한국사료연구소, 1971.
김준엽 · 김창순,『한국공산주의운동사』2권, 서울: 청계연구소, 1986.
김흥수 엮음,『일제하 한국기독교와 사회주의』, 서울: 한국기독교역사연구소, 1992.
다와라 마고이치,『한국교육현황』(韓國教育現況), 경성: 조선총독부학부, 1910.
동인, "상여",「폐허」(廢墟) 창간호, 1920년 7월.
박영신, "사회운동으로서의 삼일운동의 구조와 과정 — 사회과학적 역사인식의 기초 작업으로서,"「현상과인식」3권 1호, 1979년 봄.
_____, "우찌무라 간조오의 지성구조-이에나가 사브로오의 해석적 견해에 대한 비판적 인식",「인문과학」, 37권, 1977년 6월.
_____,『변동의 사회학』, 서울: 학문과사상사, 1980.
_____,『역사와 사회변동』, 서울: 민영사/한국사회학연구소, 1987.
_____ (들),『칼뱅주의 논쟁: 인문사회과학에서』, 서울: 북코리아, 2010.
박정신, "1920년대 "1920년대 개신교 지도층과 민족주의운동-그 만남과 결별의 사회사,"「역사학보(歷史學報)」134/135합집, 1992년 7월.
_____, "K. Wells, 새 하나님, 새 민족: 한국 기독교와 자기 개조 민족주의, 1896-1937,"「해외한국학평론」, 창간호, 2000.
_____, "구한말 조선에 온 칼뱅주의 구학파-그 역사변혁의 파괴력,"「현상과인식」33권

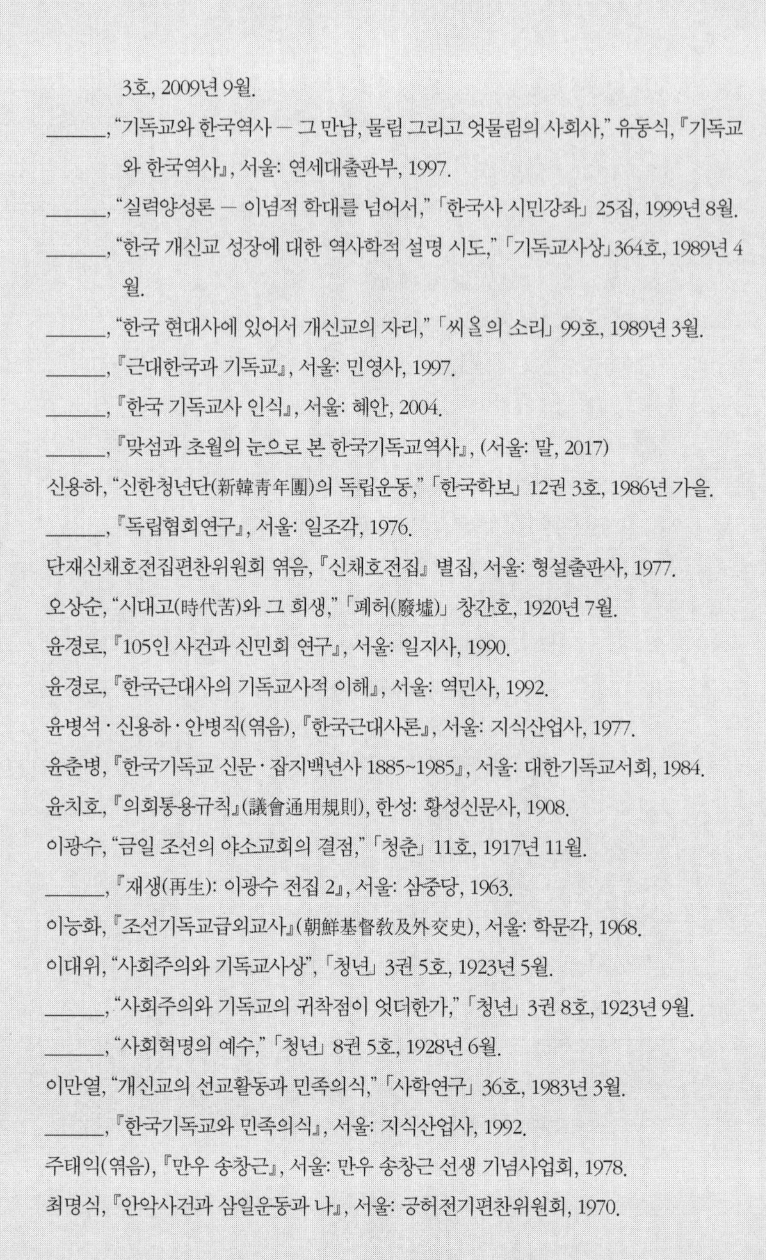
3호, 2009년 9월.

______, "기독교와 한국역사 — 그 만남, 물림 그리고 엇물림의 사회사," 유동식, 『기독교와 한국역사』, 서울: 연세대출판부, 1997.

______, "실력양성론 — 이념적 학대를 넘어서," 「한국사 시민강좌」 25집, 1999년 8월.

______, "한국 개신교 성장에 대한 역사학적 설명 시도," 「기독교사상」 364호, 1989년 4월.

______, "한국 현대사에 있어서 개신교의 자리," 「씨올의 소리」 99호, 1989년 3월.

______, 『근대한국과 기독교』, 서울: 민영사, 1997.

______, 『한국 기독교사 인식』, 서울: 혜안, 2004.

______, 『맞섬과 초월의 눈으로 본 한국기독교역사』, (서울: 말, 2017)

신용하, "신한청년단(新韓青年團)의 독립운동," 「한국학보」 12권 3호, 1986년 가을.

______, 『독립협회연구』, 서울: 일조각, 1976.

단재신채호전집편찬위원회 엮음, 『신채호전집』 별집, 서울: 형설출판사, 1977.

오상순, "시대고(時代苦)와 그 희생," 「폐허(廢墟)」 창간호, 1920년 7월.

윤경로, 『105인 사건과 신민회 연구』, 서울: 일지사, 1990.

윤경로, 『한국근대사의 기독교사적 이해』, 서울: 역민사, 1992.

윤병석 · 신용하 · 안병직(엮음), 『한국근대사론』, 서울: 지식산업사, 1977.

윤춘병, 『한국기독교 신문 · 잡지백년사 1885~1985』, 서울: 대한기독교서회, 1984.

윤치호, 『의회통용규칙』(議會通用規則), 한성: 황성신문사, 1908.

이광수, "금일 조선의 야소교회의 결점," 「청춘」 11호, 1917년 11월.

______, 『재생(再生): 이광수 전집 2』, 서울: 삼중당, 1963.

이능화, 『조선기독교급외교사』(朝鮮基督教及外交史), 서울: 학문각, 1968.

이대위, "사회주의와 기독교사상", 「청년」 3권 5호, 1923년 5월.

______, "사회주의와 기독교의 귀착점이 엇더한가," 「청년」 3권 8호, 1923년 9월.

______, "사회혁명의 예수," 「청년」 8권 5호, 1928년 6월.

이만열, "개신교의 선교활동과 민족의식," 「사학연구」 36호, 1983년 3월.

______, 『한국기독교와 민족의식』, 서울: 지식산업사, 1992.

주태익(엮음), 『만우 송창근』, 서울: 만우 송창근 선생 기념사업회, 1978.

최명식, 『안악사건과 삼일운동과 나』, 서울: 긍허전기편찬위원회, 1970.

케네스 파일/박영신·박정신 옮김, 『근대일본의 사회사』, 서울: 현상과인식, 1993.

한규무, "구한말 상동청년회의 성립과 활동," 서강대학교 사학과 석사학위논문, 1988.

Brown, Arthur K., *The Mastery of the Far East,* New York: Charles Scribner's Sons, 1919.

Clark, Allen D., *A History of the Church in Korea,* Seoul: The Christian Literature Society, 1971.

Kim, Yong-bock(엮음), *Minjung Theology-People as the Subject of History,* Singapore: The Christian Conference of Asia, 1981.

Paik, George L., *The History of Protestant Missions in Korea: 1832~1910*, Seoul: Yonsei University Press, 1971.

Park, Chung-shin, "New God, New Nation: Protestants and Self-Re-construction Nationalism in Korea, 1896~1937 by Kenneth M. Wells", *Korean Studies*, Vol. 17, 1993.

_____, "Protestantism and Politics in Modern and Contemporary Korea", Ph. D. dissertation, Seattle: University of Washington, 1987.

_____, Chung-shin, *Protestantism and Politics in Korea,* Seattle and London: University of Washing Press, 2003.

Park, Yong-shin, *Protestant Christianity and Social Change in Korea*, Ph. D. Dissertation, University of California, Berkeley, 1975.

Robinson, Michael Edson, *Cultural Nationalism in Colonial Korea, 1920~1925*, Seattle and London: University of Washington Press, 1988.

Robinson, Michael, *Cultural Nationalism in Colonial Korea,* Seattle and London: University of Washington Press, 1988.

Shearer, Roy E., *Wildfire: Church Growth in Korea,* Grand Rapids, Michigan: Williams B. Eerdmans Publishing Co., 1966.

Soltau, T. Stanley, *Korea: The Hermit Nation and Its Response to Christianity,* London: World Dominion Press, 1932.

Swallen, W. L., *Sunday School Lesson on the Book of Exodus*, Seoul: Religious Tract Society, 1907.

Wales, Nym and Kim San, *Song of Ariran: A Korean Communist in the Chinese Revolution*, San Francisco: Ramport Press, 1941.

Wells, Kenneth M., *New God, New Nation: Protestants and Self-Reconstruction Nationalism in Korea, 1896~1937,* Honolulu: University of Hawaii Press, 1990.

「기독신보」, 1932년 1월 20일.

「대한매일신보」, 1908년 2월 12일.

「독립신문」, 1989년 10월 1일.

「동아일보」, 1922년 1월 7일.

「협성회보」, 1898년 1월 8일.

■ 뒤틀린 해방과 분단 그리고 남·북 기독교 — 그 너머의 역사를 그리며

강만길, 『항일독립투쟁과 좌우합작』, 서울: 한울, 2000.

강인철, 『한국기독교회와 국가 · 시민사회, 1945-1960』, 서울: 한국기독교역사연구소, 1996.

구미정, "평화의 카이로스: 일상의 폭력 극복을 위한 기독교윤리학적 성찰," 「신학논단」 제65집, 2011.

______, "김양선의 눈으로 본 '이 땅 최초의 교회'," 한국기독교역사문화학회 학술대회 자료집, 2016년 10월 8일.

국제한국사학회, "한국전쟁 전후 시기 이념과 국경을 넘나든 한국인들," 제2회 국제학술회의 자료집, 2013년 11월 16일.

김구, 『백범일지』, 서울: 동명사, 1947.

김근식, "남북정상회담과 6·15공동선언: 분석과 평가," 「북한연구학 회보」 제10권 제2호, 2006. 겨울.

김대중, 『김대중 자서전』 1, 서울: 삼인, 2010.

김양선, "한국기독교사 하: 개신교사," 『한국문화사대계(韓國文化史大系)』 XI, 서울: 고려대학교 민족문화연구소, 1965.

______, 『한국기독교사연구』, 서울: 기독교문사, 1971.

김희곤, 『대한민국임시정부의 좌우합작』, 서울: 한울, 1995.

김홍수, 『한국전쟁과 기복신앙확산연구』, 서울: 한국기독교역사연구소, 1999.

민주주의민족전선 엮음, 『조선해방1년사』, 서울: 문우인서관, 1946.

박영신, 『사회학 이론과 현실인식』, 서울: 민영사, 1994.

박정신, "교회사학자, 김양선은 어디 있는가," 「한국기독교역사연구소소식」 제31호, 1998년 1월 10일.

_____, 『한국 기독교사 인식』, 서울: 혜안, 2004.

_____, "한국지성사에서 읽은 이상재: 실학의 막내에서 근대 시민사회 건설의 앞섬이로," 「시민문화춘추」 제2호, 2006년 가을.

_____, "우리 지성사에서 본 신학자 박형룡," 「한국개혁신학」 21권, 2007.

_____, "미주 한인사회와 '한국 민주화 운동': 기억과 기록에 대하여," 국사편찬위원회 엮음, 『북미주 한인의 역사』 하, 서울: 국사편찬위원회, 2007.

_____, 『역사학에 기댄 우리 지성사회 인식』, 서울: 북코리아, 2008.

_____, "'뒤틀린 해방'의 기억: 숭실대학 이야기," 「현상과 인식」 34권 3호, 2010년 가을.

_____, 『숭실과 기독교』, 서울: 숭실대학교출판부, 2011.

_____, "탐욕의 역사, 파멸의 역사: 역사학에 기대 본 한국교회 개혁방향," 「국제한국사학」 창간호, 2013년 6월.

_____, "칸막이를 허무는 교회," 「현상과 인식」 37권 4호, 2013년 겨울.

_____, 『맞섬과 초월의 눈으로 본 한국기독교역사』, 서울: 말, 2017.

박형룡, 『박형룡박사저작전집』 제9권, 서울: 한국기독교교육연구원, 1981.

브루스 커밍스/김자동 옮김, 『한국전쟁의 기원』, 서울: 일월서각, 1986.

숭실인물사편찬위원회, 『인물로 본 숭실 100년』 1, 2권, 서울: 숭실대학교, 1997.

심훈, 『그날이 오면』, 서울: 한성도서, 1949.

오소백, "아아 우울한 해방," 「세대」 4-1, 1966년 1월.

윤동주, 『하늘과 바람과 별과 시』, 서울: 정음사, 1948.

이기형, 『여운형 평전』, 서울: 실천문학사, 2004.

임동원, "6·15 공동선언을 회고하며 - 평화와 통일의 길," 신한대 한민족평화통일연구소 주최 특강, 2014년 6월 16일.

장동민, 『박형룡의 신학 연구』, 서울: 한국기독교역사연구소, 1998.

장병욱, 『6·25 공산남침(共産南侵)과 교회』, 서울: 한국교육공사, 1983.

정시우 엮음, 『독립과 좌우합작』, 서울: 삼의사, 1946.
정하은, "6·25에서 본 한국정치의 정통성," 「신상」(新像) 4권 2호, 1971년 여름.
채기은, 『한국교회사』, 서울: 예수교문서선교회, 1977.
통일원, 『북한개요』 91, 서울: 통일원조사연구실, 1990.
한국기독교역사연구소북한교회사집필위원회, 『북한교회사』, 서울: 한국기독교역사연구소, 1990.
함석헌, 『뜻으로 본 한국역사』, 서울: 일우사, 1962.
홍명희, 『해방기념시집』, 서울: 중앙문인협회, 1945.
Clark, Donald N., Christianity in Modern Korea, Lanham and New York: The Asia Society/University Press of America, 1986.
Cumings, Bruce, *The Origins of the Korean War: Liberation and the Emergence of Separate Regimes 1945~1947,* Vol. Ⅰ, N. J.: Princeton University Press, 1981.
______, *The Origins of the Korean War: The Roaring of the Cataract, 1947~1950,* Vol. Ⅱ, N. J.: Princeton University Press, 1990.
Hutchison, William R., *Errand to the World: American Protestant Thought and Foreign Mission,* Chicago and London: University of Chicago Press, 1987.
Park, Chung-Shin, *Protestantism and Politics in Korea,* Seattle and London: University of Washington Press, 2003.
Robinson, Michael E., *Cultural Nationalism in Colonial Korea, 1920~1925,* Seattle and London: University of Washington Press, 1988.
The Foreign Missionary Boards and Committees, Conference Report, New York: E. O. Jenkin's Printing House, 1949.
「국민일보」 2009년 6월 25일.
「서울신문」 2014년 6월 11일.
「시사월간 윈」 1999년 3월.
「월간조선」 1992년 1월.

■ 칸막이를 허무는 교회 — 역사학에 기대 본 한국교회 개혁 방향(하나)

김권정, "초기 한국교회와 신분 갈등: 홍문동교회의 사례를 중심으로," 「한국교회사학회지」 11집, 2002년 10월.

하랄트 뮐러/이영희 옮김, 『문명의 공존』, 서울: 푸른숲, 2000.

박영신, "인식분절화가 낳은 '도덕적 비극'에 대하여," 「현상과인식」 34권 1/2호, 2010년 봄/여름.

_____, "누구의 교회이며, 어떤 기독교인가," 「현상과인식」 36권 1/2호, 2012년 봄/여름.

박정신, 『근대한국과 기독교』, 서울: 민영사, 1997.

_____, "문화변혁세력으로서의 한국 초대교회," 숭실대학교기독교학대학원 제15회 전국목회자세미나 자료집, 2007년 2월 6일.

_____, 『한국기독교사의 새로운 이해』, 서울: 도서출판 새길, 2008.

_____, 『상식의 역사학, 역사학의 상식』, 서울: 북코리아, 2008.

_____, "구한말 조선에 온 칼뱅주의 구학파: 그 역사변혁의 파괴력," 「현상과 인식」 33권 3호, 2009. 가을.

_____, "오늘의 우리 학문세계와 기독교학," 숭실대 기독교학과 학술심포지엄 자료집, 2010년 11월 18일.

_____, "한국기독교와 세계교회협의회-그 정치적 악연의 역사," 「한국교회사학회지」 28집, 2011년 5월.

_____, "역사학에 기댄 공정사회 인식: 공간 확장과 칸막이 허무는 인류 역사 논의," 한국양성평등교육진흥원 주최 경찰공무원 교육 3기 기조강연 자료집, 2011년 9월 29일.

_____, "역사의 반동 종교근본주의," 「기독교사상」 635호, 2011년 11월호.

_____, 『맞섬과 초월의 눈으로 본 한국기독교역사』, 서울: 말, 2017.

이철, 『세상 안에 교회, 교회 안에 세상』, 서울: 백의, 2006.

새뮤얼 헌팅턴/이희재 옮김, 『문명의 충돌』, 서울: 김영사, 1997.

홍성환, "한국사회다문화가정 증가에 대한 지역교회의 역할 연구," 숭실대 기독교학대학원 기독교사회학과 석사논문, 2011.

홍치모, 『승동교회백년사 1893-1993』, 서울: 승동교회, 1996.

Chodorow, Stanley, Hans W. Gatzke and Conrad Schirokauer, *A History of the World,*

San Diego and New York: Harcour Brace Jovanovich, 1986.

Crag, Albert M., William A. Graham, Donald Kagan, Steve Ozment and Frank M. Turner, *The Heritage of World Civilization*, vol. I., New York: Macmillan Publishing Co., 1986.

Deuchler, Martina, *The Confucian Transformation of Korea: A Study of Society and Ideology,* Cambridge, Mass.: Council of East Asian Studies, Harvard University Press, 1992.

Jones, George H., "Open Korea and Its Methodist Mission," *The Gospel in All Lands*, 1898년 9월.

Moore, S. F., "An Incident in the Streets of Seoul," *The Church at Home and Abroad,* 1894년 8월.

Müller, Harald, *Das Zusammenleben der Kulturen: Ein Gegenentwurf zu Huntington,* Frankfurt: Fischer-Taschenbuch-Verlag, 1999.

Palais, James B., *Confucian Statecraft and Korean Institution: Yu Hyongwon and the Late Choson Dynasty*, Seattle and London: University of Washington Press, 1996.

Park, Chung-Shin, *Protestantism and Politics in Korea*, Seattle and London: University of Washington Press, 2003.

Stearns, Peter N., *World History: Patterns of Change and Continuity,* New York, Cambridge, Washington, London: Harper and Row, 1987.

Thomas, Hugh, *A History of the World*, New York: Harper and Row, 1979.

「기독신문」 2011년 11월 16일.

■ 탐욕의 역사, 파멸의 역사 — 역사학에 기대 본 한국교회 개혁 방향(둘)

구미정, 『생태여성주의와 기독교윤리』, 서울: 한들, 2005.

______, 『구약 성서: 마르지 않는 삶의 지혜』, 서울: 사계절, 2015.

김규항, "삼성은 우리에게 무엇인가," 「기독교사상」 616호, 2010년 4월.

김원벽, "현대사상과 기독교," 「청년」 3권 7호, 1923년 7-8월.

김진호, "'성공주의'에 잠식된 우리의 빈 영혼에 대하여," 「기독교사상」 616호, 2010년 4월.

______, 『시민 K, 교회를 나가다』, 서울: 현암사, 2012.

김회권, "물신숭배의 또 다른 이름, 삼성숭배교에 빠진 대한민국," 「기독교사상」 616호, 2010년 4월.

박영신, "한국 기독교와 사회의식," 숭실대학교한국기독교문화연구소 엮음, 『2천년대를 바라보 는 한국기독교』, 서울: 숭실대학교 출판부, 1991.

박정신, 『근대한국과 기독교』, 서울: 민영사, 1997.

______, 『한국기독교사의 새로운 이해』, 서울: 도서출판 새길, 2008.

______, 『역사학에 기댄 우리 지성사회 인식』, 서울: 북코리아, 2008.

______, "'뒤틀린 해방'의 기억: 숭실대학 이야기," 「현상과인식」 35권 3호, 2010년 가을.

______, 『숭실과 기독교』, 서울: 숭실대학교출판부, 2011.

______, "칸막이를 허무는 교회-역사학에 기댄 한국교회 개혁을 위한 제안", 「현상과인식 」 3권 4호, 2013년 겨울.

______, 『맞섬과 초월의 눈으로 본 한국기독교역사』, 서울: 말, 2017.

손석춘, "삼성 애완견 된 파수견 언론," 「기독교사상」 616호, 2010년 4월.

이계삼, "초일류 기업 삼성 노동자의 삶을 생각한다," 「기독교사상」 616호, 2010년 4월.

이광수, "금일 조선의 야소교회의 결점," 「청춘」 11호, 1917년 11월.

장 지글러/양영란 옮김, 『탐욕의 시대』, 서울: 갈라파고스, 2008.

조성노 엮음, 『최근신학 개관』, 서울: 현대신학연구소, 1993.

조영래, 『전태일 평전』, 서울: 돌베개, 1983.

편집부 엮음, 『사랑의 품앗이 그 왜곡된 성: 여성 문제의 새로운 인식』, 서울: 등에, 1989.

편집부, "삼성—기업인가, 범죄집단인가?," 「기독교사상」 616호, 2010년 4월.

폴커 라인하르트/김희선 · 최정미 옮김, 『탐욕의 지배-돈과 영혼』, 서울: 말글빛냄, 2010.

한종호, "삼성이 우리를 구원하리라!?," 「기독교사상」 616호, 2010년 4월.

Chodorow, Stanley, Hans W. Gatzke and Conrad Schirokauer, *A History of the World*, Vol. II, San Diego and New York: Harcourt Brace Jovanovich, 1986.

Eckert, Carter J. (들), *Korea Old and New: A History*, Seoul: Ilchokak, 1990.

Moffet, Samuel H., "Korea", Donald E. Hoke(엮음), *The Church in Asia*, Chicago: Moody Press, 1975.

Palais, James B. and Bruce Cumings, *Human Rights in Korea*, New York and

Washington, D.C., 1986.

Park, Chung-shin, *Protestantism and Politics in Korea*, Seattle and London: University of Washington Press, 2003.

Ro, Bong-Rin and Martin L. Nelson(엮음), *Korean Church Growth: Explosion*, Taichung, Taiwan: Asian Theological Association/World of Life Press, 1983.

Stearns, Peter N., *World History: Patterns of Change and Continuity*, New York, Cambridge, Washington, London: Harper and Row, 1987.

Tierney, Brian, Donald Kagan and Pearce Williams, *Great Issues in Western Civilization*, Vol. II, New York: Random House, 1967.

「경향신문」, 2012년 4월 17일.

「경향신문」, 2012년 4월 25일.

「기독신문」, 2011년 11월 16일.

「동아일보」, 1922년 1월 7일.

「동아일보」, 2012년 2월 25일.

「문화일보」, 2012년 2월 24일.

「부산일보」, 2012년 5월 21일.

「한겨레신문」, 2012년 1월 25일.

덧붙인 글

■ 하나: 아버지의 역사, 나의 역사학

박정신, 『맞섬과 초월의 눈으로 본 한국기독교역사』, 서울: 말, 2017.

유동식, 『기독교와 한국역사』, 서울: 연세대출판부. 1997.

장병욱, 『6 · 25 공산남침과 교회』, 서울: 한국교육공사, 1983.

Clark, Donald. N., *Christianity in Modern Korea*, Lanham and New York: The Asia Society/University Press of America, 1986.

Meacham, Jon, "My Father's Vietnam", T*ime*, 2017년 9월 14일.

Park, Chung-shin, *Protestantism and Politics in Korea*, Seattle and London: University of Washington Press, 2003.

박정신의 글

박정신, "윤치호 연구," 「백산학보」 23호, 1977.

_____, · 박영신, "옮긴이의 말," 케네스 비. 파일/박영신 · 박정신 옮김, 『근대 일본의 사회사』, 서울: 현상과인식, 1983.

_____, "도꾸가와 시대의 유교와 산업화," 「현상과인식」 7권 3호, 1983년 가을.

_____, "덧붙인 글 (I)," 케네스 비. 파일/박영신 · 박정신 옮김, 『근대 일본의 사회사』, 서울: 현상과인식, 1985.

_____, "기독교와 한국 역사: 그 만남, 물림, 그리고 엇물림의 사회사," 유동식 (들), 『기독교와 한국 역사』, 서울: 연세대학교 출판부, 1996.

_____, 『근대 한국과 기독교』, 서울: 민영사, 1997.

_____, "서문," 윤치호/박정신 옮김, 『(국역) 윤치호 일기 2』, 서울: 연세대학교출판부, 2003.

_____, 『한국 기독교 읽기』, 서울: 다락방, 2004ㄱ.

_____, 『한국 기독교사 인식』, 서울: 혜안, 2004ㄴ.

_____, "사회사에 기대 읽어 본 우리 사회 인문학자들의 비인문학스런 모습," 「현상과인식」 31권 3, 2007년 가을.

_____, 『한국 기독교사의 새로운 이해』, 서울: 새길, 2008.

_____, 『상식의 역사학, 역사학의 상식』, 서울: 북코리아, 2008.

_____, 『숭실과 기독교』, 서울: 숭실대학교 출판부, 2011.

_____, "이웃되기의 역사학," 「현상과인식」 41권 1/2호, 2017년 봄/여름.

_____, "아버지의 역사, 나의 역사학," 「현상과인식」 41권 3호, 2017년 가을.

Park, Chung-shin, *Protestantism and Politics in Korea*, Seattle and London: University of Washington Press. 2003.

_____, "Protestantism in Late Confucian Korea: Its Growth and Historical Meaning," *The Journal of Korean Studies,* 8권, 1992.

_____, "The Protestant Church as a Political Training Ground in Modern Korea", The

Symposium on The Impact of Christianity on Korean Culture, Center for Korean Studies, University of California, Los Angeles, 2004년 5월 7일, 또는 *The International Journal of Korean Studies*, 11권, 2007.

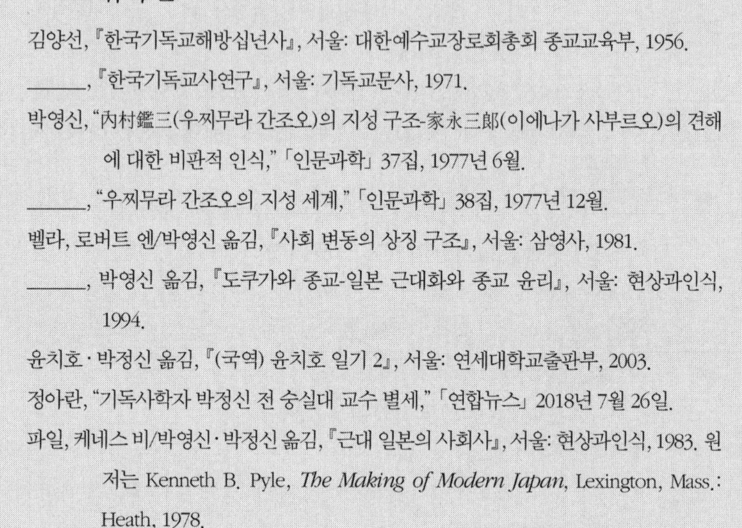

그 밖의 글

김양선, 『한국기독교해방십년사』, 서울: 대한예수교장로회총회 종교교육부, 1956.

______, 『한국기독교사연구』, 서울: 기독교문사, 1971.

박영신, "內村鑑三(우찌무라 간조오)의 지성 구조-家永三郞(이에나가 사부르오)의 견해에 대한 비판적 인식," 「인문과학」 37집, 1977년 6월.

______, "우찌무라 간조오의 지성 세계," 「인문과학」 38집, 1977년 12월.

벨라, 로버트 엔/박영신 옮김, 『사회 변동의 상징 구조』, 서울: 삼영사, 1981.

______, 박영신 옮김, 『도쿠가와 종교-일본 근대화와 종교 윤리』, 서울: 현상과인식, 1994.

윤치호 · 박정신 옮김, 『(국역) 윤치호 일기 2』, 서울: 연세대학교출판부, 2003.

정아란, "기독사학자 박정신 전 숭실대 교수 별세," 「연합뉴스」 2018년 7월 26일.

파일, 케네스 비/박영신·박정신 옮김, 『근대 일본의 사회사』, 서울: 현상과인식, 1983. 원저는 Kenneth B. Pyle, *The Making of Modern Japan*, Lexington, Mass.: Heath, 1978.